LA BOURGOGNE

PENDANT LA GUERRE

ET L'OCCUPATION ALLEMANDE

LA BOURGOGNE

PENDANT LA GUERRE ET L'OCCUPATION ALLEMANDE

(1870-1871)

D'APRÈS LA GAZETTE OFFICIELLE DE CARLSRUHE

TRADUCTION

DU Dr LOUIS MARCHANT

DIJON

J. MARCHAND
Imprimeur.

MANIERE-LOQUIN
Libraire-éditeur.

1875

C'est à titre de documents pour servir à l'histoire de la guerre de 1870-71 dans la Bourgogne, que nous publions ces extraits d'un journal allemand.

Ce sont les Badois qui ont occupé Dijon, livré la sanglante bataille de Nuits (1) et fait l'expédition d'Autun, suivie de l'importante affaire de Châteauneuf. Ils sont restés dans notre pays pendant les mois de novembre et de décembre 1870, c'est-à-dire pendant la période la plus sérieuse et la plus émouvante de la guerre.

Il était donc naturel de chercher dans un journal du pays de Bade les récits des combats et des engagements, aussi bien que les épisodes de l'occupation.

Nous avons trouvé tout cela, raconté et par des officiers et par de simples soldats, dans la feuille la plus autorisée et la plus répandue du grand-duché, dans la *Gazette de Carlsruhe,* journal officiel du gouvernement.

(1) Il nous a paru intéressant de donner en appendice le récit complet et suivi de cette bataille, par un témoin oculaire et des mieux informés, le capitaine Loehlein, du 1er régiment des gardes du corps de Bade, qui fut grièvement blessé à cette affaire.

Nous aurions pu rendre cette traduction plus littéraire, plus française, en un mot; mais nous avons tenu, on le comprendra facilement, à ce que sa forme même ne fît jamais oublier au lecteur français qu'il lit une version de l'allemand. Nous avons encore cherché à lui laisser l'illusion qu'il a sous les yeux l'original lui-même.

Espérons que nous n'avons pas dépassé notre but, et que, malgré ce réalisme, nous serons resté assez clair pour être toujours compris.

Dr L. MARCHANT.

Romeley, 30 juillet 1874

LA BOURGOGNE

PENDANT LA GUERRE ET L'OCCUPATION ALLEMANDE

(1870-1871)

Samedi 29 *octobre* 1870.

On ne sait rien d'intéressant sur Garibaldi et ses projets. Les dernières nouvelles arrivent par la voie de Gênes, et par le journal de ce pays, le *Movimento,* feuille dévouée au vieux chef des francs-tireurs. D'après cette gazette, Garibaldi se rendait le 17 à Besançon, où les francs-tireurs et les troupes de ligne semblaient vouloir se débander. En même temps (le 17) le préfet de Gray mandait que les Allemands menaçaient Fougerolles (entre Epinal et Vesoul). Le 18, ils occupaient Vesoul. Alors qu'ils étaient seulement à six milles et demi de Besançon, où l'armée de Garibaldi devait se former, tout était dans le plus grand désordre et la plus grande confusion. Le correspondant dépeint aussi la terreur des restes de l'armée de Cambriels. Ce général avait perdu dans sa fuite précipitée, non-seulement ses bagages, mais encore ses munitions et 5,000 chassepots. C'est dans ces conditions que Garibaldi devait organiser sa nouvelle armée.

Cent mille hommes, gardes mobiles, volontaires et francs-tireurs, étaient réunis à Besançon, mais ils manquaient d'officiers.

Le général achevait de former son état-major qui se compose de Canzio, commandant le quartier général, et de Frappoli, comme chef d'état-major général. Gallorno et Fifaldi-Pasqua, Basso, Pantaleo, et le colonel français Bordone, font également partie du quartier général.

Le 19, les Allemands qui s'avançaient en trois colonnes, avaient leur aile droite à Gray sur la Saône. A la même date, l'avant-garde de ces troupes se trouvait sur la ligne de l'Ognon.

Venait après cela le récit des combats livrés sur les bords du Doubs, et depuis on ne sait rien de l'histoire de la bande cosmopolite du condottiere italien.

—

Dimanche 30 *octobre.*

LE COMBAT DES BORDS DE L'OGNON DU 22 OCTOBRE 1870

A la nouvelle que le général français Cambriels avait disposé en avant de Besançon un nombre considérable de troupes, le 14ᵉ corps d'armée, qui se dirigeait sur Dijon, changea de direction le 21, et prenant à gauche, marcha contre l'ennemi.

Le 22, la marche en trois colonnes sur la rivière de l'Ognon, était ainsi organisée : l'aile droite, 1ʳᵉ brigade badoise, prince Guillaume, se dirigeait de Frasne-le-Château sur Autorelle et le Pin ; le centre, 2ᵉ brigade, général-major de Degenfeld, allant de Fretigny à Oiselay près Etuz et Cussey; l'aile gauche, général-major Keller, 3e brigade, de Fellefaix à Rioz et Etuz.

Enfin, le général-major de Laroche avait pour cette journée, l'ordre d'atteindre les environs de Dôle et d'Auxonne, et d'y détruire les chemins de fer.

Il avait avec lui 4 escadrons du 3e régiment de dragons, 2 du 2e; 2 des dragons prussiens; une batterie à cheval; 2 compagnies d'infanterie sur des voitures.

Comme sûreté, Vesoul resta occupé par le 2e régiment, et par le bataillon de fusiliers du 4e régiment d'infanterie et un peu de cavalerie; un détachement prussien à Port-sur-Saône éclairait les environs à l'ouest et au midi.

Le 22 au matin, les mouvements commencèrent. A onze heures les généraux de Werder et de Beyer reçurent des dépêches leur annonçant que l'avant-garde du prince Guillaume avait trouvé la route de Pin ouverte, que le centre avait constaté qu'Etuz et Cussey étaient fortement occupés par l'ennemi, et enfin, que l'avant-garde du général Keller s'était déjà rencontrée au sud de Rioz avec l'ennemi, qu'elle chassait devant elle.

Le général-major de Degenfeld reçut alors l'ordre d'attaquer l'ennemi dans sa position près d'Etuz-Cussey, mais de prolonger le combat autant que possible, afin de donner au prince Guillaume le temps d'arriver. Ce dernier, informé de ce qui se passait au centre, avait à traverser l'Ognon près du Pin, et à prendre près de Cussey l'ennemi en flanc et par derrière.

Pendant que le général de Keller continuait ainsi sa marche sur Voray, le prince Guillaume se disposait à exécuter le mouvement tournant, et la brigade de Degenfeld, composée de quatre bataillons, de deux escadrons et de deux batteries, marchait à son but.

L'ennemi avait déjà quitté Etuz. L'avant-garde, composée d'un bataillon du 3e régiment, d'un train d'artillerie et d'un demi-escadron du premier régiment de dragons sous les ordres du capitaine Unger, prenait position dans le village et dans ses environs, lorsque son flanc gauche fut attaqué dans la forêt de Boulot par des détachements ennemis. Le gros de la colonne marcha en avant, deux bataillons et les batteries se plaçant à cheval sur la route pendant que le bataillon du 4e régiment était lancé à gauche sur la forêt. L'ennemi se retira, et on commença l'attaque de la position de Cussey fortement gardée. Au nord de Cussey, un pont de pierre traverse l'Ognon, en ce moment débordé. Derrière ce pont s'étage le village dont la lisière est protégée par de sérieux travaux de défense.

Au sud d'Etuz le capitaine Unger déploya ses compagnies pour l'action. La batterie de Froben s'établit à l'ouest du village et dirigea un feu lent sur l'ennemi, pendant que la 2e batterie Kuntz, se portait sur l'aile droite où se trouvait sur une éminence une position excessivement favorable. La batterie se mit à couvert et ouvrit son feu lorsque le bataillon du 4e régiment, venant de la forêt de Boulot, approcha du pont de Cussey. Il pouvait être alors quatre heures et demie.

Les pertes de l'ennemi furent considérables, et l'on ne put retenir plus longtemps notre infanterie ; les bataillons Arnold et Unger se précipitèrent sur le pont et sur le village, faisant prisonniers deux chefs de bataillon, 11 officiers et 200 hommes. Quarante morts et environ 80 blessés restèrent sur le champ de bataille.

Le général de Werder et le général de Beyer, ce dernier l'ayant devancé, s'étaient réunis près d'Etuz. La brigade traversa la rivière, et se mit immédiatement à la poursuite de l'ennemi. La cavalerie s'élança de son côté dans la direction d'Auxon-Dessus, où la résistance se maintenait. Sur les hauteurs de Châtillon-le-Duc se montrèrent de fortes masses ennemies qui avaient aussi de l'artillerie.

Pendant ce temps, l'avant-garde de l'aile gauche, général Keller, avait pris possession de Voray, et la tête de la brigade du prince Guillaume avait atteint Auxon-Dessous.

Deux bataillons et trois batteries furent dirigés sur Auxon-Dessus. Ces dernières ouvrirent un feu vigoureux.

Deux bataillons du 30e régiment d'infanterie prussienne s'avancèrent sur Châtillon-le-Duc en passant par Geneuille. Pour les protéger, le premier bataillon du 3e régiment se rendit dans ce village. Les bataillons prussiens refoulèrent les détachements ennemis sur les hauteurs, avec des pertes médiocres ; l'artillerie française cessa son feu.

Auxon-Dessus fut emporté à l'entrée de la nuit par trois bataillons de la première brigade (deux bataillons du 1er régiment de la garde, et le 1er bataillon du 4e régiment d'infanterie).

Le village en feu éclaira le concours simultané de la 1re et de la 2e brigade, dans le glorieux combat de ce jour. Ce sera une belle page de plus à ajouter à l'histoire de notre division.

Comme toujours, la tenue des troupes a été magnifique.

Nos pertes ne sont pas élevées, eu égard à celles de l'ennemi, qui en tués, blessés et prisonniers, sont très-considérables.

La division a eu 7 hommes tués, un officier (le lieutenant Stern du 3e régiment léger), et 38 blessés.

Le 30e régiment a perdu 2 officiers et 51 hommes.

Les nouvelles qui précèdent sont les dernières qui soient arrivées de la division grand-ducale.

Le plan qu'on se proposait était de refouler l'ennemi dans la direction de Besançon, sans attaquer cette place; c'est ce qui a été fait.

Le 25 était consacré au repos, et le 26 devait commencer la marche sur Dijon, c'est-à-dire dans la direction du sud-ouest. Cela s'accorde aussi avec la dépêche du gouvernement de Tours que nous avons donnée plus haut, et qui dit que les troupes allemandes ont pris la direction de Vaivre et de Scey.

Quant aux calamités de toutes sortes que, d'après une feuille suisse, notre division aurait subies dans ses opérations au sud-ouest, elles sont tout-à-fait invraisemblables. Elle fixe, en effet, à la date du 27 le prétendu combat défavorable aux armées allemandes, fait qui, s'il s'était passé, aurait été bien certainement annoncé par la dépêche de Tours datée du 28. Nous ajouterons, pour terminer, que ces nouvelles fâcheuses, données par les journaux suisses et par le *Journal de Genève* en particulier, viennent de Bâle. Or on sait depuis longtemps quel crédit méritent les nouvelles ayant cette origine.

Suisse, Genève, 28 octobre.

« Vingt locomotives venant se réfugier ici, sont arri-
« vées hier de Dijon. A la suite d'un choc dans la gare,
« une locomotive et des ponts tournants ont été forte-
« ment endommagés. »

Lundi 31 *octobre*.

Nous extrayons ce qui suit d'une lettre particulière écrite par un officier de la division badoise et qui nous a été gracieusement communiquée.

Elle est datée de Conflans, département de la Haute-Saône :

« La promenade militaire à travers les Vosges, de la colonne Degenfeld, dont je fais partie, m'a fait passer en revue les sites les plus charmants. Outre ces perceptions extérieures, il m'a été permis et il m'est encore donné chaque jour de parcourir toute l'échelle des sensations humaines, de passer par toutes les impressions et toutes les émotions, de les provoquer même.... Nous avons rapporté des Vosges cette conviction, que nous avions là pour ennemi un peuple énergique et profondément aigri. Il ne possède pas les qualités nécessaires pour soutenir une grande guerre de guérillas, comme le proclament si haut les journaux français. Il n'avait aussi pas eu le temps de s'y préparer. Dans le département de la Haute-Saône, base des opérations des deux derniers jours, il y a un autre caractère, un autre ton. Une résistance de la part de cette population n'existe ni en fait ni même dans la manifestation extérieure de ses sentiments ; elle se soumet volontiers au joug inflexible de la force. Nous serons bientôt à même de juger de la manière de penser de la région du sud-ouest vers laquelle nous paraissons marcher, et des qualités militaires des mobiles et des troupes de ligne qui y sont rassemblés. Nous goûtons sous tous ses aspects le côté romantique de la guerre ; hier sur la paille dans la misérable cabane d'un paysan, aujourd'hui sur des coussins de soie dans l'appartement de l'empereur à Plombières, demain peut-être à l'air froid d'une nuit de bivouac. Blâmez-moi, si vous le voulez, mais le désir de voir la fin de tout cela ne m'est pas encore venu. Ces lignes seront pour longtemps les dernières que je pourrai vous faire parvenir, nos rapports avec les pays laissés en arrière devant cesser, selon toute prévision. »

1er *Novembre.*

Il n'est pas rare que des bruits, quelque exagérés qu'ils puissent être, n'aient un fond de réalité, quand même il ne s'agirait que d'une mouche dont on aurait fait un éléphant.

Pour éclaircir tout cela, nous avons recherché dans la presse tout entière s'il n'y aurait rien qui eût pu donner naissance au télégramme de Bâle du *Journal de Genève* annonçant une prétendue défaite d'une division badoise, suivie de son entrée sur le territoire suisse. Nous n'avons absolument rien trouvé, et il n'y a plus qu'à constater que nous avons eu affaire une fois de plus à un mensonge aussi plat et aussi impudent qu'il est malveillant.

Nous n'avons aucunes nouvelles récentes de l'armée de Werder. Nous considérons seulement comme croyable, quoique cela n'ait en rien une source authentique, que son quartier général était le 25 octobre à Gray-sur-Saône, sur la ligne de Vesoul-Dijon.

Cela concorderait complétement avec nos précédents renseignements où nous indiquions la marche sur cette dernière ville. Le manque de nouvelles d'origine allemande ne doit, du reste, pas étonner, si l'on songe que ce corps d'armée s'avance chaque jour en pays ennemi, sans avoir de communications avec les voies ferrées qui se rendent en Allemagne. A l'est, ces lignes par Belfort sont fermées, et à l'ouest elles conduisent dans un pays qui n'a pas encore été atteint par la guerre. La ligne située en arrière (Vesoul-Epinal-Lunéville) passe à travers le pays (les Vosges) dont les habitants sont les plus dissimulés et les plus sournois, et dans lequel notre armée combat encore. L'établissement de détachements d'étapes et d'un service de poste est, en conséquence, environné de tant de dangers, qu'on ne peut les organiser sans une protection excessivement puissante. En avançant, les difficultés se sont naturellement augmentées, et l'établissement de ces services paraît devoir encore être impossible pour un certain temps.

La tâche de l'armée de Werder nous paraît être (et les renseignements officieux semblent confirmer cette supposition) analogue à celle du corps de Thann; ce dernier devant marcher contre l'armée dite de la Loire. et Werder devant opérer contre celle dite de Lyon.

L'armée de Lyon est, on le sait, commandée par le général Cambriels, et renferme les bandes garibaldiennes. C'est à elle que s'adresse la marche en avant du 14e corps d'armée sous les ordres du général de Werder. Il faut chercher cette armée là où elle se trouve, ou du moins dans de certaines limites. Une partie de cette dernière a été déjà rencontrée sur les bords de l'Ognon et refoulée, l'autre paraît être dans la direction de Dijon. Il résulte de la nature de cette mission que ce corps d'armée n'a sous les yeux ni un objectif géographique unique, ni à opérer dans une direction déterminée. Il devra, au contraire, chercher à saisir l'ennemi là où il est; chercher à savoir où il se forme, et s'efforcer, par des moyens rapides, d'empêcher cette formation, dans le lieu même où elle est entreprise. On ne peut attendre de ce corps le siége de grandes places fortes, comme Besançon. Par ces diverses considérations s'explique la marche sur l'Ognon et le combat qui s'y est livré; et le mouvement à droite dans la direction de Dijon devient tout aussi facile à comprendre. Par cela même aussi sont réfutées les nouvelles de source ennemie que nous citions dernièrement et qui parlaient d'une soi-disant retraite.

La *Correspondance Havas* (Tours, 26 octobre) consacre à la « *victoire* » de l'Est une colonne entière. Nous en extrayons comme échantillon le télégramme suivant que l'état-major de Garibaldi a adressé de Dòle au Comité de défense de Dijon :

« Tenez votre monde en haleine. Meilleures nouvelles « du général Cambriels. Nous tenons l'ennemi à distance « en avant de Dôle. Eclaireurs ennemis sous le Mont- « Roland. Nous avons poussé une reconnaissance à « Saint-Witt (Doubs) où on avait signalé l'ennemi. Nous « sommes prêts à tout événement. On annonce comme « certain que l'ennemi a évacué Vesoul à la suite d'un « combat heureux. »

La fin est tout simplement un mensonge. Un télégramme adressé de Vesoul à l'*Indépendance belge* le 26 octobre, dit d'une façon plus exacte et plus fine : « L'ennemi a évacué Vesoul ce matin, et il se dirige « à l'ouest sur Scey. » Cela peut être tout à fait fondé, car le télégramme, comme le fera voir un coup d'œil jeté sur la carte, ne dit en réalité que ceci : L'ennemi a quitté Vesoul, et marche *en avant* sur Scey.

Mercredi 2 novembre.

NOUVELLES DU CORPS D'ARMÉE DE WERDER.

Le *Journal de Genève* a reçu le 28 octobre la dépêche suivante de Besançon :

« Un combat a eu lieu hier près de Talmay (sur la « ligne de Vesoul-Dijon) entre 12,000 Allemands et les « forces françaises. Nos troupes (les françaises) ont dû « battre en retraite après une violente résistance; l'ar- « tillerie ennemie par son énorme supériorité, a joué le « principal rôle. »

Tours, 31 octobre. — Le gouvernement a publié la dépêche suivante, de Beaune, 30 octobre : « Douze « mille Prussiens avec artillerie, ont occupé Dijon « aujourd'hui. Le combat dans les faubourgs a duré de « neuf heures du matin à quatre heures et demie du soir. « La ville a été bombardée. Le commandant, voyant « l'impossibilité d'une résistance efficace, a battu en re- « traite. »

Le journal *l'Est* de Besançon écrit à la date du 27 octobre : « On s'est battu le 26 au matin à Pesmes sur la route de Gray. Le résultat de ce combat a été inconnu. Cette rencontre a dû être sérieuse, car dans l'après-midi du lendemain, des voitures d'ambulance sont parties de

Besançon dans la direction de Pesmes. D'après les nouvelles d'aujourd'hui, on se bat encore de ce côté. »

La *Correspondance Havas* de Tours donne quelques nouvelles anciennes de Dôle, quartier général de Garibaldi. Un télégramme de cette ville en date du 23 octobre, le lendemain des combats de l'Ognon, est ainsi conçu :

Général Cambriels à général Garibaldi.

« Nous nous sommes battus hier de neuf heures à la
« nuit. Aujourd'hui l'ennemi semble nous menacer de
« tous les côtés, et surtout les deux flancs de ma ligne. Il
« a établi des batteries près de Pelousey, en avant de
« Pouilly-les-Vignes. Ne pourriez-vous pas, au moyen de
« voitures de réquisition, envoyer quelques bataillons
« sur ses derrières, ou sur son flanc droit? Ce serait très-
« utile. »

Le général Garibaldi a donné cet ordre. Son fils Menotti informe les avant-postes qu'il n'y a rien de nouveau sur les bords de l'Ognon près de Pesmes.

Tours, 30 octobre au soir. — Le gouvernement publie la dépêche suivante : « Cent-vingt cavaliers prussiens se
« sont montrés près de Dijon où ils ont été reçus à
« coups de fusils. Quelques centaines de Prussiens sont
« encore dans les environs. »

Le *Neueste Pr. Staats-Anz.* donne une longue description de la place forte de Besançon, et exprime à l'égard du corps d'armée de Werder une opinion identique à celle que nous émettions hier.

Si malgré le combat du 22 le général Werder ne s'est pas porté plus au sud après avoir franchi la ligne de l'Ognon, mais s'est dirigé à l'ouest vers Vaivre et Scey, en abandonnant Vesoul, il n'a pas fait pour cela un mouvement de retraite, comme les dépêches du général Cambriels datées de Besançon s'efforcent de le démontrer. Cela pouvait être la suite de l'ordre qu'a reçu Werder, de disperser les forces ennemies et les bandes de francs-tireurs qui sont au sud des Vosges et de la Lorraine. La prise de Metz aura une heureuse influence sur cette partie du théâtre de la guerre.

Jeudi 3 novembre.

Un Français écrit la lettre suivante datée de Dôle le 27 octobre, et communiquée au journal la *N. Fr. Pr.* de Florence :

« Je suis sous les ordres de Garibaldi. Nous ne pouvons plus avoir confiance au général Cambriels qui nous abandonna si vite à Remiremont. Il prétexta que le manque de discipline des mobiles des Vosges était la seule cause qui l'empêchât de livrer aucun combat, et qu'il était plus prudent de battre en retraite, pour se mettre en sûreté dans uné bonne position sur la route de Lyon. Il pourrait bien y avoir là dedans quelque chose de vrai, car la population des Vosges est très-peu digné du nom de Française; la façon dont elle nous accueillit, nous refusant pour de l'argent ce dont nous avions besoin, montre assez son indifférence et son peu de patriotisme. Le général Cambriels, cependant, ne nous a pas expliqué pourquoi après nous avoir placés aux avant-postes, il s'était retiré sans nous en informer, ce qui nous aurait mis dans la position la plus critique, si nous avions été attaqués, car alors nous nous serions battus avec la conviction que notre retraite était assurée. »

Le journal *l'Est* de Besançon donne des nouvelles complémentaires de la bataille de Cussey du 22 octobre.

« Ce jour-là, les bataillons des Vosges, celui des Hautes-Alpes, les francs-tireurs bretons, et le 85ᵉ régiment de ligne, prirent part à l'action. Nos mobiles se conduisirent vaillamment, ce que prouvent leurs pertes. Le bataillon des Vosges a perdu lui seul 12 officiers et 300 hommes tués, blessés ou disparus. Le bataillon des Hautes-Alpes (armé de fusils à percussion) a eu 100 hommes manquant à l'appel, et tombés sur le pont de Cussey. Les deux commandants de ce régiment ont payé leur dette à la patrie. Celui des mobiles des Vosges a reçu une balle dans le ventre et est tombé entre les mains des Prussiens. Celui des mobiles des Hautes-Alpes fut fait prisonnier nageant dans l'Ognon. On ne sait s'il a été blessé. Ses soldats croient qu'il avait reçu une balle à l'épaule. »

On porte à la connaissance du public, qu'en raison de la poursuite des opérations du 14ᵉ corps d'armée, depuis le 26 du mois dernier, l'expédition de la poste à destination des troupes de la division grand-ducale qui forme une partie de ce corps, et *vice versâ*, est suspendue jusqu'à nouvel avis.

Il en est de même, on le comprend, des envois d'une autre nature, qui ne pourront plus être expédiés.

Vendredi 4 novembre.

Epinal, le 2 novembre.

Au Grand-Duc de Bade à Carlsruhe.

Gray, le 31 octobre, 5 heures du soir.

« Dijon a été pris après un rude combat par le lieute-« nant général de Beyer, avec les brigades prince Guil-« laume et Keller.

« Lorsque le 29, conformément à un ordre supérieur, « la retraite sur Vesoul était commandée, j'appris par « une reconnaissance que Dijon n'était pas gardé. Le « général de Beyer reçut en conséquence l'ordre d'oc-« cuper cette ville.

« Dans la nuit du 30, l'ennemi y rentrait par trois « voies et opposa à notre marche une opiniâtre résis-« tance.

« Cinq bataillons du prince Guillaume, soutenus par « six batteries, occupèrent les hauteurs de Saint-Apol-« linaire (1).

« Le régiment des grenadiers de la garde prit, dans « la soirée, les faubourgs de Dijon. Un incendie violent « y régnait. Dans la nuit, l'ennemi se retira, et aujour-« d'hui, dans la matinée, la municipalité a capitulé.

« Les lieutenants de Stengel, Bissenger, Neff, Hofheinz « et l'enseigne Regenauer sont légèrement blessés. Le « premier régiment des grenadiers de la garde compte « deux cents hommes tués ou blessés, et le régiment des « grenadiers du roi de Prusse, cinquante.

(1) Saint-Apollinaire est un village sur une hauteur près de Dijon. Cette hauteur domine la ville, qui pouvait ainsi être bombardée de très-près.

« L'ennemi a fait de très-grandes pertes. Les détails
« ne sont pas encore connus.

« Le bataillon Hoffmann, du 1er régiment des gre-
« nadiers de la garde, a fait cinq cents prisonniers, le 27,
« près d'Essertenne (1), et le bataillon Wolff, du 2e ré-
« giment des grenadiers, roi de Prusse, en a fait cinquante
« près de Saint-Seine (2), tous deux dans un combat
« parfaitement conduit (3).

« De Werder,

« Général d'infanterie. »

On écrit de Gray au *Journal de Belfort :* « On sait que c'est de cette ville que le corps de Werder marcha sur Dijon.

« L'administration de Dijon essaya de faire élever des barricades, lorsque le 22 octobre l'ennemi s'approcha de la ville, mais elle y renonça quand la supériorité de l'ennemi eut démontré l'inutilité de la résistance. »

La ville de Dijon, qui vient d'être prise par le corps d'armée de Werder, et spécialement par les troupes badoises, est de la plus grande importance et par elle-même et comme point de croisement de chemins de fer et de routes.

Cette ville, qui renferme de 37 à 38,000 habitants, est le chef-lieu du département de la Côte-d'Or, et est bâtie au confluent de l'Ouche et du Suzon. On y remarque le château, le palais des Etats-Généraux, la cathédrale, avec sa flèche de 395 pieds de hauteur, la préfec-

(1) Essertenne est à deux lieues environ de Gray, et sur la route de cette ville à Dijon.

(2) Saint-Seine est à l'ouest de Dijon, dans la Haute-Seine, et commande la route de Troyes à Dijon.

(3) Il s'agit ici de Saint-Seine-sur-Vingeanne, et non de Saint-Seine-l'Abbaye. *(Note du traducteur.)*

ture. Elle est le siége d'une préfecture, d'une cour de justice, d'un tribunal civil et de commerce. Elle possède une Bourse, une Académie, un collége, des écoles de droit, de médecine et des beaux-arts; une bibliothèque de 45,000 volumes, un cabinet de 40,000 estampes. L'industrie y est très-développée, surtout celle des toiles et des étoffes de laine; elle commerce des produits du pays. Dijon est sur le chemin de fer de Paris à Lyon et de Paris à Genève. De cette ville partent les lignes de l'Est : Dijon-Gray-Vesoul-Epinal-Nancy, et Dijon-Dôle-Besançon Belfort-Mulhouse.

Versailles, 2 novembre.

« Le général de Werder annonce que le général de « Beyer trouva le 30 une vive résistance devant Dijon.

« Le prince Guillaume de Bade prit les hauteurs de « Saint-Apollinaire et les faubourgs; là-dessus, l'ennemi « se retira. Le 31 au matin, la mairie rendit la ville. « A la suite de cette affaire, nous eûmes 5 officiers bles- « sés, et 250 hommes tués et blessés. Les pertes de « l'ennemi sont fort considérables. »

—

Samedi 5 *novembre.*

Les organes de publicité français donnent les nouvelles suivantes de l'est de la France:

On écrit de Dôle le 24 octobre à une heure trois quarts :

« Des éclaireurs ennemis, au nombre de 200 environ, ont parcouru hier la campagne entre Dôle et Pesmes et ont échangé des coups de fusil avec les francs-tireurs. Pesmes a été un instant au pouvoir de l'ennemi.

« Le général Boussingem, commandant la subdivision militaire du Jura, a déclaré l'état de siége dans ce département, et organisé un comité de défense dont font partie les deux officiers du génie, Girard au fort de Salins, et Petitjean au fort des Rousses. Tous les hommes du département armés de fusils, et qui étaient destinés à faire partie de l'armée régulière comme mobiles ou mobilisés, seront provisoirement placés sous les ordres du lieutenant-colonel Fischer. Les gardes forestiers sont tenus de se mettre à la disposition de l'autorité militaire.

« D'après une dépêche de Dijon en date du 24, un engagement aurait eu lieu le 23 à Broye-les-Pesmes entre de la cavalerie ennemie, des volontaires et des gardes mobiles de la Côte-d'Or. Les mobiles ont été félicités pour leur bonne attitude dans un ordre du jour du commandant Lavalle.

« D'après des nouvelles de Lyon, les Prussiens, laissant Dôle de côté, se sont dirigés en masse sur Dijon. Garibaldi s'est mis à leur poursuite en faisant éprouver des pertes à leur arrière-garde. Le général Cambriels a dû se porter à gauche pour leur tenir tête en avant de Dijon. Les troupes qui arrivent de la Loire par la vallée de la Saône se renforceront mutuellement. Deux cents volontaires espagnols sont partis hier de Bordeaux pour se joindre à Garibaldi. »

—

Dimanche 6 *novembre.*

Le *Warte* donne une lettre particulière relative aux combats de l'Ognon, écrite par un volontaire de l'artillerie badoise. Nous lui empruntons ce qui suit :

« Le mercredi 19, notre batterie (capitaine de Porbeck) gagna la Ville-de-Dieu avec un bataillon d'infanterie (major de Röder). Là, nous nous réunîmes à la colonne du général Keller avec laquelle nous arrivâmes à midi à Port-sur-Saône.

« Cette petite ville était malheureusement remplie à un tel point, depuis la veille, par les troupes de la brigade du prince Guillaume, que nous dûmes camper en plein air jusqu'à cinq heures, faire la cuisine et manger sous une pluie torrentielle, en attendant le départ des autres. Notre capitaine profita du séjour du lendemain pour remettre notre batterie tant soit peu en état. Il est effrayant de voir dans quel mauvais état ont été mis nos vêtements par suite de quatre semaines de bivouac au début de la guerre, et depuis par les marches continuelles. L'artillerie, après une campagne de trois mois, n'a encore rien pu recevoir de neuf.

« Je crois que nous devons, avant l'armistice, occuper autant de territoire que possible en marchant vers le midi.

« Le vendredi 21, nous quittâmes Port-sur-Saône. Nous dirigeant sur le sud, et tournant à Charmoille la jolie ville de Vesoul où notre état-major passa plusieurs jours, nous arrivâmes, avec la batterie de Bodmann et le bataillon du major Jacobi, au petit village d'Echenoz-le-Sec, sur la grande route de Besançon.

« Le 22, nous en partîmes, et nous réunissant de nouveau à la colonne du général Keller, nous continuâmes notre marche sur Besançon. Pendant que nous faisions la cuisine en plein champ, près du village de Rioz, arrivèrent successivement deux ordonnances demandant un secours immédiat pour l'avant-garde du bataillon du major Jacobi fortement serrée par les Français. Des trois batteries qui se trouvaient là, ce fut la nôtre qui fut envoyée sur le point menacé. Il s'agit de se préparer en un clin d'œil, avec la rapidité de l'éclair, et de courir au grand galop à une distance de deux heures au nord de Besançon, protégés par un escadron de dragons rouges. Là le bataillon de fusiliers était engagé avec des forces excessivement supérieures (1,800 Français avec cavalerie et artillerie). Dans notre course rapide, nous dépassâmes une partie de ce brave bataillon qui avait déjà pris des dispositions pour couvrir la retraite. — Il y avait vingt minutes seulement que nous étions à cheval ; — notre capitaine de Porbek plaça ses six pièces sur une hauteur parfaitement disposée et d'où nos grenades bien tirées remirent le combat en bonne voie. De cet endroit, nos grenades incendiaires mirent en feu les villages de Voray et de Buthiers fortement occupés par l'ennemi, qui de là faisait un grand mal à la colonne. La victoire restait à nos étendards, et la compagnie du capitaine de Rüdt put avancer de nouveau. Nous restâmes derrière les talons de l'infanterie, et poursuivîmes l'ennemi jusqu'à cinq heures. Ce fut un glorieux combat contre des forces de beaucoup plus nombreuses que les nôtres, et notre batterie a grandement contribué au succès. Nous fûmes au feu de une heure et demie à cinq heures, exposés en avant, et même par derrière, pendant un certain temps, à une grêle de balles de chassepots.

« Cependant, chose incroyable, nous n'avons eu ni un homme, ni un cheval tué ou blessé.

« Quand, après l'affaire, nous revînmes avec l'infanterie, le bataillon nous fit le plus chaleureux accueil, et le major Jacobi remercia notre capitaine du secours si opportun qu'il lui avait apporté. Cette journée me sera pour la vie un beau souvenir. »

Garibaldi. — Le *Daily News* a deux correspondants dans le voisinage de Garibaldi. L'un, qui est évidemment un ancien garibaldien, écrit de Dijon que les soldats groupés autour du vieux chef des francs-tireurs, sont d'assez bonne trempe, mais qu'ils n'ont pas d'officiers, et aussi peu d'armes.

« Erba, dit-il, n'a pour tout son bataillon que sept fusils (chassepots) et quarante-cinq cartouches. La légion de Marseille est armée de carabines Minié. A Aix-les-Bains, où je l'ai rencontré, Erba me dit qu'il avait fait, le 21, une reconnaissance avec Garibaldi, dans laquelle ils virent les Prussiens. Il était très-inquiet, Garibaldi s'exposant trop, suivant son habitude.

« Ici, le propriétaire de mon hôtel me racontait qu'avant-hier le général avait failli être fait prisonnier. Ce dernier regarde la position comme manquée, mais il veut cependant en tirer le meilleur parti possible. J'ai entendu dire que Canzio avait écrit à Missori, et que celui-ci était attendu avec 500 hommes de l'ancienne bande. »

Dans une seconde lettre datée d'Amange 26 octobre, le même correspondant raconte qu'il a maintenant vu lui-même Garibaldi :

« Ses doigts sont tout repliés par les rhumatismes, son pongo pend sur lui comme un paquet de guenilles; mais son visage est aussi jeune et aussi tranquille que par le passé. Sa position est cependant bien exceptionnelle. Lorsqu'il arriva, Gambetta descendait aussi en ballon, et je crois que les hommages rendus au général ne lui plaisaient guère. Ils eurent ensemble un entretien, à la suite duquel Garibaldi lui écrivit : « Je me suis « trompé. Je vois bien qu'on ne veut pas de mes ser« vices, je vais me retirer. » Mais cela n'aurait pas fait l'affaire du peuple, et on lui donna le commandement du département du Jura.

« Les journaux disent qu'il a 10,000 hommes, mais il n'en a en réalité que 5,000. Le peuple dit aussi : « Maintenant que nous avons Garibaldi, nous n'aurons plus de Prussiens. » Il les attend cependant à chaque instant. Il a près de lui son gendre Canzio, qui est son quartier-maître général; son fidèle ami et secrétaire Basso, Luigi Castellazzi, etc. Les vrais officiers garibaldiens ne sont pas encore arrivés. Je disais : « Général, si vous les appelez, ils viendront. » Il me répondit de sa voix la plus sévère : « C'est précisément ce que je ne veux pas faire. Ce serait une trop lourde responsabilité. Chacun doit venir de son propre mouvement. » Garibaldi me semble tout à fait préparé à la mort. »

Lundi 7 novembre.

La ville d'Avignon a eu l'idée de faire présent d'un cheval de bataille à Garibaldi. A cette occasion, le général a écrit la lettre suivante aux autorités républicaines :

« Il n'y a pas à en douter, la France a dépouillé son « manteau de deuil, et l'adversaire de Bonaparte se re« pentira bientôt de ne pas avoir arrêté à Sedan ses « horribles tueries. Les milices de la République et le « peuple commencent à se relever de leurs revers, et

« je ne doute pas d'une heureuse terminaison. Je suis, « avec reconnaissance, votre bien dévoué G. Garibaldi, « qui accepte avec fierté le titre de citoyen d'Avignon. »

—

Mardi 8 *novembre.*

La *Correspondance Havas,* de Paris, annonce que dimanche dernier 200 gardes mobiles arrivèrent à Lyon, de Dijon, dont ils s'étaient sauvés. On les arrêta, et il fut un instant question de fusiller les officiers. Ils alléguèrent comme excuse que la garde nationale de Dijon s'était rendue aux Prussiens, et que s'ils avaient voulu résister, ils auraient été pris entre deux feux. A Lyon, on n'ajouta pas foi à cette histoire, et les mobiles furent fort maltraités par la foule. Une enquête est commencée.

Garibaldi. — Le *Daily News* donne trois lettres d'un de ses deux correspondants près de Garibaldi; elles sont datées d'Amange, Vriange et Dôle, et vont jusqu'au soir du 31 octobre. Elles sont pleines de reproches à l'adresse du gouvernement français, qui, contrairement à ses promesses, laisse les Garibaldiens manquer de tout, et aussi à celle des généraux français qui ne veulent pas être sous les ordres de Garibaldi. On espérait cependant une autre conduite de la part du général Michel, successeur de Cambriels.

Le correspondant dit entre autres choses :

« Pendant ces trois derniers jours, le général Garibaldi, comme je le tiens de plusieurs officiers de son état-major, recherchait la solitude. C'était, pour ceux qui sont familiers avec ses habitudes, une preuve assurée qu'il méditait un coup désespéré. Contre son ordinaire, il s'enfermait dans sa chambre avec ses cartes et faisait tout ce qu'il pouvait pour éviter les gens qui viennent à la douzaine, uniquement pour lui serrer la main. »

Dans la seconde lettre, qui est écrite après la nouvelle de la prise de Dijon par les Allemands, on lit : « Le premier mouvement de l'ennemi victorieux sera certainement une marche de l'aile gauche contre les troupes que Garibaldi a concentrées dans la forêt de la Serre. Notre seul espoir pour sauver Dôle, maintenant que Dijon est pris, et par cela même pour nous sauver, est de défendre le passage de la Saône à Auxonne. Les corps francs, y compris ceux qui sont arrivés ici ces derniers jours, doivent porter au moins à 7 ou 8,000 hommes le chiffre des combattants placés sous les ordres de Garibaldi. La garde-mobile tout entière est armée de fusils à piston, mais les corps francs, qui sont très-nombreux, ont tous des chassepots. Il est positif aussi que tous ont la plus grande confiance dans leur général, et que celui-ci paraît décidé à ne se replier qu'au cas où il serait complétement battu. A vrai dire, il n'y a guère que les officiers qui entourent le général qui soient italiens, car le gouvernement italien n'a pas permis aux volontaires de passer la frontière. Il est vrai qu'il y a à Dôle un corps de 500 Italiens qui porte le nom de *chasseurs des Alpes*, et dont l'uniforme est gris avec des passe-poils jaunes, mais il n'est pas encore armé. Il y a aussi une légion d'éclaireurs espagnols ; elle manque non-seulement d'armes, mais encore de chevaux. »

Les Italiens de l'entourage de Garibaldi ne paraissent pas très-satisfaits de leur pratique de la France. A ce sujet, la *Gazette d'Italie* publie la lettre suivante écrite des Vosges le 18 octobre :

« Quelle tromperie ! Que ne nous a pas promis le gouvernement français ! Au lieu de cela, il nous abandonne à notre malheureux sort. Nous n'avons pas de vivres, pas de vêtements, pas de souliers; nous manquons de tout. Beaucoup d'entre nous vont pieds nus. C'est infâme ! Avec cela, on nous envoie au milieu d'une population qui nous est ouvertement hostile, parmi des cléricaux et des impérialistes; car ils le sont tous, les fonctionnaires les plus élevés comme les derniers gueux. Ils nous regardent comme d'abominables incendiaires, pour lesquels rien n'est sacré. Comme renfort, ils nous envoient une bande de francs-tireurs, des drôles sans discipline, des querelleurs qui se prennent continuellement aux cheveux et qui ne veulent pas obéir à Garibaldi. Beaucoup d'entre eux ne savent pas comment on tient un chassepot : c'est la quintessence de la confusion. Si l'on vous parle d'enthousiasme, de guerre au couteau, de combats avec les ongles et les dents, c'est le contraire qui est vrai. Les Vosges pouvaient fournir 80,000 robustes gaillards, mais il n'en est venu que 2,000, et la plupart d'entre eux cherchent à s'en aller le plus promptement possible, comme cela est arrivé à ceux qui étaient sous les ordres de Cambriels; ils jetèrent leurs armes et donnèrent de l'argent de talon (se sauvèrent). Cette fuite scandaleuse augmenta naturellement la panique, qui a gagné toute la population. »

Mercredi 9 *novembre.*

Carlsruhe, 8 *novembre.* — Les communications avec le 14e corps d'armée, au moyen d'un service postal régulier entre Epinal et Vesoul, sont rétablies depuis le 5 de ce mois. A cette date, le quartier général de la division grand-ducale était encore à Dijon.

On écrit de Dijon le 4 novembre à la *Gazette de Cologne :*

« La ville de Dijon a passablement souffert lors de sa prise par les Badois, mais moins cependant que cela paraissait au commencement. Dans les faubourgs il n'y a eu que plusieurs douzaines de maisons tout à fait brûlées. Le combat a été très-sanglant, et beaucoup de francs-tireurs, contre lesquels nos soldats avaient une animosité particulière, furent fusillés. Du reste, plusieurs bandes de francs-tireurs se sont dissoutes d'elles-mêmes, ils ne veulent plus se mesurer avec les Prussiens, mieux armés et mieux commandés qu'eux. Quant à Garibaldi et à sa légion, c'est une pure plaisanterie. Il a avec lui 200 aventuriers italiens et ne peut s'entendre avec le gouvernement de Tours. Les Français ne veulent pas combattre sous ses ordres; c'est, en un mot, le désordre et l'anarchie les plus complets. Les rapports de l'armée de Werder avec le corps de Thann, à Orléans, sont rétablis au moyen des régiments de cavalerie.

Beaune, 3 *novembre.* — « L'ennemi a fait sauter le « pont du chemin de fer qui traverse le canal à Dijon. « Des éclaireurs ennemis se sont montrés à dix kilo- « mètres de Dijon, mais on ne les a plus revus. »

Tours, 4 novembre. — Gambetta a adressé aujourd'hui les dépêches suivantes aux préfets :

« Dans l'est, l'ennemi n'a pas dépassé Dijon. On s'est « battu entre Auxonne et Besançon ; l'avantage doit « nous être resté. Une partie de la garnison ennemie de « Dijon doit être partie subitement pour Auxonne. L'in- « vestissement de Belfort paraît être complet. »

—

Jeudi 10 *novembre.*

Les envois à destination de la division badoise qui jusqu'alors, à cause de l'interruption des communications, ne pouvaient dépasser Epinal, arrivent à Vesoul et à Dijon depuis le 3 de ce mois.

—

Vendredi 11 *novembre.*

Maintenant qu'il est bien établi qu'un certain nombre d'*officiers français* ont violé leur parole d'honneur donnée après avoir été faits prisonniers, de ne pas servir contre l'armée allemande, la carte trouvée près du Tremplois, dans les environs de Gray, pourrait servir à caractériser ce corps d'officiers. Elle a été déposée là par le commandant de la division française, qui se retirait devant nos patrouilles.

Elle contenait ce qui suit :

COMTE L. PENNAZZI,

commandant les chasseurs d'Alexandrie d'Egypte.

Et au-dessous écrit au crayon :

« Messieurs les Prussiens, je me fiche de vous. »

Toutes les troupes sont priées de traiter ces Messieurs comme le méritent de pareils procédés.

De Renève-le-Château, d'après le *Pr. Sts. Anz.*

Le 22 octobre, la marche du 14e corps sur Besançon fut ordonnée de la manière suivante : La colonne Keller devait se rendre à Voray, la colonne Degenfeld à Etuz, la colonne prince Guillaume sur la rivière de l'Ognon. La brigade Krug était dirigée sur Oiselay. Là, le commandant en chef, le général d'infanterie de Werder, reçut à onze heures du matin des dépêches des diverses brigades. Des ordres particuliers furent expédiés à la brigade de cavalerie de Laroche et au détachement de cavalerie Dohna.

Pendant leur marche séparée, les colonnes Keller et Degenfeld rencontrèrent de la résistance, et repoussèrent l'ennemi vers l'Ognon.

L'ennemi lança sur Etuz de grandes masses de troupes, et le général de Degenfeld trouva près de Cussey des forces supérieures qui se préparèrent, en tirant un excellent parti de la disposition du terrain, à s'opposer au passage de la rivière au moyen de travaux en terre habilement exécutés. Un combat violent eut lieu sur le pont et sur les hauteurs du village de Cussey, bâti en arrière.

Après un feu d'artillerie ouvert contre les positions ennemies, le 1er bataillon du 3e régiment d'infanterie badois marcha à l'assaut, délogea l'ennemi, et emporta le village à la baïonnette. Lorsqu'un instant après, ces troupes furent en vue du général en chef, elles firent entendre un interminable cri de triomphe. Le général de Werder leur imposa silence en s'écriant à diverses reprises : « Ce n'est pas à votre général que doit s'adresser ce *hurrah;* c'est à moi de le faire entendre en votre honneur. »

L'ennemi qui avait fui précipitamment, chercha à gagner la forêt voisine et de là les hauteurs boisées qui sont en avant de Besançon, se dissimulant ainsi à nos regards. La route était partout jonchée d'armes et de havre-sacs jetés par l'ennemi. Le pont et les bords de la prairie étaient surtout couverts de cadavres, et parmi eux, se trouvait celui d'un officier supérieur de la garde mobile. Les Français laissèrent 64 blessés entre les mains du bataillon qui fit en outre environ 200 prisonniers (non blessés), parmi lesquels 11 officiers et 2 officiers d'état-major. Le bataillon n'a eu qu'un homme tué, 23 blessés dont un officier, et 3 manquants. L'ennemi fut poursuivi par la cavalerie aussi loin qu'elle put le faire, et à la fin, principalement par les escadrons de la colonne Krug.

Lorsque la tête du 5e régiment d'infanterie badois arriva au sud d'Auxon, elle essuya le feu d'ennemis postés à cet endroit, et aussitôt l'artillerie française disposée en étages, et qui avait même des pièces de gros calibre, commença à tirer sur nos troupes. Le but, qui était de se rendre maître des passages de l'Ognon, fut atteint avec succès, les troupes massées devant nous et les bataillons en retraite présentant un objectif trop considérable pour ne pas laisser à notre artillerie un vaste champ d'action. L'artillerie du corps, jointe aux pièces de la colonne Degenfeld, poussa l'attaque plus vigoureusement en avant. Elle fut alors exposée au feu de toutes les pièces de campagne et de position de l'ennemi, sans cependant en éprouver de pertes. Une grenade tomba et éclata tout près de l'état-major qui était à côté de l'artillerie, mais sans causer de mal.

Lorsqu'arriva la nouvelle que le sud d'Auxon était abandonné par l'infanterie ennemie, un escadron de réserve du 2e régiment de dragons se porta sur la route.

Cet escadron, déployé pour l'attaque, reçut de tous côtés une fusillade partant de la forêt voisine, et dut se retirer. Le bataillon Arnold, du 5e régiment d'infanterie, envoyé à droite, rencontra à Auxon-le-Haut des travaux de défense établis sur des hauteurs boisées. Le commandant général donna l'ordre de cesser le combat et de prendre position pour la nuit.

Les deux bataillons du 4e régiment d'infanterie du Rhin (général major de Krug), envoyés en avant sur le flanc gauche, depuis le commencement de la bataille, avaient soutenu un combat sérieux de l'autre côté de Geneuille et délogé l'ennemi de toutes ses positions. Ils n'avaient pu s'avancer davantage, à cause de la nuit qui s'approchait. La brigade Keller, qui s'était rencontrée à Voray avec l'ennemi et l'avait repoussé sur Besançon, de même que la brigade prince Guillaume, ne purent, à cause de la difficulté du terrain, prolonger davantage la lutte. Cependant la tête de la dernière brigade arriva à la nuit sur le champ de bataille. Le 3e régiment eut neuf hommes tués devant Devecey, y compris un aspirant officier, et cinquante-un blessés, parmi lesquels un officier et un aspirant officier. Les pertes de l'ennemi sont évaluées à 100 hommes tués et blessés; 50 hommes non blessés, parmi lesquels des soldats de la ligne et des zouaves, furent faits prisonniers. On peut évaluer à 10 ou 12,000 hommes le chiffre des forces ennemies occupant des positions fortifiées, contre lesquelles nos troupes eurent à combattre. Ce succès remporté dès le début par des troupes peu nombreuses donna au corps tout entier la conviction qu'il réussirait dans la tâche difficile qui lui était échue. Cette tâche fut d'éviter le lendemain, au moyen de reconnaissances étendues, un engagement sérieux, et de se concentrer à Gray, en passant par La Chapelle, et de chercher un autre point d'attaque. Ces mouvements se firent avec cette précision propre à l'armée allemande, sans être nulle part inquiétés par l'ennemi, et aujourd'hui l'avant-garde du corps est déjà à Mirebeau.

D'après les journaux que les officiers prisonniers avaient sur eux, et d'après leur dire, Garibaldi avait déjà quitté Besançon pour organiser un corps franc plus au sud, et Gambetta était revenu à Tours. Par délégation de la République, Gambetta avait passé quelques jours à Besançón, près de Garibaldi.

Le général en chef nomma commandant de Gray le lieutenant-colonel (à la suite du 11e régiment d'artillerie) Hartmann, attaché à son état-major; mais ses fonctions prirent fin le 28, jour où le commandant en chef quitta Gray. Déjà, dans la matinée du 27, Son Excellence avait reçu une dépêche l'informant que la colonne prince Guillaume de Bade s'était dirigée ce jour sur Mirebeau, et avait envoyé des patrouilles de côté, à Saint-Seine-l'Eglise, en passant par Autrey. Ces patrouilles avaient rencontré sur la route d'Autrey d'importantes barricades, et à Saint-Seine de nombreuses troupes. Des bandes de paysans armés s'étaient en outre montrées dans la vallée de l'autre côté de la Saône; ces paysans, par suite d'une fausse nouvelle donnée par le gouvernement, croyaient que les soldats prussiens, après une bataille perdue près de Besançon, étaient en pleine fuite sur Gray. Il y eut un engagement près de Saint-Seine-l'Eglise. Le bataillon Wolf, du 2e régiment d'infanterie badois, dispersa les bandes en leur causant des pertes sérieuses. Il fit cinquante prisonniers (non blessés) et chassa sur Dijon l'ennemi, qui laissa sur la place cinquante morts et blessés, abandonnant divers bagages pour six cents hommes.

Dans l'après-midi, le régiment badois des grenadiers de la garde, sous le commandement du colonel baron de Wechmar, avait encore l'occasion de se distinguer brillamment. Il rencontra près d'Essertenne des troupes fraîches ennemies appartenant à l'armée de la Côte-d'Or. Le bataillon Hoffmann reçut l'ordre de les attaquer. Elles furent culbutées par une attaque de front et en arrière, par le fait d'une compagnie qui les tourna, et laissèrent entre nos mains environ cinq cents prisonniers, parmi lesquels onze officiers. Le bataillon perdit dix-sept hommes. L'ennemi battit rapidement en retraite sur Dijon. Les paysans pris les armes à la main furent jugés par un conseil de guerre, et exécutés à Arc le 28.

Ce même jour, la marche sur la Vingeanne fut ordonnée, et quoique l'ennemi ne fut plus rencontré, la réparation des routes rendues impraticables, demanda beaucoup de temps, une pluie continuelle contribuant aussi à augmenter les difficultés. Malgré tous ces obstacles, la colonne du prince Guillaume de Bade occupa Mirebeau, ce jour. Là, elle s'empara de la poste de campagne de l'ennemi et repoussa ses avant-postes sur Dijon. Le commandant en chef prit son quartier de marche à Renève-le-Château et à Renève-l'Eglise.

L'ordre de marcher sur Dijon dans la journée était déjà donné, quand le général en chef reçut à temps un ordre royal lui prescrivant une autre direction.

Garibaldi. — Le *Daily News* donne des lettres d'un de ses correspondants à la suite de Garibaldi, allant jusqu'au 1er novembre. Elles racontent les escarmouches qui ont eu lieu dernièrement près de Besançon et d'Auxonne :

« Près de cette dernière ville, écrit-il, sept mille gardes mobiles sous les ordres du docteur Lavalle abandonnèrent leurs armes et décampèrent, de façon que les Prussiens sont entrés à Dijon sans avoir tiré un coup de fusil (?) Pour s'enfuir, Cambriels doit s'être ménagé un train express.

« Quant à l'enthousiasme de la population dont on fait tant de bruit, on ne s'en aperçoit pas dans les départements de la Côte-d'Or et du Jura. On n'y croit pas à la victoire, mais on craint des représailles de la part des Prussiens. Aussi la population regarde-t-elle comme bien inutile qu'on lui impose la rude tâche de combattre l'ennemi.

« Trabucco (le complice de Grecco, qui tous deux se donnaient comme les libérateurs de leur patrie, tandis qu'en réalité ils étaient des espions payés, au service de la police française, dans le prétendu complot contre la vie de l'empereur) est ici. Il se vantait fort et n'attendait rien moins que le grade de général. On n'en a pas voulu, même comme caporal, et son arrestation fut ordonnée. Cet honorable personnage paraît avoir eu vent de cette bienveillante intention ; on ne le trouva plus chez lui. »

L'épisode suivant, que raconte le même correspondant, montre comment on procède à l'armement des Garibaldiens.

« Le 31 octobre, il était à table (le correspondant) avec les officiers d'état-major, quand on raconta que le 1er bataillon commandé par Azzi avait refusé les fusils à pierre qui devaient lui être distribués. Bientôt après entra le major lui-même qui s'adressa en ces termes au colonel : « Mes hommes ne se refusent pas à se battre, ils sont prêts à se rendre sans armes aux avant-postes, mais ils refusent d'accepter ces *catenacci,* quand ils voient les mobiles, tous armés de chassepots, se sauver devant les Prussiens. » Le colonel, en même temps vice-chef de l'état-major, fit judicieusement remarquer que des fusils à piston valaient mieux que rien, mais les hommes étaient d'un autre avis, et le général Frappoli, de même que le colonel, le partageait. Ne pouvant faire admettre son opinion, il ne demeura que le temps d'achever son dîner. Peu de temps après entra un capitaine. « — Colonel, dit-il, les hommes du 2e bataillon sont prêts à marcher aux avant-postes avec ces armes, mais donnez-nous des capsules pour ces fusils. — Oh, c'est trop fort ! dit le colonel Bordone, j'en ai essayé sept et toutes étaient convenables.— Alors, essayez celles-ci, » et une poignée en fut placée sur la table devant le colonel, mais aucune ne put s'adapter aux pistons. « — Allez donc à la caserne de cavalerie, et voyez ce que vous pourrez y trouver. » Le capitaine y fut et revint quelques instants après. « — Il n'y a rien, colonel. Il ne reste qu'une chose à faire, c'est de nous procurer par voie de réquisition toutes les carabines Minié qui se trouvent dans la ville. Il y en a environ quatre-vingts; avec cela nous marcherons. » C'est ce qui fut fait.

Garibaldi a écrit la lettre suivante à son ami le pasteur de l'église Saint-James, à Londres, H. R. Haweis :

« Mon cher Haweis, quand l'Allemagne combattait pour renverser Napoléon Bonaparte, j'étais du côté de l'Allemagne; aujourd'hui je suis tout naturellement de cœur et d'âme pour la République française, que je considère comme une des colonnes de la liberté du monde. J'espère que pour la soutenir mes amis d'Angleterre se réuniront à moi. Croyez-en ma parole, la France n'est pas aussi abattue qu'on le croit généralement; ses défenseurs s'augmentent chaque jour d'une façon qui mérite la plus haute considération. Malgré que nous convenions que nous ne sommes peut-être pas en mesure en ce moment de pouvoir nous mesurer à découvert avec l'ennemi, je ne doute cependant pas que nous ne terminions la campagne par une heureuse scène finale. Je suis votre dévoué.

« Garibaldi.

« **Dôle, 24 octobre.** »

—

Samedi 12 *novembre.*

NOUVELLES DE L'ARMÉE DE WERDER.

Nous extrayons ce qui suit du *Wanderer* de Vienne :

« Nos troupes se battent chaque jour avec les francs-tireurs, qui coupent nos services de poste, nos fourrageurs et nos convois. Elles se rencontrèrent ainsi avec ces ventres-creux (*grondants*), le 27 octobre, près de Talmay, où nous nous battîmes pendant quatre heures, sans qu'à quatre heures de l'après-midi nous eussions encore mangé un morceau. Près de Talmay, sur la route qui va de Gray à Auxonne, nous eûmes contre nous la moitié environ du corps du général Michel. Il occupait le pays et les bois, et par suite de cette excellente position, il nous donna fort à faire. On mit le feu aux quatre côtés de la forêt, et l'ennemi en sortit bientôt avec des pertes considérables. Nous eûmes 35 morts et 81 blessés. Le bataillon Hoffmann, du 2e régiment de grenadiers et trois escadrons du 16e régiment de cavalerie, prirent part à cette affaire. Un petit engagement eut lieu le même jour, 27, près de Thil-Châtel; un autre près de Saint-Seine, dans la nuit du 28; et enfin près d'Essertenne, où, le 27 octobre, 500 gardes mobiles et francs-tireurs furent surpris et faits prisonniers sans tirer un coup de fusil, par le 1er régiment des grenadiers de la garde (bataillon Hoffmann), qui faisait des réquisitions. Le 29 octobre enfin, arriva l'ordre de battre en retraite, immédiatement suivi d'un contre-ordre, nous prescrivant de marcher rapidement sur Dijon.

« Le 30, à neuf heures du matin, après trois heures de marche, nous arrivâmes devant Dijon, ou plutôt sur les premières hauteurs, près du village de Saint-Just, à une demi-lieue en arrière de Mirebeau. Nous ne trouvâmes ce bourg que faiblement occupé, et après avoir échangé avec nous quelques coups de fusil, l'ennemi se retira sur la hauteur de Saint-Apollinaire (1). C'est un village en avant de Dijon, qui, très-élevé, commande complé-

(1) Il est presque inutile de faire observer au lecteur que cette relation est toute fantaisiste. (*Note du traducteur.*)

tement la ville. Il fut répondu par des coups de fusil au parlementaire envoyé pour sommer la ville de se rendre. Le général de Beyer ordonna aussitôt l'attaque du village. Ce n'était pas une tâche facile, car à cause de la difficulté du terrain, l'infanterie seule pouvait y être employée. Les nombreux canons et les mitrailleuses de l'ennemi tiraient sur nous de Saint-Apollinaire. Sous cette pluie de balles et de boulets, le prince Guillaume marcha contre le village à la tête de son bataillon. Du côté de Talant, la cavalerie couvrit d'un long cordon la ville, qui était fortement occupée par l'ennemi. Le général Keller, avec le 2e régiment de grenadiers et le 3e régiment d'infanterie, chercha à tourner le village pour pénétrer dans les faubourgs, au sud de la ville; bref, l'ennemi fut attaqué de quatre côtés. Le combat sur la hauteur était très-animé, car les Français savaient bien que ce point était la clef de la ville. Le prince Guillaume s'efforçait d'avancer pas à pas et à la baïonnette sur la hauteur disposée en terrasse, tandis que trois batteries établies à l'aile droite de l'ennemi (du côté sud du village), ouvraient un feu violent contre ses positions. Après deux heures de lutte, les premières maisons du village étaient en notre pouvoir. Pendant ce temps, le 30e régiment d'infanterie s'était porté assez loin sur l'aile gauche de l'ennemi, et le général de Beyer avait fait avancer là quelques batteries légères de campagne qui commencèrent un feu bien dirigé. Pris entre ces deux feux, les Français pouvaient à peine se maintenir sur la hauteur, et après un combat de trois heures et demie, ils se replièrent rapidement sur Dijon. Notre artillerie s'établit alors sur la position abandonnée et dirigea un feu nourri sur la ville.

« La tête du corps de Keller s'était déjà approchée à portée de fusil du faubourg d'*Auzel* (*sic*), lorsque l'ennemi développa son artillerie sur son flanc gauche, et ainsi soutenu, attaqua avec succès le 2e régiment, qui dut se retirer avec des pertes sérieuses. Le 4e régiment de réserve fut appelé, et avec ce renfort l'ennemi fut refoulé dans les faubourgs. L'incendie régnait partout où l'œil pouvait se porter, et à l'entrée de la nuit les maisons en feu éclairaient nos troupes, qui de tous côtés gagnaient du terrain. Jusqu'au sud, la ville était complétement cernée. Pendant la nuit, les Français furent encore chassés des maisons du faubourg. Nous cessâmes le feu à onze heures du soir, et l'ouvrîmes de nouveau le lendemain à huit heures du matin; mais après quelques coups de canon, parurent le maire, deux prêtres et quelques citoyens de la ville, qui vinrent faire leur soumission. L'ennemi s'était retiré pendant la nuit, laissant plus de 560 tués et blessés. A quatre heures, nous entrâmes dans la ville, rudement maltraitée.

« Nos pertes sont de 245 tués et 318 blessés. Nous avons fait 180 prisonniers. Nous nous reposons ici assez agréablement, car la ville nous a fourni 150 bœufs, plus une contribution d'un million de francs. »

On télégraphie de Dôle que le 7 novembre Garibaldi a adressé aux bataillons italiens qui servent sous ses ordres un discours qui, en substance, renfermait ce qui suit :

« Nous voici encore ensemble, mes enfants; vous jeunes et forts, moi vieux et affaibli. Mus par les mêmes principes, nous combattons non-seulement pour la République française, mais pour la République universelle. Je suis heureux d'être encore à votre tête, mes anciens compagnons. N'oubliez pas que l'honneur de l'Italie vous est confié. Beaucoup d'entre vous ont déjà combattu avec moi pour la patrie. Je serai digne, je l'espère, de vos acclamations enthousiastes pour la République, la République universelle et la République française. »

Ce discours fut accueilli avec des cris de : « *Viva la Republica universale! Viva la Republica francese!* »

Le 8, le départ de Dôle devait commencer.

Dôle. — Garibaldi a reçu de Besançon, d'après le *Nch^r Basl.*, 500 chassepots avec des munitions, 500 couvertures de laine, 50 douzaines de chemises de flanelle, pour ceux de ses hommes qui n'étaient pas encore équipés.

—

Dimanche 13 *novembre.*

Carlsruhe, 12 *novembre.* — Nous empruntons ce qui suit à une lettre particulière de Dijon, datée du 3 novembre et écrite par un officier de la division grand-ducale badoise :

« Aujourd'hui est tombé le premier, victime de la guerre, un de nos meilleurs amis, Charles Griesbach, second lieutenant au 3e régiment de dragons. Il a été frappé d'une balle dans le cœur au retour d'une patrouille. Il a expiré sur-le-champ, sans douleur. Je sors de la maison où il a été transporté; ses traits ne sont pas changés; son visage est aussi calme que pendant la vie. Demain nous lui rendrons les derniers devoirs.

Console ses pauvres parents, ses frères et ses sœurs. J'ai pris ses papiers et m'occuperai de ce qu'il a laissé, de ses chevaux, etc. Beaucoup de ses camarades le regrettent vivement; il avait dans son régiment et dans la division de nombreux amis; ses chefs aussi, qui appréciaient son zèle et son activité, font une perte sensible. Ce ne sont pas les personnalités sans valeur qui auront été les victimes de cette rude guerre.

« Paix à ses cendres.

« . . . . . Depuis le 29, les brigades prince Guillaume et Keller ont gagné en combattant quelques jours de repos.

« Dijon, l'ancienne résidence des ducs de Bourgogne, est en notre pouvoir. Elle a été opiniâtrément défendue par des troupes de ligne et des mobiles, qui y étaient rentrés le jour même de notre marche sur la ville. La brigade du prince Guillaume s'était déjà battue à dix heures du matin avec l'ennemi divisé en petits détachements, près de Varois, à deux lieues de Dijon. Les nôtres avançant constamment, une partie des Français fut dispersée, et l'autre fut refoulée sur Dijon. C'est là qu'eut lieu la résistance la plus considérable. Les Français avaient pris position en partie en avant de la ville, en partie à l'intérieur. (C'est une ville ouverte.) Alors commença un grand combat d'infanterie (1er et 2e régiments de grenadiers badois) et d'artillerie; pour cette dernière, de notre côté seulement. La brigade Keller arriva promptement; elle était à trois heures de marche en arrière. C'est de ce moment que datent mes propres observations.

« Le général Keller partit immédiatement au trot avec trois batteries (Bodmann, Porbeck, Gobel), et nous arrivâmes à deux heures et demie sur le champ de bataille. La ville fut bombardée pour en déloger l'infanterie ennemie. Ce résultat n'ayant pas été obtenu, notre infanterie seule dut terminer l'affaire. Les grenadiers se précipitent sur les faubourgs, en se portant sur le point central ; ils reçoivent des décharges de tous côtés, et se battent à cet endroit jusqu'à quatre heures et demie environ. A quatre heures, le 6ᵉ régiment s'était avancé devant la ville, prêt à se battre ; le 5ᵉ était lancé sur l'aile gauche. Alors arriva l'ordre suivant : « L'infanterie se retirera des abords de la ville, et l'artillerie recommencera son feu, interrompu pour épargner les habitants. » Ces ordres furent exécutés : les grenades incendiaires mirent le feu à différents endroits. La nuit arrive ; nous reçumes l'ordre de bivouaquer devant la ville en feu, en nous appuyant sur les villages voisins. Pendant la nuit, une députation vint offrir la reddition de la ville au général de Beyer. Le lendemain matin, à onze heures, nous y entrions.

« En ce jour l'infanterie avait fait des marches colossales ; ainsi le 5ᵉ régiment ne s'était pas arrêté de cinq heures du matin à quatre heures du soir. Maintenant, repos à Dijon — bien désiré de tous. »

Mardi 15 *novembre.*

Carlsruhe, 14 *novembre.* — Une longue lettre venant de notre division, et datée de Quetigny, nous est obligeamment communiquée. Nous en extrayons les passages suivants :

« Après une bataille de dix heures à Dijon, que la

nuit seule fit cesser, et où nos Badois se sont battus comme des lions contre un ennemi bien supérieur en nombre, le régiment de grenadiers se retira de la ville où il avait pénétré, et nous établîmes nos bivouacs ou cantonnements dans les villages voisins. Notre artillerie avait mis en feu une partie de la ville; et, malgré une pluie torrentielle, les flammes s'élevaient jusqu'au ciel. Le combat devait recommencer le lendemain; mais, pendant la nuit, se présentèrent les magistrats qui rendirent la ville.

« Pendant ce temps, l'ennemi s'était retiré. Le même jour au matin, les 1re et 3e brigades, qui avaient pris part au combat de la veille, se réunirent et placèrent leurs pièces en batterie, la gueule tournée contre la ville. On s'occupa alors de faire exécuter les conditions acceptées par la municipalité.

« Cela réglé, la 1re brigade et une partie de la 3e entrèrent dans la ville avec l'état-major de la division.

« Ici, à Quetigny, le destin me donna le plus misérable trou qui se puisse trouver sur la terre de Dieu (sous la calotte du ciel), où nous étions empilés nez à nez comme des harengs. Mon logement est près de la cure, et avec moi il y a encore trois officiers dans la maison. Par bonheur il y a d'assez bon vin, chose importante par ce temps humide. Avec cela, dans les rues, une boue impossible à décrire.

« Pendant le combat, je fus appelé avec mon escadron par un officier d'ordonnance. Nous partîmes de toute la vitesse de nos chevaux sur la route de Dijon, et fîmes deux lieues en quelques minutes. Douze hommes tombèrent de cheval, mais cela ne nous arrêta pas; et au train dont nous allions, j'eus l'espoir d'arriver encore à temps sur le lieu du combat. Mes dragons étaient dans la jubilation. Parvenus au but, je reçus l'ordre de suivre une batterie pour la couvrir; j'étais ainsi de nouveau condamné à l'inaction. Cette course rapide dans une horrible boue avait rendu vraiment risibles et méconnaissables mes hommes et leurs chevaux : par bonheur la pluie, continuant à tomber à verse, les nettoya quelque peu.

« Tout en galopant ainsi avec mon escadron, je remarque pour la première fois, à côté de moi, une figure étrange sur un *cheval blanc!* cheval et cavalier étaient tellement couverts de boue, que je ne pouvais les reconnaître : le cavalier était enveloppé dans un capuchon noir, avec son sabre à la main.

« Je finis par le reconnaître : c'était mon... domestique R... qui, malgré l'ordre que je lui en avais donné de rester en arrière avec les chevaux de main, ne put accepter de n'être pas près de moi. Il donna bien vite son cheval de main à un de ses camarades, et suivit l'escadron. Le cheval blanc alla encore plus vite que ne le voulait son cavalier, et il fut en peu de temps à mes côtés, mais dans un état grotesque. Un éclat de rire général salua son arrivée.

« Ce n'était pas agréable d'être venu pour rien, mais qu'y faire? Nous aurions aimé à montrer ce dont nous étions capables. J'espère que nous en aurons l'occasion avant la fin de la guerre.»

Garibaldi. — Nous avons sous les yeux des lettres de Dôle, quartier général de Garibaldi, allant jusqu'au 7 novembre. Elles ne donnent pas une brillante idée des troupes qui sont sous ordres, pas plus que de leur armement.

« En tout cas, dit un des reporters du *Daily News,* ce que nous avons en perspective n'est rien moins que brillant, car si nous nous battons, je suis complétement de l'avis de Ricciotti, nous sommes tous perdus. Il n'est pas possible de se figurer des troupes plus mal armées, plus mal vêtues, et plus mal organisées que les nôtres.

« Presque toutes nos armes sont des fusils à pierre datant de 1813 et qui ont été mises à piston. Je suis convaincu qui si nous nous rencontrons avec les Prussiens, un horrible carnage en sera la conséquence. Je vous ai déjà entretenu d'une altercation survenue entre un des bataillons italiens et le général d'état-major, au sujet de capsules qui n'allaient pas aux pistons des fusils modifiés. Je vous ai aussi parlé du manque de selles. Nous avons sans doute un grand nombre de chevaux de voiture légers, mais des selles en quantité seulement suffisante pour l'état-major.

« Le colonel Bordone, qui, à la suite de la démission du colonel Frappoli, se trouve à la tête de l'état-major, est le seul qui ait un vrai cheval de selle. Tous les autres sont des chevaux de trait qui n'ont jamais porté un cavalier. Aussi dès qu'on veut les monter, ils se cabrent et se dressent, de la façon la plus amusante, sur leurs pieds de derrière. Chaque jour nous voyons des officiers tomber avec leurs chevaux. Nous avons reçu un peu de cavalerie provenant de divers régiments, cinquante hommes environ. Ils sont employés au service des patrouilles pour nous tenir au courant des mouvements de l'ennemi. Avec eux nous sommes à cet égard passablement informés, et il paraît que le plan des Prussiens, est, ou de nous chasser d'ici, ou de nous bloquer dans Auxonne ou dans Besançon, avant de marcher sur

Lyon. Il y a quelques jours le général a reçu 25,000 fr. du gouvernement, avec la recommandation d'en être aussi ménager que possible, parce qu'il ne pourrait plus rien lui envoyer ; notre position n'en est pas pour cela digne d'envie. Ajoutez à cela que notre général Haucké-Bossak nous disait que les troupes placées sous ses ordres étaient très-antipathiques à la population. Le général Bossak a établi depuis deux jours son quartier général à Tervay à deux milles (1) de Pesmes, pour défendre le passage de l'Ognon. Il n'a malheureusement avec lui que 1,600 hommes, dont six cents vêtus de blouses bleues et qui n'ont jamais tiré un coup de fusil. Ces derniers ont été laissés en arrière pour être exercés. Le passage de l'Ognon est possible en deux points, à Pesmes et à l'abbaye d'Acey. A Pesmes on ferait sauter le pont du chemin de fer, et le passage pourrait être défendu par une poignée d'hommes. A l'abbaye d'Acey, au contraire, il faudrait l'empêcher à la baïonnette, et Bossak, si l'ennemi arrivait en masse, se retirerait sur Besançon. Garibaldi se propose de rester à Dôle aussi longtemps qu'il le pourra. S'il voit l'ennemi s'avancer en nombre, il portera son quartier général à Mouchard, et alors, s'il ne peut pas livrer de bataille, il se repliera vraisemblablement sur Lons-le-Saunier et Bourg, dans la direction de Lyon. Auxonne, qui arrête en ce moment la marche de l'ennemi de Dijon à Dôle, n'est pas très-bien armé. Il y a soixante canons, trois mille hommes de garnison, et des provisions de bouche pour deux mois. »

On télégraphie d'Autun au *Daily News,* à la date du 9 novembre :

(1) Le mille badois égale 8 kilomètres. *(Note du traducteur.)*

« Le général Garibaldi a été reçu ici avec le plus grand enthousiasme. Les dames lui envoyèrent une députation pour le remercier du secours qu'il apportait à la France. Dans sa réponse, Garibaldi engagea chacun à user de son influence pour exciter la population tout entière à occuper les forêts et à harceler l'ennemi autant que possible. Il recommanda aussi d'une façon expresse de ne pas se laisser exciter contre la République par le clergé. »

Besançon, 8 *novembre.* — Le journal donne les nouvelles ronflantes que voici :

« Les troupes de Garibaldi ont remporté hier sur la route de Besançon une série de brillants avantages, et ont arrêté la marche des Prussiens qui avaient une nombreuse artillerie, et aussi des mitrailleuses !

« Auxonne est toujours protégé par nos francs-tireurs de l'armée de Dôle. Nous avons eu un mort, sept blessés et quelques hommes faits prisonniers; les pertes de l'ennemi sont considérables. Si Garibaldi avait quelques milliers d'hommes de plus, nous aurions à enregistrer chaque jour les hauts faits de ce vaillant patriote. »

—

Mercredi 16 *novembre.*

RAPPORT DU LIEUTENANT GÉNÉRAL DE BEYER SUR LA BATAILLE DE DIJON, DU 30 OCTOBRE 1870.

« Des rapports du 29 octobre annonçant d'une façon positive que Dijon n'était plus occupé par des troupes ennemies, et que, de son côté, la municipalité avait renoncé à une résistance armée, je reçus l'ordre de prendre possession de Dijon avec les 1re et 3e brigades, d'y passer quelques jours, et d'y faire pour les troupes des réquisitions en vivres et en vêtements.

« La brigade prince Guillaume, qui formait l'avant-garde du corps d'armée, était à Mirebeau dans la soirée du 29. La brigade Keller, qui devait aussi occuper Dijon, avait pris ce jour-là ses quartiers à Talmay; elle avait donc à faire une marche forcée de cinq milles.

« Le prince Guillaume prit la tête, et quitta Mirebeau à sept heures. La brigade Keller s'était mise en route à cinq heures et demie, et suivait la 1re brigade.

« Arrivé à neuf heures et demie à Magny-St-Médard, le colonel de Wechmar, qui commandait l'avant-garde, fut informé que de petits détachements ennemis se montraient à l'ouest d'Arc-sur-Tille, et que l'ennemi se tenait sur les hauteurs à l'est de Varois.

« La 11e compagnie du 1er régiment des grenadiers de la garde fut aussitôt détachée de l'avant-garde sur Orgeux, pour aller attaquer l'ennemi en passant par Chaignot.

« La batterie d'avant-garde ouvrit le feu contre Chaignot et Varois.

« L'ennemi n'opposa nulle part une résistance sérieuse, et ne montra que des forces peu importantes.

« Le major Betz, avec les 9e et 12e compagnies, marcha contre Couternon, d'où l'on tirait aussi sur nous, et en chassa l'ennemi.

« Le dernier demi-bataillon se dirigea en colonne sur Dijon, par Quetigny, côtoyant l'aile gauche. Vers midi, et dès que notre tête, formée par le 3e régiment de dragons, fut à portée de fusil, l'ennemi ouvrit un feu nourri, depuis la hauteur située en arrière et à l'est de ce village. L'infanterie d'avant-garde se développa : trois compagnies s'avancèrent à droite de la route, et deux à gauche. La batterie d'artillerie prit position ; la cavalerie chercha à se jeter à droite et à gauche sur les flancs de l'ennemi, par l'extrémité de ses ailes.

« Saint-Apollinaire fut pris assez rapidement ; mais on ne put, au contraire, avancer que lentement sur les flancs de l'ennemi, ses tirailleurs ayant trouvé de bonnes positions dans les *enclos* de vignes de ce village.

« Le 2e bataillon du 1er régiment des grenadiers de la garde, qui marchait en tête du gros des troupes, fut en conséquence également divisé en colonnes de compagnies.

« Les 5e et 6e compagnies, qui s'avançaient au nord de la route, se réunirent aux trois compagnies du 1er bataillon, chassèrent bientôt l'ennemi des vignes, et le théâtre du combat se rapprocha de la lisière nord de Dijon, formée par le faubourg Saint-Nicolas.

« Les 7e et 8e compagnies furent envoyées sur les hauteurs au sud de Saint-Apollinaire, comme échelons de l'aile gauche.

« En reculant, l'ennemi avait trouvé, en face de notre aile gauche, une excellente position sur les hauteurs qui s'étendent en arrière, de la ferme des Suisses à Mirande.

« Pendant ce temps, deux batteries avaient été établies au sud de Saint-Apollinaire, et une troisième au nord de ce village. Elles agirent d'abord avec succès contre les troupes ennemies, qui abandonnaient les hauteurs pour gagner le faubourg Saint-Nicolas.

« Les 7e et 8e compagnies du 1er régiment des grenadiers de la garde furent bientôt chargées de couvrir seules le flanc gauche et la grosse batterie dont nous venons de parler.

« Les compagnies du 1er bataillon, qui s'avançaient toujours en descendant sur la ville, rencontrèrent le grand mur du parc de Montmusard; elles obliquèrent à droite et se réunirent ainsi à l'aile droite, qui arrivait par le nord en suivant la route de Gray.

« C'est alors que les grandes fermes de la Maladière et de la Boudronnée furent enlevées à la baïonnette, et qu'on pénétra du côté du midi dans le parc de Montmusard.

« Il était deux heures quand l'ennemi se porta sur les hauteurs situées en avant de Mirande, contre notre flanc gauche et contre les batteries placées dans cette position, d'où elles agissaient vigoureusement. Les 7e et 8e compagnies, qui étaient près des batteries, firent une conversion à gauche pour attaquer l'ennemi par les hauteurs. Ici s'engagea un combat très-vif : en peu de temps l'ennemi fut rejeté sur l'enceinte méridionale de Dijon.

« Le demi-bataillon des fusiliers du régiment des grenadiers de la garde, qui arrivait comme colonnes de flanc, de Couternon par Quetigny, refoula l'ennemi dans les vignes en pente placées au sud et derrière le talus du chemin de fer d'Auxonne.

« La résistance devenant toujours plus opiniâtre, je me décidai à me servir de toutes les forces dont je disposais.

« Les 1er et 2e bataillons du 2e régiment des grenadiers de la garde se déployèrent comme seconde ligne. On fit avancer au trot les trois batteries, ainsi que les trois escadrons du 2e régiment de dragons de la brigade Keller, qui étaient à Arc-sur-Tille. Les batteries furent établies à l'ouest, sur les hauteurs de Saint-Apollinaire et au sud du parc de Montmusard; de ces deux points elles agissaient fortement contre l'enceinte de la ville, vigoureusement défendue. Enfin le 5e régiment, avec trois bataillons, fut dirigé de Varois par Quetigny, sur le théâtre du combat, et les deux bataillons du 6e régiment reçurent l'ordre de se rendre, comme réservè, à Saint-Apollinaire.

« La cavalerie fut principalement employée à couvrir l'artillerie et les ailes. Elle fut ultérieurement envoyée sur la route d'Auxonne, des rapports ayant annoncé l'arrivée de renforts ennemis dans cette direction.

« A trois heures, trente-six pièces battaient la lisière de Dijon, qui opposait un feu bien nourri aux troupes marchant contre elle.

« Le côté ouest de la ville qui était attaqué, a, comme ceinture extérieure, les deux faubourgs Saint-Nicolas et Saint-Pierre, avec de nombreuses et grandes fermes qui les précèdent. Les murs de pierre qui ferment les cours et les jardins, des rues tortueuses, les restes des anciens remparts avec leurs fossés pleins d'eau, les espèces de ponts qui donnent accès dans l'intérieur de la ville, et avec cela un bras du ruisseau de Suzon, favorisaient extraordinairement la défense.

« A partir de trois heures, cette forte enceinte fut le théâtre de la bataille. Il fallut prendre chaque maison séparément. Des coups de fusils furent tirés sur nous, de bâtiments que le drapeau de la convention de Genève désignait comme étant des hôpitaux.

« Le régiment des grenadiers de la garde tout entier

s'étant engagé le plus en avant dans ce combat de rues, les 6e et 7e compagnies du 2e régiment de grenadiers furent lancées en avant à droite, et les 3e et 4e à gauche; ces compagnies arrivèrent bientôt à la lisière où avait lieu le combat, les 6e et 7e compagnies surtout aux entrées nord de la ville. La 3e compagnie couvrit seule la grosse batterie placée au sud du parc de Montmusard et balaya les vignes en pentes qui descendent sur le Suzon.

« Le commandant du 2e régiment de grenadiers, colonel de Renz, reprit ses compagnies qui avaient été lancées sur la route, pour avoir à l'ouest de Saint-Apollinaire une plus forte réserve, en attendant la 3e brigade qui ne pouvait pas arriver avant quatre heures et demie.

« A quatre heures, j'avais acquis la certitude que cette ville si heureusement protégée naturellement et défendue avec tant d'opiniâtreté, ne pourrait être emportée dans un premier assaut qu'au prix de pertes relativement considérables. Or, le commandant général m'ayant donné à cet égard l'ordre de n'acheter chèrement dans aucun cas l'occupation de Dijon, je me vis forcé d'arrêter les braves grenadiers dans leur marche en avant, l'artillerie avec ses forces bien supérieures pouvant d'ailleurs reprendre le lendemain matin un bombardement prolongé, et briser ainsi l'énergie de la résistance.

« L'artillerie reçut en conséquence l'ordre de diriger contre la ville le feu le plus violent, en même temps qu'il était enjoint aux compagnies de se rassembler peu à peu et de cesser le combat des rues. Cet ordre, si dur qu'il pût être pour nos vaillantes troupes, fut exécuté d'une manière brillante. Se protégeant mutuellement, et enlevant leurs morts et leurs blessés, elles abandonnèrent les parties conquises, et les régiments se rassemblèrent à la partie est du parc de Montmusard.

« A la tombée de la nuit, un bataillon français qui arrivait de Langres comme renfort, se heurta aux 6e et 7e compagnies du 2e régiment de grenadiers qui l'attaquèrent au pas de charge, et le dispersèrent en peu de temps.

« Il était tout à fait nuit quand je fis cesser le feu ; on voyait à l'horizon s'élever de la ville sept colonnes de flammes.

« J'ordonnai pour la nuit les dispositions suivantes : le prince Guillaume garda les routes entre Saint-Apollinaire et Varois, en occupant ces deux villages ; le major-général Keller, avec la 2e brigade, campa entre Quetigny et Couternon. J'établis à Varois mon quartier général.

« A l'aube, les batteries de la 1re brigade devaient prendre position à l'ouest de Saint-Apollinaire, cette brigade restant là, tandis que la brigade Keller devait demeurer en arrière comme deuxième ligne, me réservant les dispositions ultérieures.

« A trois heures et demie de la nuit, le prince Guillaume m'informa de l'arrivée d'une députation de la municipalité de Dijon, qui désirait conclure une capitulation. J'acceptai cette offre, les instructions du commandant du corps me recommandant surtout de traiter Dijon avec douceur. La capitulation, formulée dans le cours de la nuit, fut signée le 31 au matin, et à une heure de l'après-midi, j'entrais dans la ville à la tête des troupes.

« Pendant la nuit l'ennemi avait évacué Dijon.

« J'ai à témoigner la plus complète reconnaissance

aux détachements qui ont pris part au combat devant cette ville. D'Arc-sur-Tille à la banlieue de Dijon, de neuf heures et demie du matin à la nuit, notre marche a été un long combat. Je dois adresser aussi tous mes éloges à la 3e brigade, qui ce jour-là fit une marche de cinq milles, et qui refusa de faire halte pour se reposer. L'ordre de ne point prendre part au combat, donné le soir à ces troupes, au moment où elles arrivaient sur le champ de bataille, leur fut des plus pénibles.

« Malgré toutes ses fatigues, le 5e régiment d'infanterie avec des pionniers, se porta encore plus loin, pour détruire pendant la nuit les lignes des chemins de fer de Lyon et d'Auxonne. Ces troupes ne prirent leurs quartiers qu'à trois heures du matin, après une marche non interrompue de vingt-quatre heures, sans halte pour préparer leur nourriture, sous une pluie torrentielle, et en partie à travers des chemins détrempés.

« Dijon avait été bien réellement évacué le 28 par les troupes françaises ; cependant le 29, une populace fanatisée forçait les autorités à déclarer la ville en état de défense, à armer la garde nationale et à rappeler les troupes. Ces dernières arrivèrent de Beaune, de Langres et d'Auxonne dans la nuit du 30, et dans la matinée de ce même jour. Le colonel Fauconnet en prit le commandement.

« Il a été constaté que les détachements suivants ont pris part au combat : un bataillon du 90e régiment de ligne, un bataillon du 71e, une compagnie du 6e bataillon de chasseurs, un bataillon venu de Langres (dont je n'ai encore pu me procurer le numéro), la garde mobile de la Côte-d'Or et de la Lozère (un bataillon de chacune), la garde nationale mobilisée de Dijon (trois bataillons).

On a en outre trouvé parmi les morts des soldats des 11e et 67e régiments de ligne.

« En tous cas, cette bataille a empêché la concentration à Dijon de forces ennemies plus considérables. Les retranchements commencés devant la ville, où se trouvaient encore partout des instruments de travail, prouvent que l'on avait en vue de rendre ce point susceptible d'une plus longue défense.

« Le commandant français, colonel Fauconnet, tomba pendant le combat près de Saint-Apollinaire.

« Les pertes de l'ennemi sont très-considérables. Parmi les prisonniers non blessés, se trouvent un officier et cent deux soldats.

« Nos pertes ne sont pas peu importantes. (Des listes officielles en ont été déjà communiquées.)

« Dijon, le 31 octobre 1870.

« *Signé :* DE BEYER,

« lieutenant général et commandant de division. »

Bruxelles, 13 *novembre.* — « D'après des nouvelles reçues ici, Garibaldi était à trois heures du soir à Mâcon. Il allait à Chagey (département de la Haute-Saône, arrondissement de Lure) et à Saint-Jean-de-Losne (département de la Côte-d'Or, arrondissement de Beaune). Ses fils doivent le suivre dans la nuit, avec des mobiles et trois bataillons de francs-tireurs. »

Nouvelles diverses. — Mardi 1er novembre, ont eu lieu à Dijon les funérailles du colonel Fauconnet et des gardes nationaux tués à la défense de cette ville. Un régiment badois, musique en tête, leur a rendu les derniers honneurs. Parmi les gardes nationaux tués, se trouvent deux notaires, un conseiller d'arrondissement, et un libraire.

Jeudi 17 *novembre.*

Garibaldi. — On sait que Garibaldi a transporté son quartier général de Dôle à Autun. Une lettre de cette ville, en date du 10 novembre, adressée au *Daily News,* ne présentait pas ce mouvement comme une retraite devant les Prussiens, mais comme la suite d'un ordre du ministre de l'intérieur (!), qui désirait avoir les Garibaldiens dans son voisinage. Dans cette marche, tout n'alla pas au mieux pour la légion.

« Chaque homme, — écrit le correspondant, — reçoit un franc par jour pour se défrayer; mais sur tout le parcours du chemin de fer il est impossible de donner à 1,000 hommes, dans un buffet, tout ce dont ils ont besoin. On envoya donc au maire de Bourg une dépêche télégraphique lui donnant l'ordre de tenir prêtes mille rations de pain et de vin. Lorsque nous arrivâmes, il n'y avait pas une croûte de pain et pas une goutte de vin, même pour le général. Quelques-uns d'entre nous réussirent à obtenir un peu d'eau chaude avec du pain dedans, qu'on appelait de la soupe; mais pour nous donner à manger à tous, il eût fallu renouveler le miracle des pains et des poissons. Nous espérions trouver mieux à Mâcon, mais là encore il n'y avait rien de prêt. Nous arrivâmes à Moores (*sic*) (1), où l'on nous dit qu'on

(1) Probablement Morey, sur le canal du Centre. (*Note du traduct.*)

avait fait sauter le pont du chemin de fer entre ce pays et la station suivante.

« Par qui cela a-t-il été fait ? » demanda Garibaldi. « Par des ingénieurs civils. » Un nuage de mauvaise humeur assombrit son visage, mais il ne dit rien. Cette passion du Français pour la destruction des ponts est devenue pour lui un véritable cauchemar. « Maintenant, où sont les rations? » s'écria Tannaro. Mais une fois encore nos illusions s'envolaient, car les buffets étaient fermés par crainte des Prussiens, et pendant que les officiers cherchaient à se loger dans la ville (1), arrivait la nouvelle certaine que le pont n'avait pas sauté. On se remit donc en route, et à une heure du matin nous arrivâmes à Autun, où vivres et logements avaient été préparés. A sept heures du matin eut lieu une reconnaissance des environs, et à midi un exprès partit pour Lyon avec des instructions pour le major Castellazzi, qui y organise un bataillon d'Italiens nouvellement arrivés. Menotti arriva pendant la nuit avec toute sa brigade. Le lendemain vint aussi le général Bossak, que Garibaldi présenta comme son frère d'armes à une députation de dames venue pour le complimenter. »

D'après des nouvelles de Lyon en date du 11, Garibaldi repart avec ses troupes pour Besançon. On dit qu'il doit se rendre à Belfort avec le général Michel pour débloquer cette ville.

Brême, 14 novembre (*Wes. Ztg.*) — Nous apprenons que ces jours-ci arriveront dans notre ville quarante notables français, choisis dans différentes villes, comme otages de capitaines de vaisseaux allemands internés

(1) Ils étaient probablement à Chalon-sur-Saône. (*Note du traduct.*)

en France. Il paraît que le gouvernement français n'a voulu rendre ces capitaines, actuellement à Clermont, qu'à la condition de les échanger contre un nombre égal d'officiers. Comme représailles, et en réponse à cet injuste procédé, ordre a été donné de saisir et de conduire à Brême, qui sera le lieu de leur résidence, quarante citoyens français.

—

Jeudi 17 *novembre.*

Carlsruhe, 15 *novembre.* — Nous empruntons ce qui suit à une lettre écrite des environs de Dijon, et datée du 8 novembre, qui nous a été obligeamment communiquée pour en faire notre profit. Ce sera assurément pour nos lecteurs une intéressante petite peinture de la guerre.

« Après nous être trouvés excessivement bien à Dijon pendant six jours environ, est-il dit dans cette lettre, la nouvelle de l'approche de Garibaldi nous en fit sortir avant-hier. Ce dernier, à ce qu'il paraît, préféra s'en retourner, car ni en long ni en large nos patrouilles n'ont pu trouver l'ennemi.

« Pendant que la division rentrait en ville, notre bataillon et deux escadrons eurent l'honneur d'être envoyés aux avant-postes, et nous occupâmes un grand nombre de villages sur les routes de Beaune et d'Auxonne, patrouillant longuement et nous ennuyant considérablement.

« Nous étions en particulier logés dans un vaste château au milieu d'un grand parc. Ce château pouvait avoir été très-confortable, mais aujourd'hui qu'il est abandonné par ses propriétaires, il y manque une grande partie des choses nécessaires, par exemple du linge de table, des rideaux, etc., de sorte qu'il faut s'en tirer comme on peut. Nous nous sommes souvent figuré ce que vous diriez chez vous, si une belle nuit soixante ou cent hommes se précipitaient dans votre maison, trempés par la pluie, affamés, très, mais très-altérés, et qu'il vous fallût servir vite et copieusement dans vos deux uniques chambres, tous ces hommes parlant avec cela une langue qui vous est étrangère. Cette scène se renouvelle presque chaque jour, et si quelques ménagères soigneuses ont des attaques de nerfs et sautent en l'air, il ne faut pas trop s'en étonner.

« Nous sommes très-bien tombés à Dijon. La population oscille entre la peur, l'indignation, la curiosité et une légèreté toute française. Je ne saurais rien de mieux pour illustrer ceci que de représenter des femmes vêtues de noir, témoignant ainsi des malheurs de la patrie, et donnant le bras à nos soldats. »

—

Vendredi 18 *novembre.*

Carlsruhe, 17 *novembre.* — La communication suivante nous arrive de Varois :

« Nous apprenons par les journaux du pays, que nous recevons toujours grâce à l'obligeance de la rédaction, la tempête toute méridionale qui a eu lieu dans notre chère ville de résidence. Il ne sera pas sans intérêt pour nos parents de savoir qu'à ce moment même quelques détachements de la garnison de Carlsruhe (2e régiment de dragons, une batterie montée, la compagnie Eichrodt du régiment des grenadiers de la garde) se battaient malgré cette tempête le 26 à Ecuelle et le 27 à Auvet. Voici quelques détails sur ces affaires.

« Le 26 au matin, la brigade de cavalerie traversa la Saône près de Gray pour faire une reconnaissance dans la direction du nord-ouest, du côté de Champlitte et de Langres. Les divisions nommées plus haut et appartenant à l'avant-garde, placèrent des avant-postes à Oyrières et à Auvet.

« A deux heures et demie de l'après-midi, on apprit par des patrouilles envoyées en avant, la nouvelle certaine que la forêt de Champlitte et le passage du chemin de fer qui se trouve entre les villages d'Ecuelle et de Neuvelle-les-Champlitte, étaient fortement occupés par des gardes mobiles. A la suite de ce renseignement, le colonel Wirth, d'accord avec le commandant de la brigade, le major général baron de la Roche, décida que malgré le mauvais état du terrain et le plus horrible temps, l'ennemi serait chassé de ses positions.

« Un train de la batterie à cheval qui était restée en arrière, à Chargey, fut aussitôt mandé, et à trois heures et demie on se mit en marche.

« Après que l'avant-garde de l'escadron de Hübsch, au bout d'une demi-heure, eut reçu un feu très-violent partant des deux côtés de la forêt, le peloton d'infanterie du lieutenant Dill fut lancé pour emporter le bois, pendant que le reste de la compagnie, l'escadron Hübsch et le train d'artillerie du lieutenant de Schonau s'avançaient partie sur la route elle-même, partie à droite de cette même route.

« La forêt et le chemin de fer furent pris avec des hurrahs après une vive fusillade, et artillerie et cavalerie, lancées au galop, poursuivirent l'ennemi fuyant en désordre du côté de Champlitte.

« L'essai tenté par un détachement français de s'établir derrière une maison de Neuvelle fut empêché par notre cavalerie et par quelques coups de canon tirés sur ce point avec une grande précision. A cinq heures, l'ennemi qui, au dire des prisonniers, comptait 400 hommes, était complétement repoussé.

« Ses pertes ont été de dix hommes et de plusieurs blessés; nous avons eu de notre côté deux blessés et un cheval tué.

« L'obscurité empêcha malheureusement une plus longue poursuite. La tempête s'éleva en ce moment (six heures et demie) avec une telle furie, que le vent faisait littéralement tourner nos chevaux. Harassés et mouillés jusqu'aux os, mais en bonne humeur et avec la conscience d'avoir aujourd'hui contribué pour une petite part à la grande œuvre, nous regagnâmes notre cantonnement d'Oyrières, après avoir pris nos précautions pour ne pas être inquiétés cette nuit par l'ennemi.

« Par suite d'un ordre arrivé pendant la nuit, notre détachement s'était réuni, le 27 au matin, aux deux autres escadrons du régiment, qui étaient à Auvet, pour se diriger sur la rivière de la Vingeanne, du côté de Fontaine-Française.

« Cette jonction était à peine opérée, que déjà, un peu avant Auvet, notre tête de colonne recevait des coups de fusil partant d'un bouquet de bois situé près de là.

« Les détachements disponibles furent aussitôt dirigés sur les hauteurs placées au sud-ouest, ce qui fut facilité par la marche de la compagnie Eichrodt. Pendant ce temps les Français, après deux salves de notre hurrah, mêlées au bruit du tambour et du commandement, abandonnaient la première position. Pour nous, cavaliers, l'état du sol n'était point favorable; la terre argileuse étant profondément détrempée par une pluie continuelle. Malgré cela, nos braves escadrons de Schilling et Hübsch, sur la gauche (l'escadron de Schonau était en réserve), Camerer sur l'aile droite, et la compagnie au centre, s'avançaient en échelons contre le petit bois isolé qui était fortement occupé. Il fut pris après une courte résistance, et l'ennemi, laissant environ trente morts et blessés, ainsi que les bagages complets de deux cents hommes, s'enfuit d'une façon désordonnée dans la grande forêt de Champlitte. Là, une compagnie du lieutenant comte de Sponeck, qui y avait été envoyée pour protéger la ligne de retraite, eut encore l'occasion de sabrer vigoureusement les fuyards.

« La poursuite fut alors continuée par une compagnie qui se montra tout à coup à notre gauche. Des postes d'observation furent établis, et après que nous eûmes recueilli les couvertures, les chemises, les chaussures, les chassepots et autres objets abandonnés par les Français, suivant leur habitude, nos troupes épuisées se reposèrent sur le champ de bataille qui leur était resté.

« Nous avons eu un homme et un cheval blessés. D'après le dire des prisonniers, les forces de l'ennemi étaient de 1,000 à 1,200 mobiles et francs-tireurs.

« Quelque restreintes qu'aient été les proportions de cette rencontre, elle n'en eut pas moins une incalculable influence sur les combats livrés en même temps par le 2e régiment de grenadiers, d'Autrey à Saint-Seine, en empêchant l'aile droite de ces derniers d'être cernée par l'ennemi.

« Malgré tant de fatigues et tant d'efforts, l'esprit de nos troupes est au-dessus de tout éloge. »

On écrit de Dijon, le 8 novembre, au *Journal de Mannheim* :

« Le combat que soutint le 2e bataillon du 2e régiment badois de la garde, et dans lequel le lieutenant Quilling fut tué, eut lieu contre des Garibaldiens. Ces derniers firent d'abord bonne contenance, mais ils apprirent bientôt à connaître la poigne des Badois, et ils prirent ignominieusement la fuite. »

On écrit de Lyon, le 8 novembre :

« Une compagnie de francs-tireurs d'Alger est passée ici; ils avaient un drapeau de velours noir, sur lequel étaient brodés en argent une tête de mort, et ce seul mot : *Alger*. Cette compagnie voulait, on le sait, se réunir à Garibaldi.

« Le médecin Lavalle, qui avait eu un commandement lors de la bataille de Dijon, a été arrêté à Beaune par ses propres soldats, et par la population exaspérée; on voulait le conduire à Lyon et le traduire devant un conseil de guerre. A Chalon, un de ses amis, commissaire civil du département de Saône-et-Loire, le fit passer en lieu sûr. On est aussi très-mécontent du préfet du département de la Côte-d'Or.

« Les paysans de la Bresse, près de Lyon, ont chassé à coups de fusil, ces derniers jours, des bandes armées, qui, sous le prétexte de fourrager pour la ville de Lyon, voulaient prendre leur bétail, leur blé, etc. »

Dijon, 8 novembre. — On écrit du 3e bataillon du

2e régiment des grenadiers de la garde au *Journal de Mannheim :*

« Depuis huit jours environ que nous sommes ici, nous ne nous sommes guère reposés, car tantôt on nous envoie aux avant-postes, et tantôt en patrouilles. Avant-hier il y eut une petite alarme : à trois lieues d'ici, deux compagnies du 2e bataillon eurent un léger engagement avec l'ennemi, et ce fut tout. Cela nous procura le plaisir d'être encore envoyés en promenade à Bretenières, du côté d'Auxonne. Le soir, nous rentrâmes à Dijon. Ici la vie est chère; on ne peut plus réquisitionner, et ce qu'on veut se donner coûte beaucoup d'argent. L'esprit des habitants nous est hostile; ils envoient l'ex-empereur Napoléon à tous les diables. »

—

Samedi 19 *novembre.*

Tours, 19 *novembre.* — Les Garibaldiens ont commis à Autun des actes contraires à la discipline. Le gouvernement a pris les mesures les plus sévères. Le *Moniteur* désapprouve la façon de procéder du colonel Bordone, qui établit des conseils de guerre, s'appropriant les prérogatives du tribunal civil. Les feuilles cléricales blâment les mesures arbitraires prises jusqu'à présent par Garibaldi, à l'égard des autorités ecclésiastiques et des écoles.

L'armée de Frédéric-Charles marche rapidement de l'Yonne à la Loire. Le corps de Voigt-Rhetz, fort de 20,000 hommes, est arrivé hier à Tonnerre.

— D'après des lettres de Dijon, du 10 novembre, le

2e régiment de grenadiers badois se trouvait encore dans cette ville, et dans le meilleur état.

(*Journal de Mannheim.*)

Tours, 16 *novembre.* — Le gouvernement publie la dépêche suivante :

« Les Prussiens ont réoccupé Dijon avec 12 mille hommes. »

Garibaldi. — Le *Daily News* publie une lettre en date du 9 novembre, qui lui est adressée par son correspondant spécial au quartier général de Garibaldi. Il confirme la nouvelle du transfert du quartier général de Dôle à Autun :

« Le grand problème, écrit le correspondant, qui consiste à savoir si nous attaquerons les Allemands, ou si les Allemands nous attaqueront, est enfin résolu; et je crois, sans crainte d'être contredit, que nous prendrons bientôt l'offensive. Cette assertion peut paraître risquée, et, malgré sa source peu sûre, je ne voulais d'abord pas y croire, en songeant à la scène qui se passa dans la cour de la sous-préfecture de Dôle, où un citoyen enthousiaste s'écria : « Mon général, à Lyon! » Ce à quoi Garibaldi répondit tranquillement : « Mon ami, Lyon est en arrière. »

« Les forces totales des bataillons italiens s'élèvent à 2,000 hommes environ, dont 1,500 sont armés de carabines Spencer. Lorsque Garibaldi entra dans l'embarcadère, il ne savait pas où auraient lieu nos mouvements à venir, ou bien il ne voulait pas le dire. On peut répondre de diverses manières à cette question de savoir pourquoi nous sommes venus à Autun. Il est possible que nous soyons ici pour protéger le Creusot; il est possible encore que ce soit pour attaquer les Prussiens, dont les avant-postes sont à Nuits, et non pas à Beaune, comme on le croyait à Dôle.

« Peut-être encore sommes-nous ici pour défendre la route de Lyon, si l'ennemi voulait prendre cette direction, ce dont je doute du reste. A Mouchard, notre première halte, nous rencontrâmes des mobiles du département de la Meurthe; ils étaient 1,500 au commencement de la guerre, mais ils sont aujourd'hui réduits à 350.

« Garibaldi souffre de nouveau beaucoup de ses rhumatismes, et pour monter en wagon ou en descendre, il lui faut le bras des officiers de son état-major.

—

Dimanche 20 *novembre*.

Le préfet du Doubs communique aux feuilles de la localité les nouvelles suivantes de Dôle, en date du 13 novembre :

« Ce matin, à neuf heures, 300 cavaliers prussiens arrivèrent ici de Moissey, où ils étaient revenus. Ils se présentèrent devant la porte de Dôle, et furent repoussés par les mobiles. Ils eurent trois hommes blessés, dont un fut fait prisonnier à Monnières.

« Un corps ennemi de 3,000 hommes, cavalerie et artillerie, avec onze canons, venant de Pesmes, est passé par Moissey et Chevigny, marchant sur Auxonne. Une colonne plus forte doit se trouver sur la rive droite de la Saône, également destinée à investir Auxonne. Le prince Frédéric-Charles (?) est attendu demain avec une partie de l'armée de Metz. »

Genève, 16 novembre. — On reçoit de Lyon une dépêche qu'on considère comme émanant du gouvernement, et qui annonce que Dôle est occupé par les Prussiens. Les habitants de Lyon ont été officiellement invités à avoir à se précautionner de vivres pour trois mois. — Garibaldi était encore le 15 à Autun.

PROGRÈS *du* 3 *novembre* 1870.

Lyon, le 2 novembre 1870.

« Monsieur le Rédacteur en chef.

« J'ai assisté comme simple mobile aux tristes événements qui viennent de se passer à Dijon. Indigné du rôle ridicule qu'on nous y fait jouer, je m'adresse à votre journal pour éclairer l'opinion publique et ceux qui doivent faire justice des lâchetés ou des trahisons. Il ne faut pas qu'on nous prenne pour des lâches ; c'est la honte et la rage au cœur que nous voyons la réception qu'on nous fait ici. Il faut que les Lyonnais sachent bien que s'il y a lâcheté, ce n'est pas chez le soldat, qui est brave, généreux et patriote, lorsqu'il est bien commandé.

« Je faisais partie du demi-bataillon de gauche de la mobile des Basses-Pyrénées, placé à quinze kilomètres en avant de Dijon, dans une position que nous devions défendre. Notre commandant était au demi-bataillon de droite. Commandés par un de nos capitaines, républicain ardent, militaire éprouvé, organisateur consommé, nous attendions avec impatience et résolution le moment d'agir.

« Le jeudi (1) 28 au matin nous étions à Gemeaux, nous recevons du colonel de gendarmerie, faisant fonc-

(1) Lisez : 27. *(Note du trad.)*

tion de général de brigade à Bèze, — M. de Flandre, je crois, — l'ordre de nous rendre au quartier général, distant de 15 à 20 kilomètres. Nous y arrivons vers midi et demi, après avoir rencontré près de Bèze le bataillon de la Drôme. De Bèze on nous dirige sur Saint-Seine, où les mobiles de la Loire avaient le matin essuyé le feu d'une colonne ennemie. Nous repartons au pas de charge, malgré la pluie, la faim et la fatigue. Sur la route, nous rencontrons une centaine de mobiles de la Loire, complétement débandés; pas un seul n'était blessé; ils avaient des chassepots et les cartouchières bien garnies. Nous leur enlevons de notre propre mouvement leurs chassepots et leurs cartouches, et nous les forçons ainsi à rétrograder.

« A Bourberain, on nous place sur une hauteur en avant du village. Il était quatre heures du soir, il pleuvait à verse; nous nous asseyons sur le talus de la route et nous attendons; une reconnaissance poussée à trois ou quatre kilomètres dans les bois ne rencontre pas l'ennemi. Il était là cependant, puisqu'on s'était battu dans les environs, mais ne se montrait pas et devait par conséquent nous être inférieur. En ce moment, Monsieur, nous étions tous animés d'un courage calme et résolu, d'une confiance en notre chef et en nous-mêmes qui, je ne crains pas de le dire, nous eût fait faire des prodiges.

« Le lendemain, de bonne heure, nous étions tous réunis dans l'attente d'un engagement, lorsque le colonel de gendarmerie nous fait replier sur Dijon. La position était belle cependant, l'ennemi ne devait pas être nombreux, mais il fallait se soumettre. Nous avons fait ce jour-là trente-cinq kilomètres par la pluie, sans prendre du repos ni de la nourriture. A quatre heures, nous rentrons à Dijon, exténués de fatigue, épuisés par les privations, blessés par la marche, mais dans le plus grand ordre. A Dijon, on nous reçoit comme des fuyards, nous étions exaspérés.

« Dans la nuit, la générale bat, les cloches sonnent, les coups de fusil se succèdent rapidement. Nous étions tous logés chez les habitants; nous nous levons en désordre. L'ennemi, dit-on, est à l'entrée de la ville, qui s'est rendue; le général prussien doit faire son entrée à sept heures; il faut partir et se diriger aujourd'hui sur Beaune. En passant près de la gare, nous voyons les gardes nationaux déposer leurs fusils qu'on devait expédier sur Lyon.

« Ils prenaient la précaution de les décharger; ces braves Dijonnais, qui la veille nous narguaient, ne tenaient pas à faire savoir aux Prussiens qu'ils avaient des armes. La route de Beaune présentait l'aspect le plus déplorable et le plus écœurant. Vingt mille hommes de toutes armes, de différents bataillons, fuyaient pêle-mêle par deux, par quatre, boiteux, crottés, attristés, devant des Prussiens imaginaires; tout cela était de l'effet le plus navrant. En ce moment il ne pouvait pas y avoir un seul Prussien à quinze kilomètres de Dijon, car toutes les troupes venaient de trente-cinq kilomètres au moins en avant de la ville et dans toutes les directions. Notre ennemi est trop sage pour faire des marches forcées comme celle-là, il emporte du reste son artillerie et ses bagages, et ne fait jamais plus de vingt kilomètres par jour. Mais qui a donné l'ordre de battre le rappel et de sonner les cloches, qui a donné l'ordre de fuir? Il faut qu'on le sache, il faut que justice soit faite. Nos commandants ont-ils reçu l'ordre de faire replier leurs troupes? Devaient-ils le faire quand même sans résister? Je ne juge pas, je demande qu'on juge.

« A Beaune, nous apprenons qu'il n'y a pas de Prussiens à Dijon. M. Lavalle, le président du Comité de défense de Dijon, s'était aussi concentré sur Beaune. Un mobile l'a empoigné au collet et emmené au poste; il a été applaudi et approuvé par tous. M. Lavalle a été dirigé sur Lyon. Il nous faut une enquête, il nous faut savoir si c'est lui qui a donné des ordres.

« Le lendemain, dimanche matin, on fait repartir par le chemin de fer le plus de troupes possible; on expédie 7,000 hommes dans la matinée. Le colonel Fauconnet avait pris le commandement; il avait comme officier d'ordonnance notre capitaine qui nous commandait à Bourberain, et que M. de Flandre lui avait recommandé.

« Notre attitude à Bourberain lui avait valu les éloges du colonel. Les troupes dont il disposait étaient fatiguées, découragées, désorganisées, car il n'y a rien qui décourage le soldat comme une fausse manœuvre. Elles arrivent à Dijon et sont mises immédiatement en présence de l'ennemi qui, profitant de la bêtise de la veille, s'était avancé et avait pris position sur les hauteurs qui commandent la ville et qui étaient aussi dégarnies de troupes. Nous n'avions pas d'artillerie, la résistance n'a pu être qu'insuffisante, elle a duré cependant sept ou huit heures; à cinq heures le drapeau blanc flottait sur Dijon. Quelques maisons du faubourg Saint-Nicolas étaient en feu.

« Le colonel Fauconnet est mort bravement.

« Triste exemple de l'ineptie de nos chefs! Devait-on nous faire quitter les belles positions que nous avions en avant de Dijon? Devait-on nous faire fuir de Dijon? Devait-on nous faire fuir en désordre de Beaune, mêlés à d'autres mobiles, de sorte que nous sommes les uns ici, les autres à Chagny? Nous sommes ici dans un grand désordre et complétement désorganisés. Nos soldats sont sans courage, écœurés et indignés : ils crient tous à la trahison.

« Voilà, Monsieur, ce que je sais malheureusement. Faites de ma lettre ce qu'il vous plaira. Livrez à la publicité ce que vous voudrez. Je prends la responsabilité de ce que j'écris.

« G. MOULY,

« Garde mobile du 3e bataillon des Basses-Pyrénées. »

Mardi 22 novembre.

On écrit d'Autun au *Daily News* à la date du 13 que l'évêque n'est pas très-content de la visite des Garibaldiens, et qu'il n'a laissé aucun repos au sous-préfet par ses continuels griefs.

« Les troupes, — raconte le correspondant, — ont occupé les églises et les couvents, et toutes les plaintes de l'évêque n'ont servi à rien, car le sous-préfet ne le soutient pas. Pendant ces trois derniers jours, le conseil de guerre a condamné à mort trois Garibaldiens, l'un pour le vol d'un revolver, et l'autre, qui s'évada, pour un crime infiniment plus grave.

« L'histoire du revolver a fait beaucoup de bruit, et au moment où Garibaldi se refusait à faire grâce au coupable, malgré les nombreuses pétitions qui lui étaient adressées, arriva un télégramme de Gambetta ordonnant de surseoir à l'exécution. Le curé de l'église d'Epinac qui avait été arrêté, fut aussi mis en liberté par ordre de Gambetta. Il avait réuni ses paroissiens dans son église et leur avait dit que les Garibaldiens étaient des hérétiques et des païens, que les Prussiens étaient en réalité les frères des Français, et que si les habitants des campagnes donnaient asile et nourriture aux premiers, les Prussiens brûleraient leurs villages, détruiraient leurs maisons, et les emmèneraient eux-mêmes en esclavage. »

Tours, 19 novembre, pendant la nuit. (Officiel.)

« L'ennemi a été surpris à Châtillon (département de
« la Côte-d'Or) par les troupes garibaldiennes sous le
« commandement de Ricciotti. Tout a été tué ou fait
« prisonnier : 7 à 800 hommes environ (??). »

Besançon est complétement en état de défense. Le commandant de place, commandant la 7e division militaire, général L. de Premonville, a invité les habitants à se munir de provisions ou à quitter la ville.

Genève, 19 *novembre*. — D'après des nouvelles de Lyon, les troupes allemandes ont quitté Dôle et pris position à Moissey (quinze kilomètres au sud de Dôle). On dit que le siége d'Auxonne va commencer prochainement.

—

Mercredi 23 *novembre*.

On écrit d'Autun le 12 novembre à la *Presse du jour de Vienne* :

« Notre flanc gauche est formé par la division française Bonnet, et Garibaldi se trouve au centre de notre position. Les officiers des avant-postes et ceux qui sont à la tête des reconnaissances, mandent que les Prussiens envoient de Dijon contre nous des troupes en nombre considérable. Une autre division prussienne, forte de 12,000 hommes, menace les routes qui conduisent à Bourges, pour couper nos communications entre Autun et Orléans. Une partie de nos volontaires occupent le Creusot. Notre chef d'état-major Bordone a eu hier au quartier général un long entretien avec le général Bonnet; un général de l'armée de la Loire y assistait également. Garibaldi a passé aujourd'hui en revue 120 volontaires grecs (vêtus de fustanelle) arrivant de Lyon. Après cela, le général examina la batterie de six canons qui lui avait été envoyée de Tours. Nous ne savons pas du tout si nous resterons à Autun ou si nous recevrons une autre destination; ce qu'il y a de certain, c'est que nous restons sur la défensive. »

Versailles, 21 novembre.

« Le bataillon de la landwehr Unna et le 2e escadron « du 5e régiment de hussards de réserve, ont été atta- « qués le 19 à Châtillon-sur-Seine et se sont retirés à « Châteauvillain en perdant 120 hommes et 70 che- « vaux. »

—

Jeudi 24 novembre.

Lyon. — Le *Salut public* donne comme officiel que les troupes allemandes ont levé le siége d'Auxonne et évacué Saint-Jean-de-Losne. En même temps, un corps considérable de cavalerie allemande entrait à Nuits, qui avait été déjà auparavant visité par l'ennemi.

—

Vendredi 25 novembre.

Tours, 21 novembre. (Dépêches ministérielles.)

« Le résultat du combat de Nuits (entre Dijon et Beaune), entre 300 francs-tireurs et 1,200 Prussiens, est resté indécis. Des dépêches du 19 annoncent l'arrivée de 6,000 Prussiens dans la Haute-Saône. Les troupes allemandes marchent sur Vesoul (Haute-Saône), Grandville, Fretigney, Bonboillon et Pesmes (localités de la Haute-Saône). A Gray-sur-Saône, au nord-ouest de Besançon, et dans les environs, il y aurait 20,000 hommes. »

Garibaldi.— Les correspondances des deux reporters du *Daily News,* disant que Garibaldi et les Garibaldiens ne sont rien moins qu'aimés des populations, ont trouvé leur confirmation dans les journaux français et dans les lettres particulières.

Ainsi on lit dans l'*Union :* « Le fanfaron était venu « pour combattre les Prussiens, mais c'est aux congré-« gations religieuses qu'il fait la guerre. Le danger est « moins grand et la gloire est la même, et on se de-« mande seulement en quoi le gouvernement avait be-« soin de Garibaldi pour mettre sous séquestre les églises « et les couvents, tâche qu'il eût pu accomplir seul. »

Ce ne sont pas seulement les feuilles cléricales comme l'*Union* qui blâment de la façon la plus catégorique les usurpations de Garibaldi et de ses gens, mais aussi les journaux d'une autre nuance. L'*Union libérale* lui reproche de s'attribuer sans droit le pouvoir administratif et judiciaire, et même le pouvoir législatif, quand il chasse les membres des sociétés religieuses, s'emparant de leurs maisons et en disposant arbitrairement; quand il ordonne l'arrestation des prêtres, et de temps en temps celle de fonctionnaires de la République; quand il fait faire des perquisitions domiciliaires complétement illégales, se faisant constamment suivre d'un conseil de guerre, dont, par un intolérable abus de pouvoir, il étend la juridiction à la population civile.

« Nous invitons le ministre de l'intérieur, — dit la feuille que nous venons de citer et qui paraît à Tours,— à réprimer ces abus le plus promptement possible, s'il n'aime mieux que les habitants des patriotiques provinces de l'Est ne se réjouissent pas d'être plus en sûreté et d'avoir plus de liberté avec l'ennemi qui les envahit qu'avec les troupes qui sont venues les défendre. »

Garibaldi. — Le *Daily News* contient une lettre d'Autun, quartier général de Garibaldi, en date du 14 novembre.

Elle ne renferme rien de nouveau au point de vue militaire, mais elle constate aussi, comme on l'a vu par les feuilles que nous venons de citer, la réaction du clergé contre les Garibaldiens.

Aussitôt qu'il apprit que Garibaldi devait transporter son quartier général à Autun, le clergé exprima cette opinion qu'une invasion des Prussiens était préférable même à un pareil malheur. Les chemises rouges prirent possession des églises et des cloîtres et, dans une perquisition faite à l'évêché de leur propre autorité, par quelques Garibaldiens, deux montres en or disparurent.

Achille Bizzoni raconte, dans une lettre datée de Bourg (10 novembre), ses premières impressions sur le camp des Garibaldiens :

« Nous sommes ici comme dans un bal masqué ; on y voit mille et mille costumes divers. Des enfants de seize ans au plus, à peine couverts d'une blouse bleue, comme en portent nos charretiers, campent dans la boue au milieu des champs. Les Bretons et les Garibaldiens français ont de mauvais chapeaux aplatis, comme on en voit dans l'opéra de *Dinorah*. Des mobiles réunis aux derniers débris de la ligne, quelques hussards entre des dragons et des chasseurs d'Afrique, qui, à Sedan et à Metz, ont pu échapper aux Prussiens ; des infirmiers avec la croix rouge sur un fond blanc. Au milieu de cette masse de soldats qui ne sont pas sérieux, mais insouciants, une quantité de femmes et d'enfants errant à travers la campagne pour fuir un ennemi cruel. Tel est le spectacle qui s'offre à mes regards. »

Samedi 26 novembre.

Un enfant de Lahr, qui a pris part aux combats de la division badoise à Dijon, raconte dans une lettre écrite à ses parents, et insérée dans la *Gazette de Lahr*, un épisode aussi curieux que touchant :

« Après la prise de Dijon, je fus commandé avec mes hommes, par le service de santé, pour chercher les blessés sur le champ de bataille. Notre mission remplie, nous allions rentrer quand je vis encore, étendu au milieu de la route, dans la boue la plus épaisse (il avait plu toute la journée), un chasseur blessé. Lorsque je m'approchai de lui, il m'adressa la parole en allemand, et cela à ma grande surprise. Après que je l'eus pansé aussi bien que je le pus, il me serra les mains avec gratitude et me dit : « Camarade, mets-moi donc une pierre sous la tête ; je serai mieux ainsi. » J'exécutai son désir, et nous nous mîmes à causer. Lorsque je lui dis que j'étais de Lahr, il se mit à pleurer, et me raconta que lui aussi y était né ; qu'il y avait été élevé jusqu'à l'âge de douze ans ; que ses parents y étaient enterrés, etc. Pour m'assurer de la verité de cette assertion, je le priai de me nommer quelques-uns de ses camarades d'école, et de me donner quelques renseignements sur Lahr. A mon grand étonnement, il fit tout cela de la façon la plus précise. Il me nomma divers camarades de classe, en me disant que celui qui lui avait été le plus cher, était un nommé Gustave D... (l'auteur de la lettre). Vous vous figurez, chers parents, ce que tout cela me fit éprouver. Je me fis connaître à mon tour, et les deux vieux gamins pleuraient comme des enfants. C'était Adolphe Chevalier, dont les parents sont morts à Lahr il y a quelques années.

« Je fis naturellement, autant que les circonstances me le permettaient, tout ce que je pus pour mon pauvre *compatriote à demi*. En me disant au revoir, il me chargea de beaucoup de compliments pour tous les gens de Lahr, pour vous, chers parents, et pour tous les camarades d'école ; je vous les transmets aujourd'hui. Il me donna en souvenir sa médaille (de bravoure) qui lui avait été accordée par l'Empereur, et qui porte cette inscription : « *Napoléon III, empereur. Suffrage universel,* etc. » Il me dit encore pendant qu'on le transportait, et les larmes aux yeux, de ne pas oublier ses compliments. Soyez assez bons pour cela, mes chers parents, et faites-le en mon nom. »

Corcelles-lèz-Cîteaux, le 18 *novembre.* — On écrit du 3e bataillon du 2e régiment de grenadiers badois au journal de Mannheim :

« Tout va toujours très-bien dans notre bataillon, et nous avons lu avec humeur dans les journaux allemands, la nouvelle venant de Tours, qui dit que nous (les troupes badoises) avions été fort maltraités par l'armée de M. Garibaldi.

« Le jour où nous rencontrerons ce monsieur, il y aura des chemises rouges à bon marché.

« Nous avons quitté Dijon il y a huit jours et visité au moins huit petites localités : c'est à peine si pendant notre marche nous avons passé un jour sans une horrible pluie. Il y a maintenant à Dijon les 30e et 34e régiments prussiens. »

Les feuilles françaises relatent chaque jour des rencontres entre nos troupes et de petites bandes de francs-tireurs. Un fait semblable se passa le 13, près de Rouffange, pendant que nos troupes faisaient une reconnaissance sur la route de Pesmes à Saint-Witt; il nous coûta deux blessés. Le maire de Rouffange, qui avait caché la présence des francs-tireurs, fut emmené, mais il s'échappa. A Grand-Mercey, deux coups de fusil furent tirés. On s'empara de trois personnes : Seurot, Dromard et Weber (!), chez lesquels on trouva des cartouches. Ils furent fusillés sur-le-champ.

L'*Union* de Besançon blâme l'incohérence de cette guerre de partisans, et ces attaques dans l'intérieur des villages, impuissantes contre de fortes colonnes, et qui ne servent qu'à faire fusiller des gardes nationaux et à faire brûler leurs maisons. Nous sommes de cet avis.

—

Dimanche 27 novembre.

On écrit de Lyon, le 21 novembre :

« Hier est passée dans notre ville une compagnie de francs-tireurs de Constantine, se rendant sur le théâtre de la guerre. La 4e légion de marche de la garde nationale de Lyon est aujourd'hui organisée; la 2e et la 3e sont sur le point de se mettre en route. A Marseille, on forme également des légions de marche. »

Florence, 24 novembre. — « Le gouvernement empêche non-seulement les Italiens de se rendre en France, mais il s'oppose au retour en Italie des Garibaldiens qui n'ont pas de passe-ports. »

— La *Wes-Ztg* donne des nouvelles de la marche du 10e corps d'armée, écrites de Saint-Florentin (Yonne) à la date du 8 novembre :

« Le 16, nous sommes allés de Laignes à Tonnerre, et le 17 à Saint-Florentin. Aujourd'hui nous sommes à Joigny. »

—

Lundi 28 novembre.

Fauverney, près Dijon. — La *Gazette de Fribourg* reçoit d'un officier du 5e régiment d'infanterie badois une lettre écrite de ce village le 21 novembre. Nous lui empruntons ce qui suit :

« Le *Journal de Genève* du 21 annonce que les Prussiens (? les Badois), au nombre de 6,000, ont occupé de nouveau Saint-Jean-de-Losne. Plus avant, 300 *Prussiens* (*sic*) ont occupé le 20 au soir Broin, où ils ont de continuelles rencontres avec les francs-tireurs. En même temps, une colonne prussienne, forte de 1,500 hommes, entrait à Beaune où elle devait séjourner jusqu'à nouvel ordre. »

—

Mardi 29 novembre.

Télégramme de Dijon, 27 novembre 1870 :

« *Au Ministre de la guerre du grand-duché de Bade, à Carlsruhe.*

« Le 26, une reconnaissance nous apprit que Garibaldi, avec son corps, s'avançait sur nous venant de Pasques. A l'entrée de la nuit, les avant-postes du bataillon de fusiliers du 3e régiment furent vigoureusement attaqués et soutenus par le bataillon Unger. Ce dernier repoussa trois attaques à cinquante pas. L'ennemi s'enfuit en désordre, jetant ses sacs et ses armes. Aujourd'hui 27, je pris l'offensive avec trois brigades, et, en tournant Plombières, j'atteignis près de Pasques l'arrière-garde ennemie, dont les pertes s'élèvent à 3 ou 400 hommes tués ou blessés. Les nôtres, pendant ces deux jours, sont de 50 hommes.

« Le corps de Garibaldi se compose de 18,000 hommes environ et de douze canons. On dit que Garibaldi et Menotti commandaient le 26. »

On écrit d'Autun le 18 novembre à la *Gazette de Turin* :

« Depuis deux jours le chemin de fer est complétement mis en réquisition pour le transport des troupes. Cette agglomération fait croire à un combat prochain. Des troupes sont concentrées sur la ligne de Chagny; réunies à celles du général Michel, qui tiennent déjà la ligne Besançon-Dôle, elles formeront un corps d'armée d'environ 70,000 hommes. »

D'après une correspondance adressée d'Autun à l'*Italie* le 20 novembre, un mouvement général du corps de Garibaldi paraît devoir se faire. Le commandant en chef avait quitté la ville le matin avec son état-major général, et derrière lui toutes les troupes étaient en marche.

Tours, 26 *novembre* (*officiel*). — On écrit de Chagny le 25 :

« Après son insuccès à Nuits et ses dévastations à Cîteaux, l'ennemi semble se concentrer à Dijon. »

Mercredi 30 *novembre*.

« Grâce à une bienveillante communication, nous avons sous les yeux une lettre intéressante écrite de Mirebeau le 17 novembre par un des officiers de la division grand-ducale badoise. Nous en extrayons les passages suivants :

« Le 13, nous quittâmes Grande Résie (?), à 19 kilomètres au sud de Gray, d'où est datée ma dernière lettre, pour nous rendre à Pesmes, où le major Bauer reçut l'ordre de se rendre à Saint-Vitt, à 16 ou 17 kilomètres au sud de Besançon, avec les 10e et 11e compagnies, un détachement de dragons (Oelwang), un train d'artillerie (Hanewenkel) et un détachement de pionniers (Puertenback). Nous partîmes avec une pluie battante, mais le temps s'éclaircit bientôt.

« Lorsque nous eûmes dépassé Ougney, village à 18 kilomètres environ en deçà de Saint-Vitt, les dragons qui marchaient en tête reçurent des coups de fusil, et bientôt un vif combat s'engagea avec une bande. Elle se composait de gardes mobiles, de francs-tireurs et de paysans armés des environs (garde nationale sédentaire et mobilisée). Une partie était postée sur les hauteurs, à gauche, dans les vignes; l'autre à droite de la vallée, dans un bois, tirait sur nous; et les autres, enfin, attendaient notre approche au village de Taxenne, situé en face de nous. La 10e compagnie (Koch) réussit bientôt à disperser les Français et à les refouler à travers Taxenne jusqu'au village de Gendrey, situé au sud. Soutenue par un canon du train Hanewenkel, elle les chassa encore de Gendrey, après avoir aussi lancé quelques grenades sur ceux de l'ennemi qui fuyaient du côté de Rouffange. Après avoir rassemblé nos hommes, nous reprîmes notre marche dangereuse.

« A Rouffange, comme il fallait s'y attendre, nous fûmes accueillis par une fusillade partant de derrière les maisons et des vignes; deux de nos hommes furent blessés, dont un dangereusement. Les nôtres n'hésitèrent pas un instant et se précipitèrent sur l'ennemi dont le feu avait indiqué les positions. Il en résulta une mêlée qui finit assez mal pour les Français. Nous atteignîmes, sans en être inquiétés, Mercey-le-Grand, où une partie des fuyards et des paysans ivres à la suite de la fête de Saint-Martin, s'apprêtaient, des fusils à la main, à anéantir ces maudits Prussiens. Ce combat se termina aussi par une mêlée où l'un de ces gaillards, ayant dirigé son fusil contre le major Bauer, celui-ci lutta pour le lui arracher, et s'en rendit maître, aidé par un brave fusilier. Cette fois encore, le fanatisme et l'ivresse des habitants de ce pays et des libérateurs étrangers, coûtèrent cinq ou six victimes à la bénie République française. Quant à nous, nous en sortîmes sains et saufs.

« Mercey-le-Grand nous fut assigné comme lieu de cantonnement pour la nuit. Nous nous logeâmes avec circonspection, hébergés que nous étions par les gens qui, peut-être quelques instants auparavant, s'étaient battus contre nous. Nous en repartîmes à quatre heures du matin pour Saint-Vitt. Nous marchâmes pendant un quart d'heure dans cette direction sans être inquiétés; mais en avant de ce village, les fuyards qui s'y étaient encore réunis nous attendaient dans un bois, avec les gardes nationaux du pays, pour nous barrer le passage.

« La 11e compagnie (Springer), qui ce jour-là était d'avant-garde, en vint facilement à bout, et ils s'enfuirent précipitamment dans la direction de Besançon. Malgré l'arrivée, vers dix heures, d'un train de reconnaissance venant de cette place, l'ordre de faire sauter le pont, autant que la poudre le permettait, fut exécuté. A Saint-Vitt les armes furent confisquées et on réquisitionna pain, lard, vin, cigares, tabac, couvertures de laine et autres effets d'équipement. A une heure de l'après-midi, en passant par le chemin que nous avions suivi, nous retournâmes à Thervay, où nous passâmes la nuit. A Mercey et à Rouffange, nous trouvâmes les habitants sur leurs portes avec des cruches de vin pour régaler les vainqueurs qui traversaient leurs villages. Ils étaient fidèles au proverbe qui dit : *A l'ennemi qui s'en va, il faut bâtir un pont d'or.* Lorsque nous eûmes laissé derrière nous le petit défilé d'Ougney, nous respirâmes plus à l'aise, car jusqu'à ce moment, nous ne savions s'il n'y avait pas là une grande division de Besançon en embuscade. Le 15, nous gagnâmes Pontailler, où l'on nous attendait pour rompre le pont jeté sur la Saône par nos pionniers. Le docteur Lavalle, de Dijon, a fait sauter le magnifique pont de pierre qui y existait. De Pontailler, nous arrivâmes ici hier (à Mirebeau), où le major Bauer a reçu aujourd'hui, en témoignage de reconnaissance, la lettre suivante du général Werder :

« J'exprime avant tout au major Bauer du 4e régi-
« ment d'infanterie et à son détachement toute ma re-
« connaissance pour la façon dont il a accompli sa mis-
« sion dans les circonstances les plus difficiles et dans
« une suite continuelle d'engagements.

« WERDER. »

On mande ce qui suit au *Warte,* relativement au combat de Saint-Jean-de-Losne :

« Le 14, à une heure et demie de l'après-midi, la brigade Keller reçut l'ordre de prendre et d'occuper Saint-Jean-de-Losne. Aussitôt, le bataillon de Röder, deux détachements de l'escadron de Reck, du 3e régiment de dragons, et la batterie (lourde) à pied, se mirent en mouvement comme avant-garde. On apprit bientôt que les tirailleurs de cavalerie avaient reçu des coups de fusil partant de Saint-Usage, et que Saint-Jean-de-Losne était parfaitement gardé. Cela détermina le major de

Röder à faire marcher l'avant-garde au combat, en plaçant l'artillerie à l'aile gauche de l'infanterie, de façon à pouvoir, s'il le fallait, canonner Saint-Usage et Echenon. Ce dernier village n'était pas occupé par l'ennemi; mais, depuis le cimetière et les maisons qui l'entourent, on tirait vivement sur les tirailleurs qui s'avançaient. A quatre heures, la batterie placée à mille pas de là ouvrit son feu contre le cimetière. La première grenade tomba juste au milieu, ce qui le fit évacuer.

« Après que quelques grenades eurent fait vider les maisons occupées par l'ennemi, la batterie s'avança jusqu'à la hauteur du cimetière, où elle trouva une excellente position pour tirer sur Saint-Jean-de-Losne, situé plus bas. Le feu fut dirigé sur l'enceinte et sur la partie de la ville d'où venait le tir de l'ennemi, et à la fin uniquement sur la partie est, pendant que l'infanterie marchait sur la partie ouest. Sur l'ordre du général Keller, on bombarda la ville avec des grenades incendiaires, et bientôt une lueur éclatante témoigna de l'effet de nos projectiles. On vit alors immédiatement le drapeau blanc flotter sur la tour de l'église, et à cinq heures le feu cessa de tous les côtés. A six heures, nos troupes se logèrent dans Saint-Jean, qui brûlait fortement, sans pouvoir cependant se livrer au repos : car elles passèrent toute la nuit (les servants de la batterie principalement) à éteindre le feu. »

On écrit de Dijon, à la *Presse*, le 21 novembre :

« Outre les troupes prussiennes qui sont maintenant sous les ordres du major général baron de Goltz, jusque-là commandant de la 26ᵉ brigade d'infanterie, et qui étaient avant son arrivée, il y a quinze jours environ, sous les ordres du colonel Wahlert, il se trouve encore à Dijon l'état-major de la division grand-ducale badoise avec une partie de la brigade Degenfeld. Les brigades prince Guillaume et Keller sont plus au sud, et ont occupé Nuits et Beaune. Le major Ulerich, de la 7e brigade d'artillerie, est commandant de Dijon; et le second lieutenant Schmitt, du bataillon de réserve de la landwehr (Francfort-sur-le-Mein), n° 8, en est le major de place. »

Lyon, 26 *novembre*. — On lit dans le *Progrès :*

« Avant-hier, 200 (?) Prussiens faits prisonniers à Châtillon par les Garibaldiens, sont arrivés sous l'escorte de francs-tireurs. Parmi eux se trouvent neuf officiers qui sont descendus à l'hôtel d'Angleterre et à l'hôtel des Deux-Mondes. Les soldats ont été internés au fort des Charpennes. »

—

Jeudi 1er *décembre.*

La *Gazette de Westphalie* fait le récit suivant de la surprise d'un bataillon de la landwehr de Westphalie, par les francs-tireurs sous les ordres de Ricciotti Garibaldi, qui eut lieu à Châtillon le 19 novembre :

« *Chaumont*, 21 *novembre*. — Le bataillon Unna partit le 6 novembre de Pont-à-Mousson pour se rendre à Nancy, et de là à Chaumont, où il entra le 13. A ses quatre compagnies s'étaient encore adjointes deux compagnies de la landwehr de Barm. Le 17, les 1re, 2e, 3e, 4e et 6e compagnies quittèrent Chaumont; la 1re pour occuper Bar-sur-Seine, la 6e (de Barm) en destination de Château-Vilain, la 5e (de Barm) resta à Chaumont. Les 1re, 2e et 4e, avec l'état-major du bataillon et du régiment (colonel de Letgau), composèrent la garnison de Châtillon-sur-Seine.

« Le 19, les compagnies que nous venons de citer, capitaines Wendorf, Bardeleben et Schlichting, avec les officiers de l'état-major (major de Bockelmann, adjudant de Drabbe-Salingre, colonel de Letgau, adjudant Bender), entrèrent à Châtillon.

« Les sentinelles furent placées de la manière accoutumée; cette soirée et les jours suivants se passèrent tranquillement. Le 19, à six heures du matin, après que les grand'gardes eurent été retirées, les Garibaldiens et les franc-tireurs pénétrèrent dans la ville. A six heures et demie, les premiers coups de fusil furent tirés. La générale est battue, mais après quelques appels, tambours et clairons se taisent; ils étaient tués. Le cri « Aux armes! » éveille les hommes. On se rassemble, on se bat dans les rues, et à neuf heures, cédant à des forces supérieures, la ville est abandonnée.

« On fait halte sur la hauteur la plus voisine; des hussards (80 chevaux environ de la 3e compagnie avaient été primitivement ajoutés) furent envoyés à Château-Vilain (Chaumont) pour chercher du secours. Ils rencontrèrent en chemin une troupe destinée à remplir les vides du 10e corps d'armée : 500 hommes de toutes armes qui se rendaient à leurs corps. On les salua d'un hurrah, et ils partirent au pas de course. Après avoir reconnu la ville, le bataillon rentra dans Châtillon, drapeau et musique en tête. On fit halte devant la mairie, et on fouilla les maisons. Les francs-tireurs ont disparu. De temps en temps quelques-uns de nos hommes sortent de leurs cachettes; on établit l'état des pertes. Il manque cent vingt hommes et environ soixante-dix chevaux. On trouve dans les maisons dix morts et dix blessés. Parmi les morts est le major d'Alvensleben des hussards; parmi les blessés, et tous deux peu grièvement, le capitaine Bardeleben et l'adjudant de Drabbe. On compte dans les manquants : les premiers lieutenants de Werthern et Kemper, le lieutenant Brinkmann, les vice-feldwebel (1) Mellin et Thieme, le payeur Schmidt, et un médecin assistant (2), le docteur Hensgen. Il ne reste donc plus, pour commander les compagnies, que les capitaines de Schlichting, Wendorf, et le premier lieutenant Berkenkampf. Le major et le colonel, ainsi que l'adjudant de ce dernier, ne sont pas blessés. Les absents ont été vraisemblablement emmenés comme prisonniers. Les morts furent trouvés en grande partie *frappés dans leurs lits*...

« On bivouaqua la nuit dans la ville. A deux heures du matin, la 6e compagnie (Barmer), qui était à Château-Vilain, arriva encore à notre aide. Le matin, à six heures et demie, un coup de fusil fut tiré, et un chasseur (des hommes qui se rendaient à leurs corps) tomba. A trois heures de l'après-midi, on apporta au maire (prisonnier) la nouvelle que Garibaldi (c'est Ricciotti) marchait sur Châtillon avec 10,000 hommes, et que l'avant-garde avait déjà dépassé Montbard. A cette nouvelle, l'ordre de battre en retraite fut donné. Le reste du bataillon avec les autres hommes retourna, en bon ordre

(1) Le grade de feldwebel correspond à peu près à celui de sergent-major dans notre armée. (*Note du trad.*)

(2) Médecin aide-major. *Id.*

et sans être inquiété, à Château-Vilain, où il est bivouaqué. Là se joignit à nous le général de Kraatz-Kaschlan, qui, à la première nouvelle de la surprise de Châtillon, était parti de Chaumont, et qui continua sa marche. Il est arrivé aujourd'hui, à onze heures du matin, à Châtillon. (Les Garibaldiens s'étaient déjà éloignés de nouveau.)

« Il n'y a pas de doute que cette surprise n'ait été préparée; ce qui le prouve, c'est qu'une grande partie des habitants a pris part au combat, et qu'on a tiré de presque toutes les maisons. Il faut cependant proclamer aussi, à l'honneur des habitants, que plusieurs d'entre eux qui logeaient des soldats, les sauvèrent des assassins. Un vice-maréchal de logis de hussards fut jeté hors de son lit par son hôte, qui lui donna une robe de chambre et le cacha dans sa cave. Les francs-tireurs cernèrent cette maison et la fouillèrent, mais il fut sauvé. Deux autres soldats furent cachés dans la chambre à coucher de la fille de la maison.

« Ces faits pourront adoucir le châtiment sévère qui sera infligé à la ville, quoique d'autres infamies bien prouvées l'exigent dans toute sa rigueur. Le drapeau du bataillon est sauvé : le poste où il était fut attaqué; mais lorsque la maison fut envahie par devant, on jeta le drapeau par une fenêtre de derrière. »

Le *Movimento* donne des nouvelles de la surprise des troupes prussiennes à Châtillon. D'après ce journal, les 800 prisonniers se sont modestement réduits à 120 tués, blessés ou prisonniers.

— Un correspondant du *Standard,* attaché aussi au quartier général de Garibaldi à Autun, écrit de cette ville qu'il s'est rencontré en route avec un officier qui avait apporté de Lyon des carabines Remington à l'armée de l'Est. Quant à des cartouches pour ces excellentes armes se chargeant par la culasse, le correspondant ne sait pas s'il en avait été délivré. Si l'on ajoute à cela que les troupes qui reçoivent ces nouvelles armes ne sont pas exercées à les manier, et que d'autre part l'armée de l'Est a entre les mains sept espèces de fusil, au moins, pour lesquels il faut cinq espèces de cartouches, on verra que cette armée, quant à présent du moins, ne sera pas très-dangereuse au feu.

Le correspondant place le corps de Garibaldi au-dessus des autres troupes, à cause de sa vigilance.

—

Vendredi 2 décembre.

Garibaldi. — Un des correspondants du *Daily News*, près de Garibaldi, donne un récit détaillé de la surprise des Prussiens à Châtillon, dirigée par Ricciotti. Il en résulte que l'importance de cette affaire a été singulièrement exagérée par les Français.

Le correspondant tenait de Ricciotti lui-même, qu'il rencontra à Montbard, les renseignements suivants :

« Apprenant à Saulieu, où il était le 17, qu'il y avait 800 Prussiens à Châtillon, il résolut de les attaquer. Après une marche forcée, il arriva à Montbard dans la nuit, et à Coulmier-le-Sec à deux heures de l'après-midi. Là, il fit reposer ses hommes et se mit en route pour Châtillon, à une heure du matin. A cinq heures et demie, il était à une petite distance de cette ville. Il partagea alors ses hommes en deux corps, dont l'un devait attaquer la ville par le sud, et l'autre par l'ouest. Quatre-vingts hommes furent chargés de cerner l'hôtel de la Côte-d'Or, où Ricciotti savait qu'étaient logés les officiers de l'état-major. L'attaque commença par un coup de main sur les avant-postes et les grand'gardes, et un peu avant six heures, le colonel pénétrait dans la ville, à la tête de ses troupes. Le combat s'engagea immédiatement. Le mot de ralliement était : *Garibaldi! Garibaldi!* La plupart des soldats allemands étaient au lit, de façon que beaucoup furent faits prisonniers dans les maisons dont on enfonça les portes. Les autres, qui, à moitié habillés, voulaient courir dans la rue, étaient fusillés dès qu'ils sortaient des maisons. Pendant ce temps, les francs-tireurs de la Haute-Savoie, ayant enveloppé l'hôtel de la Côte-d'Or, surprenaient les officiers dans leurs lits. Le plus grand nombre fut capturé, mais plusieurs d'entre eux succombèrent en se défendant comme des désespérés. Peu de temps après l'entrée de Ricciotti, des estafettes à cheval furent envoyées à Chaumont et à Laignes. Après une demi-heure, l'ennemi sortit en grande partie de la ville, et le reste, qui était remis de sa surprise, se concentra à l'Hôtel de ville. Ricciotti ne l'attaqua pas, ne voulant pas s'exposer à perdre ses hommes, l'ennemi occupant là une forte position, et parce que, outre ces raisons, il apprit la nouvelle du retour des Prussiens.

« Lorsque se confirma cette dernière nouvelle, que les Prussiens n'étaient plus qu'à cinq kilomètres et demi de la ville, Ricciotti fit sonner la retraite qui s'exécuta en bon ordre, pendant que les francs-tireurs emmenaient avec eux 167 prisonniers, dont 11 officiers,

62 chevaux, quatre voitures, des selles, des sabres, des revolvers, des fusils à aiguille, et une grande quantité de papiers et de lettres de l'état-major. Les pertes de 'ennemi, en tués et blessés, dépassent 100; parmi les morts, deux colonels et deux majors (on sait que cela est faux). Ricciotti, dont les pertes étaient de trois hommes tués et douze blessés, gagna Montbard par Coulmiers-le-Sec, et y passa la nuit. »

Le correspondant visita à Semur les prisonniers qui étaient installés dans une grande halle. Le maire surveilla toutes les dispositions nécessaires, et certainement rien ne leur manqua. Tous avaient l'air abattu et semblaient honteux d'avoir été surpris pendant leur sommeil.

A son retour, le correspondant trouva Garibaldi à Arnay-le-Duc, son quartier général, qu'il transporta ensuite à Bligny-sur-Ouche. Ce dernier village était complétement rempli de troupes; Garibaldi s'apprêtait déjà à en partir. « Je crois, — ainsi se termine la lettre, — que Garibaldi est choqué qu'on le laisse là avec 8 ou 9,000 hommes, et à tout prix, il veut faire quelque chose. »

Garibaldi a publié l'ordre du jour suivant, le 15 novembre, à Autun.

« Il m'arrive de nombreuses plaintes relativement aux troupes. Des sous-officiers et des officiers ne craignent pas de se présenter dans des magasins, et d'y faire des réquisitions en donnant en échange des bons simplement signés d'eux, et négligeant même cette formalité. Il sera affiché dans la ville, et en même temps publié à son de trompe et au tambour, qu'aucun marchand ne doit faire de crédit, ni accepter en payement des bons de réquisition qui ne seraient pas régulièrement approuvés par le grand état-major. Si un membre de l'armée, contrairement à ces ordres, commet un acte de la nature de ceux que nous venons de signaler, il sera traduit comme voleur devant un conseil de guerre. »

Berlin, 1er décembre. (Officiel.)
Versailles.

« Le général Werder annonce que la retraite de « Garibaldi s'est changée en une véritable fuite. »

—

Samedi 3 décembre.

Voici le rapport de Garibaldi sur la surprise de Châtillon :

« Les francs-tireurs des Vosges, les chasseurs de l'Isère et des Alpes, du Hâvre et de Dôle, ont pris part à l'affaire des environs de Châtillon. Au nombre de 400, ils ont attaqué à l'improviste environ 800 hommes, les ont mis en fuite, et leur ont fait 167 prisonniers, parmi lesquels 11 officiers. De plus, ils ont pris 62 chevaux avec leurs harnachements, quatre chariots remplis d'armes et de munitions, et un fourgon de poste. Je ne veux pas parler des morts. De notre côté, nous avons eu trois tués et 12 blessés. J'attends le rapport du commandant pour récompenser par de l'avancement ceux qui se sont surtout signalés dans cette brillante affaire. Je recommande les prisonniers à la générosité française.

De mon côté, j'ai informé l'ennemi de ne pas nous forcer à des représailles par des actes contraires au droit des gens.

« Signé : GARIBALDI. »

Dimanche 4 *décembre.*

Carlsruhe, 3 *décembre.* — Un militaire badois, qui a pris part au succès remporté près de Dijon sur les Garibaldiens, raconte à un membre de sa famille, dans une lettre datée de Dijon le 28 novembre, les événements dont il a été témoin. Nous extrayons ce qui suit de cette lettre, qui nous a été gracieusement communiquée :

« Le 26, à quatre heures de l'après-midi, nous quittâmes Dijon (1er bataillon du 3e régiment d'infanterie) pour soutenir le bataillon de fusiliers qui était au feu. A peine étions-nous à trois quarts d'heure de la ville que nous entendîmes une forte détonation suivie d'un hurrah. Nous avions l'ordre d'aller à Daix et de nous rendre au quartier d'alarme.

« Nous avions quitté la grande route pour gravir à droite la montagne près de Daix et prendre l'ennemi en flanc. Quand la tête du bataillon fut arrivée à la sortie du village, le capitaine Unger vit les fusiliers se replier sur la route de Dijon. Il commande : « Demi-tour ! pas de course, marche ! » et avec entrain on descend sur la route de Dijon. Les fusiliers reviennent promptement. « Garibaldi est sur nos talons. » Tel est le cri qui part de cent bouches. « Il n'aura pas Dijon, » crie le 1er bataillon. Il s'agit maintenant de tenir bon. Des fusiliers arrivent encore, battant en retraite avec des blessés et des morts. Il fallut énergiquement mettre les hommes en ordre et les faire tenir immobiles. Cela fut obtenu en cinq minutes. « Silence, entendez-vous. » Un bruit infernal de fifres, de tambours, de trompettes et de cris : « En avant les bataillons! *Eviva Garibaldi!* » retentit au loin ; on voit qu'ils veulent nous attaquer.

« De notre côté, tout est calme, on n'entend pas un mot. « Laissez-les approcher à quarante pas, dit le commandant, et puis tirez. » Ils arrivent,...... une décharge se fait entendre, et six Italiens tombent devant nous. « En avant! marche! hurrah! » et on se précipite sur l'ennemi qui fuit; il est dix heures du soir; la nuit, très-obscure, ne nous permet pas de continuer notre poursuite. Nous regagnons notre position.

Tout à coup se font entendre de nouveau avec les cris : « *Eviva Garibaldi!* » le bruit profond des tambours ennemis, les sifflets aigus des officiers, les trompettes, la *Marseillaise* et un chant italien. Cela s'approche toujours. Nous sommes là, muets, les fusils armés et prêts à les recevoir. Les voici : « Feu. » Une seconde décharge met à terre tout un rang de tués et de blessés. La bande entière fait volte-face; seuls, quatre Italiens se précipitent sur nous comme des fous; ils ne vivent plus aujourd'hui. Le hurrah allemand retentit et l'ennemi s'enfuit, jetant ses armes, ses munitions, etc. Il lui faut renoncer à entrer à Dijon. Comme on l'assure, Garibaldi avait commandé en personne. Nous passâmes la nuit couchés sur la route et à la pluie, et le lendemain nous continuâmes notre marche. Aujourd'hui nous sommes à Dijon, nous reposant de nos fatigues. »

— Nous empruntons également au *Journal de Mannheim* le récit suivant du combat avec les Garibaldiens, daté de Dijon le 28 novembre :

« Samedi, dans l'après-midi, on apprit que Garibaldi était sur notre flanc droit, et avait en vue une surprise sur Dijon. Cette nouvelle n'était pas sans fondement et était connue de toute la population. Il suffisait, pour n'en pas douter, de voir l'air provocateur des Dijonnais.

« Lorsqu'à quatre heures du soir on apprit que le comte Degenfeld s'était replié sur Talant, à une demi-lieue de Dijon, sans engager de combat à cause de la supériorité de l'ennemi, se bornant dans cette position à l'empêcher d'avancer, il ne fallut pas plus de deux heures pour mettre sous les armes le corps tout entier. A sept heures, notre régiment, suivant son habitude, était aux avant-postes sous une pluie continue. Dimanche, à six heures du matin, la brigade se rassembla à Dijon. Les Prussiens avancèrent sur le front de l'ennemi ; le général Keller devait l'attaquer par le nord, le colonel de Renz marchait par le sud sur son flanc droit avec les 1er et 3e bataillons du 2e régiment de grenadiers et un bataillon du 1er régiment de la garde. Après une marche de trois heures et demie sur les montagnes, par une pluie torrentielle, nous entendîmes le bruit du canon ; on avait rencontré les Garibaldiens.

« Notre cavalerie débouchant d'un bois, se trouva en face de l'ennemi, et seulement à quelques pas de lui.

« L'artillerie en avant, la 1re et la 2e compagnie du 2e régiment de la garde à droite, la 3e et la 4e à gauche, tout cela fut l'affaire d'un instant, et on avança sans s'occuper d'une pluie de balles. Au bout d'un quart d'heure, l'ennemi commençait déjà à fléchir. Nous le chargeâmes encore en flanc, et il se fit que nos bataillons, qui, petit à petit, avaient dépassé les Prussiens, avaient aussi tellement bien mené toute la société garibaldienne, qu'elle s'enfuit dans toutes les directions, abandonnant ses armes, ses sacs, et faisant des pertes sérieuses. D'après les prisonniers, c'était Menotti Garibaldi qui commandait. Ce fut un brillant succès pour nos armes. A sept heures, nous rentrions à Dijon. »

On écrit à la *Gazette de Hesse :*

« Le 7e corps d'armée (de Zastrow) qui jusqu'alors était occupé devant Diedenhofen, a reçu l'ordre de se porter sur-le-champ vers le midi de la France pour renforcer le corps de Werder. »

Lundi 5 *décembre.*

Le *Pr. Staatsanz* publie la déclaration suivante adressée déjà par voie télégraphique.

Dijon, 25 novembre.

« Le général Barral, qui est maintenant à la tête d'un corps de l'armée de la Loire, est le même qui, pendant le siége de Strasbourg, y commandait l'artillerie impériale. Lors de la capitulation de cette place, il signa un engagement dans lequel il promettait sur l'honneur de ne pas reprendre les armes, pendant la durée de cette guerre, contre les Prussiens ou leurs alliés, et de ne nuire en rien aux armées alliées. Le général Barral demanda sur le glacis de la citadelle la permission de signer sûr-le-champ la promesse dont il s'agit, sans retourner à Strasbourg, ce que devaient faire les autres officiers, et de se rendre à Colmar. Cela lui fut accordé, grâce à une haute intervention. Il ne signa pas seulement cette pièce, mais il attesta ce fait par écrit, sur le portefeuille de l'adjudant du général de Werder, le chef d'escadron comte Henckel de Donnersmarsch. Le général Barral a donc manqué à sa parole, dans le sens le plus complet.

« *Le chef de l'état-major général du 14e corps d'armée,*

« DE LESZCYNSKY,

« Lieutenant-colonel. »

Mardi 6 *décembre* 1870.

Carlsruhe, le 5 *décembre.* — Grâce à une aimable communication, nous pouvons faire part de deux lettres arrivées de la division badoise par la poste de l'armée, et relatives à la défaite des Garibaldiens le 27 novembre. L'auteur de la première appartient à la 3e batterie légère de campagne (capitaine Holtz), et celui de la seconde, au 3e régiment d'infanterie grand-ducale.

I.

Dijon, 29 novembre.

« A peine avions-nous pris samedi dernier nos positions d'avant-postes au sud de Dijon, sur une hauteur dominant la ville, que l'alarme fut donnée, et que nous fûmes conduits à l'attaque.

« Les Français s'enfuirent sans opposer de résistance, poursuivis par nos grenades bien tirées. Revenant en arrière, nous eûmes deux heures de repos, suivies d'une nouvelle alarme à dix heures du soir, et nous regagnâmes les postes d'alarme de Dijon. Nous passâmes le reste de la nuit en plein air, sous une pluie continue.

« Dimanche matin, à six heures, marche contre l'ennemi, qui s'opposa à nous au moment où notre infanterie sortait d'un défilé. Le feu le plus nourri empêcha notre batterie, au moment où nous sortions ventre à terre de la forêt, de pouvoir prendre position assez loin en avant de l'infanterie. Des masses, toujours de plus en plus considérables, se développaient sur les hauteurs qui nous faisaient face. De trois côtés nous recevions le feu, que modéra bientôt la rapidité de notre tir.

« On laissa deux pièces seulement (lieutenant Payne) dans la position que nous occupions, pour entretenir un feu lent. Les quatre autres furent détachées à gauche, afin de refouler l'ennemi, qui cherchait à se porter sur notre droite. Après quelques décharges, le but était si bien atteint qu'on renvoya deux pièces à l'ancienne position, et de là un feu puissant put être ouvert contre une colonne qui se portait sur une éminence.

« En même temps l'infanterie, avec un formidable hurrah, avait pris les hauteurs et délogé de toutes leurs positions les Français, qui se jetèrent, les uns à gauche dans les bois, et les autres à droite dans une vallée. Des hauteurs occupées, les quatre pièces dirigèrent un feu brillant sur les routes servant de lignes de retraite à l'ennemi.

« Pour emporter d'assaut la forêt, et pour faciliter cette tâche à l'infanterie qui s'y préparait, la batterie, de nouveau réunie, fit jouer son feu sur la lisière du bois. Tout à coup le tonnerre du canon se fait entendre sur notre aile droite. Sont-ce des Français ou des nôtres? Décharges sur décharges. Les grenades tombaient, serrées comme la grêle, sur la forêt occupée par les Français. Une batterie prussienne! s'écrie-t-on en même temps. C'était un renfort bien désiré par nous, qui depuis trois heures, avec un bataillon du 1er, et deux bataillons du 2e régiment de grenadiers, étions au feu devant 6,000 hommes.

« L'infanterie se précipita dans la forêt en poussant des hurrahs.

« Dans l'intervalle, plusieurs régiments et les batteries avaient pris l'ennemi en flanc. Il fut complétement battu; ses pertes sont considérables.

« La tâche de la journée était accomplie. On ne se demandera pas dans quel état nous étions. Couverts de boue et morts de fatigue, suite des efforts du jour, nous avions la perspective d'une marche de retour de trois heures et demie. Malheureusement plus d'un d'entre nous a reçu aujourd'hui la balle de la mort, et cependant, chose extraordinaire, personne de notre batterie n'a été atteint, quoique nous ayons été exposés au feu le plus violent.

« Notre capitaine, qui a dirigé le tir avec un sangfroid étonnant, et aux dispositions duquel peut être attribuée en grande partie l'heureuse issue du combat, a reçu deux balles dans le porte-manteau de sa selle.

« Trois chevaux de batterie ont été blessés. Les distances auxquelles nous tirions étaient de 200, 500, 800, 1,200, 1,800 et 2,000 pas. Le soir nous rentrions à Dijon, mais pour combien de temps?

« Comme curiosité, j'ajouterai que toutes les bonnes gens de Dijon prétendaient que dans la soirée du 26, un parlementaire de Garibaldi avait sommé le général de Werder d'avoir à évacuer Dijon, et que ce même parlementaire avait en même temps commandé un dîner pour dimanche, à quatre heures, destiné à Garibaldi et à son état-major.

« Parmi les prisonniers ramenés ici se trouvent un certain nombre de dames (?!) portant un élégant uniforme : robe noire garnie de bleu, et pantalon noir à bandes bleues. »

II

Dijon, 29 novembre.

« Le 26, à cinq heures du matin, nous partîmes d'ici en reconnaissance dans la direction du sud-ouest; nos patrouilles de flanc rencontrèrent les patrouilles ennemies près de Prenois, à environ deux lieues et demie de Dijon. Forts de deux bataillons, nous fîmes une conversion à gauche, et nous marchâmes immédiatement dans la direction de la fusillade. A peine étions-nous disposés en formation d'attaque, que de forts détachements se développèrent sur les hauteurs au delà de Prenois, faisant voir que de son côté l'ennemi était déjà en position. Notre but de les faire développer, de les *dérouler* (*aufzurollen*), pour me servir du terme technique, étant ainsi atteint, nous reprîmes dans et autour de Prenois nos premières positions de défense.

« La marche immédiate en avant de l'ennemi nous montra qu'il avait des troupes beaucoup plus nombreuses que les nôtres. Nous le laissâmes approcher et repoussâmes la première attaque du village, c'est-à-dire que l'ennemi fut forcé de s'arrêter, après qu'une charge de cavalerie brillamment exécutée, mais sottement combinée, eut été refoulée par la rapidité de notre feu qui mit la moitié des cavaliers hors de combat. A ce moment une telle masse de troupes fraîches se montra sur notre flanc droit, commençant à nous tourner, que nous dûmes battre en retraite, ce qui eut lieu en bon ordre. Notre bataillon de fusiliers formait l'arrière-garde.

« La poursuite tentée par l'ennemi fut singulièrement entravée par notre artillerie. Nous gagnâmes ainsi une position placée en arrière. Pendant ce temps, la nuit était arrivée quand une vive fusillade éclata soudain tout près de nous. L'ennemi avait résolu une attaque de nuit, et selon toute apparence cherchait à menacer Dijon. Une compagnie de mon bataillon se porta en avant pour l'attaque, pendant que deux autres couvraient les ailes. Après que la 9e compagnie eut été repoussée avec des pertes importantes, nos trois pelotons de la 11e attaquèrent énergiquement. Animés par notre major, nous nous lançâmes dans la mêlée. Sept fois de suite nous nous portâmes en avant, et sept fois nous fûmes forcés de reculer. L'ennemi était directement en face de nous. Ici tombèrent notre major et le lieutenant Hoffmeister, mais atteints de blessures heureusement sans gravité, produites par des balles dans les chairs. Ils sont ici à l'hôpital. Pendant qu'avec 100 hommes environ, et une heure durant, nous arrêtions l'ennemi, le reste de notre bataillon se réunissait au 1er bataillon de notre régiment accouru à son aide, et nous prenions une autre position. Ces détachements nous soutinrent après notre retraite finale, et l'ennemi qui était sur nos dernières fut énergiquement refoulé.

« Nous avons eu certainement affaire à Garibaldi lui-même, avec au moins 12,000 hommes. A la suite de cela, un nombre suffisant de troupes fut appelé le jour suivant et Garibaldi complétement rejeté en arrière.

« Comme on l'a su plus tard, les habitants de Dijon étaient informés que leur ville devait être reprise, et un dîner pour le 27 novembre avait été commandé pour Garibaldi. Bon appétit! »

— Dans l'est de la France, une tentative de Garibaldi pour surprendre le quartier général du 14e corps d'armée à Dijon, lui a été très-désavantageuse. Ses troupes furent repoussées le 26 par les avant-postes allemands. Le général Werder marcha lui-même contre lui, et rencontra encore près de Pasques l'arrière-garde du corps garibaldien qui fut refoulée, et la retraite de Garibaldi se changea en fuite.

Des nouvelles de Dijon du 24 novembre arrivent au *Pr. Staatsanz*. Nous en extrayons ce qui suit :

« Après que le général de Werder eut rétabli ses communications avec le Rhin et la Moselle, et pendant qu'il occupait Vesoul avec une partie de son corps, la prise de Newbrisach lui permit de s'adjoindre la 4e division de réserve (de Schmeling), et de reprendre l'offensive. La colonne de Treskow conserva la mission particulière dont elle était chargée, pendant que la colonne de Schmeling était chargée de garder les routes d'étapes. Le corps se concentra le 12 entre Auxonne et Pontailler, le long de la Saône. Les routes étaient partout détruites, mais comme elles n'étaient pas défendues, cela n'empêcha nullement d'avancer. Les pontonniers badois remplacèrent par un pont de bateaux le pont sur la Saône de Pontailler, que l'ennemi avait fait sauter. Le 13, on trouva le terrain en avant d'Auxonne occupé, la place elle-même était complétement en état de défense, et les alentours rasés jusqu'à 2,000 pas. Nulle part dans les environs on ne rencontra l'ennemi. Le 2e régiment de hussards de réserve reçut l'ordre de se porter sur Dôle, et trouva cette ville faiblement occupée. A la suite de cela, le général prit son quartier de marche à Pontailler, où les riches approvisionnements d'une fabrique de poudre tombèrent entre ses mains. L'ennemi qui, suivant les indications des francs-tireurs, s'était jeté dans les montagnes du Jura et de la Côte-d'Or, profita d'une évacuation de Dijon pendant vingt-quatre heures pour y lancer ses avant-gardes. A l'approche de nos troupes il se retira de nouveau dans les montagnes voisines, et le 14, le général, avec deux brigades, prit son quartier à Dijon et dans les environs, pendant que deux colonnes s'avançaient sur Nuits, Genlis, et Saint-Jean-de-Losne. Une rencontre eut lieu dans ce dernier pays; les nôtres y trouvèrent les ponts de bois détruits. Par suite de divers actes d'hostilité du fait de la ville, elle fut mise à contribution.

« Le corps est maintenant concentré près de Dijon, et chaque jour il y a à noter des engagements répétés, comme en comporte la guerre de guérillas. Les localités sur la route de Nuits, qui sont occupées par nos avant-postes, sont surtout inquiétées. La route côtoie la base de la montagne de la Côte-d'Or. Tout à coup paraissent des bandes de 80 à 100 francs-tireurs qui font un feu rapide du sommet des hauteurs boisées, alarment nos hommes, et ont disparu avant qu'on ait pu les atteindre.

« Le 10, un détachement de diverses troupes fut envoyé, sous le commandement du capitaine Flachsland' pour chercher à établir une communication avec le 2e corps d'armée. Après des combats continuels, il arriva à Châtillon-sur-Seine. Là il se vit forcé d'effectuer sa retraite à travers les hautes montagnes de la Côte-d'Or, et il revint heureusement avec peu de pertes.

« Les forces concentrées avec lesquelles opère le général, font dans ce moment la plus grande sûreté du 14e corps d'armée. Chaque jour des colonnes volantes sont lancées sur toutes les routes des montagnes de la Côte-d'Or, pour inquiéter l'ennemi dans ses points de ralliement, dans ses lignes de retraite, et aussi pour fourrager et faire des réquisitions.

« La montagne de la Côte-d'Or, d'une largeur d'un mille, avec des vallées profondes, des gorges et des forêts, s'étend de Chalon-sur-Saône au plateau élevé de Langres, offrant de nombreux avantages à l'ennemi pour se défendre et se dissimuler. Il sait ordinairement bien placer les petits canons de montagne qu'il traîne avec lui; cependant il ne les fait pas servir à une résistance sérieuse. Il se contente de faire feu et de battre en retraite; il n'est pas possible de l'attraper. »

Mercredi 7 décembre.

Carlsruhe, 6 décembre. — Nous empruntons ce qui suit à une lettre particulière écrite par un cavalier badois relativement aux combats des 26 et 27 novembre contre Garibaldi.

« Le 20, je quittai Vesoul; le 22, j'arrivais à Gray, où

l'on venait de recevoir la nouvelle de la marche de Garibaldi sur Dijon.

« A deux heures du soir, on se mit en route (un bataillon, une batterie et un escadron) par un temps si affreux, qu'il fallait souvent s'arrêter pour résister au vent. J'arrivai dans l'après-midi à Dijon, où l'on nous donna l'ordre de nous rendre immédiatement à Plombières. Nous y arrivions à six heures du soir, harassés, transpercés par la pluie, et nous repartions bientôt pour les avant-postes.

« Le 25, une patrouille fut ordonnée, pendant laquelle un cheval de notre escadron reçut une balle dans le cou. Le 26, à six heures du matin, nous aurions pu être surpris à Plombières, si une patrouille ne nous eût informés à temps qu'elle avait rencontré, à cinq quarts d'heure du village, une colonne garibaldienne dont elle avait essuyé le feu. Quand les détachements sortirent de Plombières, un combat s'engagea; il dura quatre heures.

« Plombières est situé dans une longue vallée, bordée de rochers des deux côtés. C'est un terrain où naturellement la cavalerie n'a pas beaucoup à faire. Les Garibaldiens durent battre en retraite. Nous revînmes à Dijon où nous croyions du moins trouver quelques heures de repos, mais il ne devait pas en être ainsi. A neuf heures du soir, on battait la générale; nos troupes avancées avaient été vigoureusement attaquées à l'ouest; on croyait que l'ennemi pénétrait dans la ville. Les troupes furent concentrées et bivouaquèrent pendant la nuit à Dijon, sous une pluie battante, sans feu et sans paille, sans vivres pour les hommes, et sans fourrage pour les chevaux.

« Le 27, marche contre l'ennemi sous les ordres du colonel de Renz. Nous devions le tourner et tomber sur ses flancs. Tout cela fut fait, et l'ennemi, qui la veille s'était avancé plein de confiance, fut repoussé avec de grandes pertes. Ce fut un combat comme on n'en voit pas de plus beau sur le champ de manœuvre, conduit avec une tranquillité et une précision assurément des plus rares. Il dura de onze heures du matin à quatre heures du soir, et eut lieu à Pasques le dimanche 27. Ces Garibaldiens, ramassis de toutes les nationalités, sont des gaillards qui en ont déjà vu de toutes les couleurs.

« Ils se sont bien battus et marchent avec un colossal *(sic)* mépris de la mort ; cependant, en face de nos troupes, ils furent littéralement écrasés. On fit prisonnière une troupe bariolée, et dans le nombre je vis quatre femmes habillées en hommes, portant des écharpes blanches. Cela ressemblait à un peuple de brigands. Le major W... qui resta blessé sur le champ de bataille. fut complétement dépouillé ; il paraît qu'on lui avait pris jusqu'à sa chemise, mais on le pansa et soigna bien. Dans ce dernier combat des plus sérieux, la cavalerie ne pouvait pas prendre part à l'attaque à cause de la nature du terrain trop coupé, mais elle rendit de grands services en éclairant, et en communiquant avec les Prussiens qui arrivèrent au milieu de l'affaire. Pour ce service, elle mérite donc de la reconnaissance.

« Un pareil combat n'est agréable en rien pour la cavalerie ; figure-toi qu'il faut rester tranquille sous une pluie de balles ! Ce n'est pas une petite affaire ; eh bien, au milieu des balles qui sifflaient, pas un homme n'a fait la grimace. Nos cavaliers sont d'excellents soldats : rien dans l'estomac pendant douze heures, sous la pluie de projectiles la plus épaisse, c'est bien une preuve de la plus rare discipline. En ce jour, ce qui pour moi est incompréhensible, c'est que l'escadron n'a perdu ni un homme ni un cheval. »

Nous donnons pour égayer nos lecteurs, un télégramme dans lequel Garibaldi raconte à sa fille, la femme de Canzio, ses hauts faits près de Dijon, le 27 novembre. Le voici :

Autun, 28 novembre, 9 h. 40 min.

« Hier à deux heures, l'ennemi attaqua nos positions près de Lantenay. Il fut chassé de tout le plateau et poursuivi jusqu'à Dijon. A huit heures du soir, nous entreprîmes d'entrer dans cette ville, mais nous dûmes nous retirer devant des forces trop considérables. Nous sommes tous en parfaite santé.

« G. GARIBALDI. »

Vendredi 9 décembre.

LES COMBATS DES 26 ET 27 NOVEMBRE
EN AVANT DE DIJON.

Les 26 et 27 novembre, nos troupes ont eu enfin la visite de Garibaldi, depuis si longtemps attendue ; mais le vieux chef de bande a été accueilli d'une façon si peu aimable, qu'il est retourné aujourd'hui à Autun, son quartier général.

Le 25, les avant-postes placés sur les montagnes de Plombières sentaient déjà qu'ils avaient en face d'eux des détachements plus forts et mieux organisés. Pendant toute la journée eurent lieu des engagements d'avant-postes près de Velars et sur les hauteurs de Lantenay. Le 2e bataillon du 4e régiment fut surtout engagé, et eut dans cette journée un officier (lieutenant Wagenmann) et six hommes blessés.

Pour s'assurer si derrière ce rideau d'éclaireurs, il n'y avait pas en marche des masses plus considérables, on ordonna une forte reconnaissance sur les montagnes, dans la direction du Val-Suzon et de Pasques. Le général-major de Degenfeld fut chargé de cette mission avec deux bataillons du 3e régiment, un du 4e, deux escadrons du 1er régiment des dragons de la garde et une batterie (lourde). A quatre heures du matin, l'avant-garde se mit en route, suivie à six heures et demie du gros de la colonne.

La fin du jour vit déjà nos armes au milieu des montagnes, à la grande frayeur des habitants. Le détachement avait eu aussi l'ordre de réquisitionner des vivres et du bétail, et de les livrer au magasin de Dijon : la surprise n'avait donc rien d'agréable.

La Côte-d'Or rappelle la partie méridionale de notre forêt Noire : de grandes masses de bois alternant avec des pâtures et des champs stériles. Tous les ruisseaux sont resserrés entre des pentes abruptes couvertes de pierres brisées et impraticables. De temps en temps, se montrent de longs plateaux unis avec de pauvres villages assez clair-semés. Nous pensons à la vallée de Wiettach, près de Reiselfinger, en voyant le Val-Suzon, un endroit fait exprès pour la guerre de guérillas.

Arrivés à Darois, des détachements furent renvoyés au Val-Suzon et à Prenois. Dans le fond de la vallée du

Suzon, nos patrouilles se rencontrèrent avec des troupes ennemies qui disparurent bientôt dans la direction de Francheville. Les nouvelles des détachements envoyés à Prenois étaient autrement sérieuses. Alors qu'ils étaient tout occupés aux réquisitions, les patrouilles envoyées vers Pasques et Lantenay annoncèrent l'approche de l'ennemi avec des forces considérables. A cette nouvelle, le général de Degenfeld se dirigea immédiatement sur Prenois à sa rencontre. Le bataillon d'avant-garde (1er bataillon du 4e régiment) resta seul en avant du Val-Suzon, en observation et en éclaireur.

Pasques est bâti sur la route qui va de Plombières à Châtillon-sur-Seine en passant par Panges et Saint-Seine. Les hauteurs à l'ouest de ce village constituent d'excellents points de défense, et l'avant-terrain du côté de Prenois favorise le tir. Des forces ennemies assez considérables se concentrèrent sur cette position. Leur aile droite s'était avantageusement postée dans la Combe-aux-Echos, s'abritant derrière des moules de bois, et ayant devant elle une espèce de gorge. Les sommets des hauteurs étaient occupés par une ligne de tirailleurs méthodiquement disposés ; derrière, de nombreux détachements. Pasques était le point d'appui de l'aile gauche.

Comme les forces de l'ennemi, qui se tenait complétement sur la défensive, ne pouvaient pas être suffisamment connues depuis Prenois, un détachement d'éclaireurs partit aussitôt des deux ailes : à droite, compagnie d'Adelsheim du 4e regiment d'infanterie ; à gauche, deux compagnies du bataillon de fusiliers du 3e régiment, sous les ordres du major Widmann. L'ennemi se montra tout à fait réservé, et en opposition avec sa manière d'être habituelle ; il ne fit point feu lorsque nos détachements s'avancèrent, attendant pour que son tir fût plus sûr et d'un plus grand effet, que notre ligne se fût plus rapprochée de lui. Nos mousquetiers à droite, et nos fusiliers à gauche, n'imitèrent point cette sobre réserve ; leurs aiguilles à feu piquèrent bientôt l'ennemi d'une si désagréable manière, qu'il se démasqua et de la façon la plus grossière. Deux batteries à six pièces joignirent leur concert aux décharges rapides de toutes nos espèces d'armes à magasin et à répétition.

Cependant tirer beaucoup et rapidement n'est pas bien tirer, et à ce point de vue nos mousquetiers l'emportaient de beaucoup. L'ennemi s'excita tellement par là, qu'il oublia complétement son but primitif, celui de nous attaquer tous avec ses forces supérieures, et il s'apprêta à tomber sur les petits détachements qu'on envoyait contre lui. Ce plaisir ne devait point lui arriver, car la batterie de Porbeck, établie depuis longtemps déjà près de Prenois, se démasqua et rendit possible aux petits détachements envoyés en reconnaissance, leur retour dans la ligne de combat sans de sérieuses difficultés. Le but de la mission était atteint.

Il est hors de doute que l'ennemi avait au moins de huit à neuf bataillons, deux batteries et un escadron. D'après le dire des prisonniers, on constata plus tard que six bataillons et demi de Garibaldiens de 800 à 1,000 hommes, et huit bataillons de gardes mobiles avec les armes spéciales dont nous avons parlé plus haut, étaient réunis sur le champ de bataille.

A deux heures et demie, le détachement de reconnaissance se mit en mouvement pour aller de Prenois à Talant, en passant par Darois. Sur les hauteurs de ce dernier village, ayant son aile droite appuyée sur Fontaine-les-Dijon, l'adversaire, déjà enveloppé par notre ligne d'avant-postes établie dans cet endroit, devait être attiré sur nous. Le lendemain, tout en maintenant l'ennemi de front, il s'agissait d'effectuer en même temps le mouvement d'attaque contre ses deux flancs et ses derrières. Cette tâche devait être accomplie du côté du nord par la brigade Keller, et du côté du sud par la brigade du prince Guillaume.

Le départ du détachement fut inquiété par un feu violent. Ce tir n'était pas mauvais, mais il ne put cependant rompre la marche sévère des troupes ; seule l'extrême arrière-garde, composée de quelques compagnies de fusiliers, eut l'honneur d'être attaquée par l'infanterie, et pour la première fois dans cette campagne, par de la cavalerie. Cette attaque faite avec un grand élan, fut cependant catégoriquement repoussée par un feu court mais rapide, qui coucha sur la place la plupart des cavaliers ennemis.

Derrière Darois la batterie de Porbeck soutint encore notre arrière-garde, et son tir précis causa des pertes sensibles aux colonnes ennemies. Leur batterie, qui était arrivée au trot, fut forcée de cesser son feu et de rétrograder.

Le combat se termina à trois heures environ; il avait coûté en tout six blessés à l'arrière-garde. Comme on l'a déjà dit, nos prisonniers constatèrent que Garibaldi père et fils avaient commandé en personne dans cette affaire. Leur nombreuse escorte à cheval fut attentivement surveillée par nous pendant toute la journée. Le but du mouvement de Garibaldi était de s'emparer de Dijon.

D'après le résultat de la reconnaissance, les dispositions nécessaires pour une attaque le jour suivant furent ordonnées par le commandant général de Werder.

Le major général de Degenfeld prit position entre Fontaine-les-Dijon et Talant, ainsi que la 2e brigade, avec ses avant-postes à Daix et Hauteville.

Le major général Keller reçut l'ordre de quitter Beire-le-Châtel dans la nuit, et de se trouver le 27 à huit heures du matin, à Messigny et à Vantoux, et de marcher de là par le nord, sur le flanc et les derrières de l'ennemi.

Le prince Guillaume eut la même tâche au nord-ouest de Plombières, à Pasques.

La brigade prussienne combinée, qui avait été dirigée vers le sud, reçut l'ordre de se concentrer à Dijon. Le service d'éclaireurs, dans toutes les autres directions, fut confié à notre excellente cavalerie.

Comme il est facile de le voir, le plan consistait à cerner l'ennemi autant que possible.

Pendant ce temps Garibaldi avait aussi pris ses positions. Il s'était avancé avec le gros de sa colonne au delà de Darois sur la route de Dijon. Protégé par une nuit complétement obscure et une pluie continue, son avant-garde se porta jusqu'à Hauteville, et à la gorge qui de Plombières monte au nord vers la route, immédiatement en face de nos extrêmes avant-postes.

A sept heures moins un quart, par l'obscurité la plus complète, il donna l'ordre de surprendre notre position de Talant, avec toutes ses forces. Il espérait vraisemblablement entrer dans la ville pendant la nuit, y organiser, comme à Châtillon, un combat dans les rues, et nous déloger.

En conséquence, vers sept heures moins un quart, l'ennemi s'avança en masses serrées. Cédant à ce choc, nos postes les plus avancés et nos grand'gardes se replièrent sur le gros de l'armée. A la lueur éclatante d'une vive fusillade, on vit s'approcher l'élite des Garibaldiens, dont l'uniforme rouge était sinistre, ainsi éclairé; mais la surprise fut de courte durée. Le bataillon Unger du 3e régiment, qui était à Daix, avait déjà reconnu le danger. Le commandement « en avant » était encore présent à la mémoire des héros d'Etival. S'élancer contre l'ennemi avec des hurrahs, entraîner avec soi les avant-postes, et diriger contre l'ennemi une pluie brûlante de balles, tout cela fut l'affaire de quelques minutes.

Deux adversaires tenaces étaient en présence; chaque coup de feu éclairait un visage ardent, opiniâtre à la lutte. Des deux côtés, il fallait rester debout ou tomber : impossible de reculer.

D'un côté, des cris d'excitation en français et en italien; de l'autre, la voix tranquille du commandement en allemand; là, les condottieri habitués de longue date à la guerre; ici, le jeune soldat allemand sûr de sa force, par une chaîne de victoires.

Trois fois les Garibaldiens s'élancèrent, bras contre bras, au chant de la *Marseillaise*, et avec une bravoure qu'il faut reconnaître. Quand ils étaient à cinquante pas, les nôtres faisaient feu au commandement de leurs officiers, et chaque fois il fut foudroyant. Ce combat de nuit était une pierre de touche pour la discipline de nos jeunes soldats; l'épreuve fut décisive.

Après la troisième attaque, à sept heures et demie environ, l'ennemi prit enfin la fuite d'une façon désordonnée, laissant le champ de bataille couvert de morts et de blessés. Nos pertes sont de 43 hommes et 5 officiers. Le major Widmann et le lieutenant Hofmeister, tous deux légèrement blessés, sont maintenant ici à l'hôpital; les lieutenants Lutz, Bauer et Holtzmann, ont des blessures si peu graves, qu'ils sont restés au corps.

A huit heures, le feu avait cessé, nos troupes bivouaquèrent, et ne furent pas inquiétées.

La nuit du 26 au 27 ne fut pas agréable pour le 14e corps d'armée. Une pluie constante rendait des plus pénibles le séjour auprès des feux de bivouac, et la station sur les places d'alarme devant Dijon. Malgré cela, la gaîté régna partout; la guerre avec ses alternatives d'ombre et de lumière nous était déjà trop connue, pour qu'un habit d'uniforme traversé par la pluie, pût altérer notre bonne humeur. Seuls, nos pauvres chevaux harnachés et sellés, laissaient mélancoliquement tomber leurs têtes par ce temps affreux.

Le 27, à la pointe du jour, tout le monde était sous les armes; on voyait sur tous les visages une vive impatience. Les adjudants et les ordonnances qui revenaient des environs, avaient peine à satisfaire aux nombreuses demandes qui leur étaient adressées, par tous les détachements attendant au lieu du rendez-vous. « — L'avant-garde est-elle déjà au feu? — N'attaquons-nous pas? — Ne partons-nous pas? » C'est ce qu'on entendait partout. Il est beau de voir des troupes attendant d'une façon si visiblement impatiente, l'ordre de marcher à l'ennemi.

A six heures du matin, la brigade prussienne combinée, général de Goltz, était en marche pour le combat, entre Talant et Fontaine, et avait relevé aux avant-postes la brigade badoise Degenfeld. Trois batteries de cette dernière furent mises sous les ordres du général de Goltz, pendant que les bataillons se formaient comme seconde ligne, derrière Talant.

Le général-major Keller était arrivé à Vantoux à huit heures du matin, après une pénible marche de nuit, et s'était immédiatement porté au sud, vers le *Bois-du-Chêne.*

L'ennemi avait encore au matin envoyé des patrouilles de cavalerie sur Daix et Hauteville ; on voyait pendant la nuit ses grands feux de bivouac, sur les hauteurs à l'ouest de ce dernier village.

Comme il fallait laisser de l'avance au général Keller pour qu'il pût exécuter son mouvement tournant, les troupes qui se trouvaient à Talant-Fontaine restèrent jusqu'à nouvel ordre dans leurs positions. Un détachement seulement, de la brigade prince Guillaume, fut détaché de l'aile et envoyé au delà de Plombières dans la direction de Pasques. Il se composait de deux bataillons du 2e régiment de grenadiers, d'un escadron et d'une batterie sous le commandement du colonel de Renz ; il devait se diriger directement sur les derrières de l'ennemi. Le colonel de Renz prit encore à Plombières deux compagnies du 2e bataillon du régiment des grenadiers de la garde qui s'y trouvait.

A huit heures, nos patrouilles arrivèrent sur les positions de l'ennemi, où elles ne rencontrèrent qu'une faible résistance, et elles eurent bientôt la certitude que le gros des Garibaldiens avait encore profité de la nuit pour battre en retraite. Cette retraite n'avait pas été opérée en bon ordre, c'est ce que prouvèrent la masse d'armes, d'effets d'équipement, et d'uniformes abandonnés, qui couvraient les routes et les champs. Le jour fit aussi juger des pertes énormes causées à l'ennemi par notre feu, pendant le combat de la nuit. De notre côté, la poursuite de l'ennemi fut entreprise avec énergie ; mais le détachement du colonel de Renz, et l'avant-garde de la brigade de Goltz purent seuls le joindre ou du moins forcer son arrière-garde à résister.

Le colonel de Renz était passé à neuf heures et demie à Plombières, et avait continué sa route sans être inquiété par l'ennemi. Cependant peu de troupes eussent suffi pour rendre sa marche excessivement difficile, dans ces montagnes boisées, coupées de gorges nombreuses. Il était onze heures et demie quand on entendit les premiers coups de canon dans la direction de Prenois ; ce devait être l'avant-garde de la brigade de Goltz. Les colonnes hâtèrent le pas et débouchèrent heureusement d'un étroit défilé, sur un terrain ouvert et ondulé. Quelques instants après, les détachements ennemis furent découverts de ce côté-ci de Pasques, et firent front immédiatement.

Les deux compagnies d'avant-garde prirent position sur le côté ouest du bois, au nord de la route, couvrant la batterie Holtz qui s'établit à 1,000 pas environ de la sortie du bois, et ouvrit son feu. Le 1er bataillon du 2e grenadiers se développa ensuite en colonnes de compagnies des deux côtés de la batterie ; le bataillon de fusiliers suivit l'aile gauche avec un demi-bataillon en première ligne, et une compagnie comme échelons à droite et à gauche en deuxième ligne. Ainsi formés, on s'avança sur Pasques sous un feu de tirailleurs bien nourri.

La jonction avec la brigade de Goltz qui venait de Prenois dans le même ordre, s'effectua complétement. L'ennemi ne put tenir devant cette marche énergique. Pasques fut pris à la première attaque, et les chemises rouges refoulées dans les bois qui se trouvaient derrière.

Sur ces entrefaites, une nouvelle attaque contre notre flanc gauche partit de la forêt de Lantenay. Le bataillon de fusiliers du 2e régiment de grenadiers, qui était en seconde ligne, se porta immédiatement dans cette direction, en même temps qu'une section de la batterie arrivait au galop à quatre cents pas de l'ennemi, et mitraillait ses lignes.

Reçu par le feu en partie quatre fois répété des 10e, 11e et 12e compagnies ; décimé par la mitraille, le détachement ennemi qui s'était bravement et méthodiquement avancé avec des intervalles de tirailleurs, finit par tourner le dos ; une épaisse rangée de morts et de blessés indiquait son poste de combat.

Cette attaque repoussée, la lutte était terminée à trois heures environ. Les Garibaldiens se dispersèrent dans toutes les directions. Le 2e régiment de grenadiers eut un homme tué et quatorze blessés ; le 1er régiment de grenadiers de la garde quatre blessés ; la batterie Holtz avait perdu quelques chevaux.

Il ne restait plus à prendre que la forêt de Lantenay. L'ennemi n'opposa presque aucune résistance au bataillon de fusiliers du 2e régiment de grenadiers, chargé de s'en emparer. L'occupation du village de Lantenay fut laissée à la brigade Keller qui y entra en même temps vers trois heures et demie.

L'ennemi fort de 3 à 4,000 hommes, était sous le commandement de Menotti-Garibaldi. Ses pertes, y compris celles du 26, s'élevèrent à plus de 400 hommes tués ou blessés ; 200 prisonniers non blessés restèrent entre nos mains. D'après les prisonniers, Garibaldi lui-même était allé à Pasques en voiture, et ses chevaux avaient été tués par les éclats d'une grenade. C'est grâce à ses soldats qui s'attelèrent à sa voiture, que l'homme infirme évita d'être fait prisonnier.

La poursuite des bandes garibaldiennes se fait rapidement, et aujourd'hui 29, la brigade Keller est déjà entrée à Sombernon, chassant devant elle les débris des bandes battues.

—

Samedi 10 *décembre*.

Carlsruhe, 9 *décembre*. — De nombreuses lettres de l'armée nous sont parvenues, obligeamment communiquées pour la plupart par des personnes auxquelles elles avaient été adressées directement. Dans toutes il est question des combats des 26 et 27 novembre en avant de Dijon. Comme nous avons déjà publié à cet égard une longue suite de correspondances privées, et hier un récit clair et général, dont l'auteur, comme on l'a reconnu sans peine, avait à sa disposition des matériaux complets, nous ne parlerons pas de ces lettres, donnant seulement de l'une d'elles ce qu'elle renferme de spécial. Celle à laquelle nous faisons allusion a été écrite par un médecin militaire qui était resté à Dijon au commencement de l'action. Là, comme nous l'avons déjà dit, l'état des esprits n'était rien moins que rassurant, et l'auteur, avant de repartir pour le théâtre de la bataille, avait été dans les meilleures conditions pour faire à ce sujet des observations particulières. Il écrit :

« Dans la matinée, mon ordonnance me prévint que

la canaille de la ville emmenait l'avoine et les autres provisions, afin de nous en faire manquer. Je me rendis aussitôt là ou cela se passait, avec mon domestique et quelques gaillards résolus, afin de sauver autant que possible de ces provisions. Je forçai, mon revolver armé à la main, un de ces drôles que je rencontrai dans la rue voisine, chargé d'un sac d'avoine volée, à abandonner ce sac, ce qu'il fit sans répliquer, mais avec un air furieux. Sur la place aux provisions, où tout était pêle-mêle, je fis atteler par des paysans quelques voitures chargées de foin, d'avoine, de pommes de terre, de farine, de vin et de pain, que j'emmenai triomphalement dans notre hôpital. Pendant cette opération, je rencontrais partout des figures menaçantes. Ce fut du reste toute l'agitation qui précéda l'attente de Garibaldi.»

L'auteur raconte alors comment il alla de son plein gré à Changey, à deux heures de Dijon environ, pour y chercher le major Widmann qui y était couché. Il vit, chemin faisant, une quantité de Garibaldiens tués, des sacs, des armes, etc., partout répandus.

« Dans la maison, — poursuit-il, — où le major W..... était couché, se trouvait tout l'état-major et le médecin en chef Beck.

« Après avoir porté dans mes bras jusqu'à l'omnibus le major et l'enseigne S..., également blessé, et reçu le drapeau garibaldien qui me fut confié par le général de Werder, je revins à Dijon. Les deux blessés furent conduits chez les Jésuites, où ils auront d'excellents soins. Tous deux seront sûrement guéris par le traitement que je leur fais suivre, car ils n'ont pas de lésions des os. Je fus encore appelé à une heure très-avancée de la nuit, au palais épiscopal, où se trouvait un officier français qui avait cinq blessures produites par des balles, et qui ne voulait être soigné que par un médecin allemand. »

Il a déjà paru du côté des ennemis, quelques récits des événements qui se sont passés près de Dijon, et entre autres celui d'un Garibaldien, publié dans le *Basl. Nachr.* Ce dernier est plein de fanfaronnades, d'exagération et de faussetés. Il dit, par exemple :

« Que les Garibaldiens n'étaient que 3 à 4,000 contre 20,000 Prussiens, et qu'ils ne s'en étaient pas moins avancés jusqu'aux abords de Dijon, où ils s'étaient battus contre des forces si supérieures; que le premier jour, la victoire leur était complétement restée, etc. Ce récit se termine ainsi :

« Le 27 novembre, un second combat se préparait. Nous gravîmes les hauteurs de la ferme où nous fûmes reçus par une grêle de balles qui atteignirent nos hommes et la voiture du général (Garibaldi). Cette dernière fut endommagée en divers endroits, mais Garibaldi ne fut pas blessé. Les officiers et les adjudants qui étaient autour de lui ne furent également pas atteints, mais il fallut céder devant le nombre. De plus, pour parler franchement, ce fut une fuite désordonnée, et nous battîmes en retraite. Nous réorganiserons notre petite armée pour recommencer la lutte. »

— Le correspondant du *Daily News* raconte d'une façon véridique, le combat de nuit dans lequel le bataillon Unger s'est si distingué. Nous lui empruntons la fin de son récit.

« Au commencement, écrit-il, tout alla bien, quand

soudain arriva une grêle de balles, qui encore ne nous fit aucun mal ; mais les mobiles eurent une telle frayeur, que les uns s'étendirent à plat sur le sol, tandis que les autres, sans en avoir reçu l'ordre, se précipitèrent dans les fossés des deux côtés de la route. A cette seconde décharge succéda un silence de mort, interrompu par deux coups de fusil tirés loin de nous. Quand les mobiles s'étaient jetés à terre, ils s'étaient mutuellement blessés avec leurs baïonnettes, et cela causa naturellement beaucoup de trouble et une grande consternation. Ils se relevèrent d'une façon aussi maladroite : les uns furent blessés aux pieds, d'autres aux mains, aux bras ou au dos.

« A peine debout, ils mirent en joue et firent feu, quoiqu'ils eussent reçu l'ordre exprès de ne se servir que de la baïonnette. Après qu'une grande partie de nos troupes se fut suffisamment avancée, elles commencèrent à tirer, et on peut se représenter facilement la confusion qui s'en suivit. Les Italiens et les francs-tireurs, qui avaient essuyé jusque-là le feu de l'ennemi avec un sangfroid remarquable, se crurent attaqués par derrière, coupés, et séparés du reste des troupes. Ils firent alors de leur mieux pour rejoindre ces dernières, mais lorsque les mobiles les virent arriver sur eux, ils firent demi-tour et prirent la fuite. Menaces et persuasion furent inutiles. Les officiers de l'état-major tirèrent leurs épées et en frappèrent le dos des fuyards, mais ceux-ci, au lieu de s'arrêter, se dispersèrent dans les champs. La retraite devint alors générale. Garibaldi et son état-major furent laissés à peu près seuls ; il ne resta près d'eux que sept chasseurs d'Afrique et les Italiens. Si en ce moment l'ennemi avait envoyé 500 cavaliers contre nous, la moitié de notre armée était écrasée ou prisonnière. »

— Garibaldi est toujours à Autun. Les troupes prussiennes se sont repliées, attendant des renforts. Un corps de 1,500 francs-tireurs qui s'était dirigé sur le Creusot, est revenu se joindre à Garibaldi. Chaque jour arrivent à Lyon de nouvelles bandes de jeunes Alsaciens; on en forme un bataillon particulier qui s'appelle bataillon d'Alsace.

— Les combats des environs de Dijon, écrit-on au *Fr. I.*, continuent à avoir le caractère d'une guerre de guérillas. Les francs-tireurs garibaldiens disséminés, se réunissent çà et là en forces, et obligent nos troupes à toujours être sur le qui-vive. Le 2e régiment de grenadiers a eu le 30 novembre une rencontre sérieuse dans laquelle il a fait des pertes qui ne sont pas sans importance. L'ennemi a été repoussé en perdant le double de monde. Il fait un froid très-vif à Dijon.

—

Dimanche 11 *décembre.*

Carlsruhe, 10 *décembre.* — Nous avons sous les yeux quelques lettres de l'armée, qui donnent des détails sur les nouveaux combats livrés par les troupes badoises, à Autun le 1er, et à Châteauneuf le 3 décembre. Ces lettres expriment seulement les impressions de leurs auteurs, sans donner aucun renseignement sur le plan, le but, et l'ensemble des opérations.

Il est du reste à peine besoin de faire remarquer que

dans cette marche de Dijon à Autun, on ne se proposait pas d'occuper le pays jusque-là. Si le corps de Werder avait eu pour mission d'en prendre possession plus au sud, cela serait fait depuis longtemps, et si tel avait été le but de ce dernier mouvement, on ne l'aurait pas opéré avec une seule brigade (Keller). On fait une véritable guerre de guérillas dans un pays boisé et accidenté, où les expéditions sont aventureuses, et n'ont qu'une signification du moment. Il paraît en avoir été ainsi cette fois.

On peut présumer qu'après la fuite rapide et en désordre du corps de Garibaldi, à la suite des combats en avant de Dijon, il était nécessaire de chercher à connaître par une expédition contre sa base d'opérations, ses moyens d'appui, ses relations avec les troupes françaises régulières, comme avec la population, etc. On pouvait aussi supposer qu'il n'était peut-être pas impossible, avec l'aide de circonstances favorables, de surprendre le renard dans son terrier.

Les lettres dont nous venons de parler nous apprennent que la brigade Keller se porta sur Autun, qu'elle attaqua le 1er décembre. Cette attaque se transforma en un combat pendant lequel notre artillerie tira activement sur la ville, dont l'infanterie (2e bataillon du 5e régiment) s'approcha à une distance de 1,200 pas en suivant un ruisseau profond.

On lutta, à ce qu'il paraît, contre des forces supérieures, et le bataillon qui vient d'être cité se vit tout à coup attaqué en flanc par des bataillons arrivant de Chalon-sur-Saône. L'ennemi avait de 6 à 8 canons. L'infanterie revint à son lieu de rendez-vous sur la route de Dijon à Autun; elle occupa plus tard le village de Saint-

Pantaléon touchant immédiatement à la ville, pendant que l'artillerie recommençait le bombardement. Partout l'ennemi avait cessé son feu.

Quelque temps après, la brigade se replia sur Dracy-Saint-Loup. Dans ce mouvement en arrière, on se trouva le 3 décembre à Châteauneuf, en face d'un obstacle imprévu. Les hauteurs boisées étaient occupées par des colonnes ennemies venues probablement de l'ouest, pour barrer le chemin à nos troupes. On en vint à un combat, pendant lequel notre infanterie (bataillon Ehehalt, du 5e régiment) fortement soutenue par l'artillerie, s'empara de sa propre initiative, pour ainsi dire, de ces hauteurs escarpées. Ce fut pour nos troupes, autant qu'on en peut juger par les apparences, une des plus brillantes affaires de toute la campagne. L'ennemi fut délogé, et pendant ce temps, la brigade put continuer sa marche sans être inquiétée. Les troupes qui avaient repoussé l'ennemi se réunirent à la brigade.

Nous croyons avoir esquissé d'une manière générale la marche de cette expédition. On comprend naturellement que tout cela n'a pu s'accomplir sans des pertes douloureuses. Nous en donnerons bientôt la liste qui ne se fera pas longtemps attendre.

—

Lundi 12 *décembre.*

Le *Courrier de Saône-et-Loire* annonce que les Prussiens ont envoyé en Allemagne (à Brême) 40 notables pris parmi les habitants de la ville de Dijon (banquiers, professeurs, juges, avocats, etc.). Ils étaient passés le

2 décembre à Charmes et à Lunéville. Dix otages devaient être également pris à Gray et à Vesoul. La feuille citée, qui commente cette mesure de la façon la plus odieuse, laisse entrevoir qu'elle a pour cause l'esprit de la population, de plus en plus hostile à l'égard des Allemands.

— L'*Indépendance*, comme nous l'avons déjà dit, annonce que l'évêque d'Autun a déposé une plainte, relativement à des objets de prix qui ont été enlevés de son palais par un détachement de francs-tireurs.

Mardi 13 *décembre*.

Carlsruhe, 12 *décembre*. — Nous avons lu une lettre particulière écrite de Dijon le 7 décembre, dans laquelle un soldat du 1er bataillon du 5e régiment d'infanterie badoise, raconte les incidents qui se produisirent pendant l'expédition de la brigade Keller à Autun, et pendant le retour de cette brigade.

Après une de ces marches forcées habituelles à notre division, ce soldat était arrivé le 27 novembre au matin avec sa compagnie, sur les hauteurs en avant de Dijon, au moment où le combat avec les Garibaldiens venait de se terminer, et dans lequel ils ne tinrent pas. Il continue ainsi :

« Nous descendîmes à Lantenay par des chemins qui défient toute description. Une demi-heure avant, Garibaldi était encore dans le beau château de ce village, et les balles de nos tirailleurs doivent avoir atteint sa voiture. Des hauteurs boisées sur lesquelles étaient disséminées les colonnes ennemies, les balles venaient siffler jusqu'à Lantenay; deux détachements furent chargés de les débusquer. Notre bataillon, qui était d'avant-garde, devait encore gagner Fleurey-sur-Ouche, pour y occuper les avant-postes. Arrivés dans ce village à l'entrée de la nuit, l'arrière-garde des Garibaldiens qui qui y était encore (de 400 à 600 hommes) nous salua si bien à coups de fusil, qu'il nous fallut prendre le nid d'assaut. Les mobiles des Basses-Pyrénées décampèrent si vite, que l'affaire fut promptement terminée, en n'ayant qu'un seul blessé.

« Le 29, la poursuite de l'ennemi fut continuée par le général Keller avec la 3e brigade (cinq bataillons, trois batteries.) Nous allâmes de Pont-de-Pany à Sombernon. Des deux côtés, à droite et à gauche, les francs-tireurs tiraient sur notre colonne, et ce n'est qu'à grand'peine que les détachements de flanc balayèrent le sommet des montagnes, en même temps que des coups bien tirés avec les chassepots que nous avions pris, atteignaient les drôles à une incroyable distance. Nous n'éprouvâmes aucune perte.

« Le fait suivant donnera une idée de la justesse du tir de nos hommes. Une section de huit hommes marchant vers un bois, aperçut un paysan qui lui tira dessus à une distance de 250 pas, et qui s'enfuit aussi vite que possible. Les huit hommes firent feu, le paysan tomba, et quand on l'examina, on constata huit blessures.

« Un épisode comique me revient encore à la mémoire :

« Un de nos infirmiers, éloigné du régiment, tomba dans la forêt de Lantenay, sur le dos de treize, je dis bien, de *treize* Garibaldiens bien armés. A défaut d'une autre arme il marcha sur eux avec son brancard. Ceux-ci croyant voir une nouvelle machine infernale, jetèrent tous leurs armes, parmi lesquelles se trouvaient six carabines Spencer contenant chacune huit cartouches. Comme notre infirmier ne pouvait pas se charger d'une aussi grande quantité d'armes, les Garibaldiens furent assez aimables pour les porter eux-mêmes jusqu'au régiment, où on les fit prisonniers.

« Mais revenons à notre marche.

« Derrière Sombernon nous rencontrâmes l'ennemi (quelques centaines d'hommes seulement) que deux coups de canon mirent en pleine fuite. Il en fut de même en avant d'Echannay où arriva un bataillon d'avant-garde, le gros de la division restant à Sombernon. Quant à nous, nous nous rendîmes aux avant-postes.

« Le lendemain matin, nous gagnâmes comme avant-garde, Meilly, en passant par Commarin, Vandenesse et Rouvres-sous-Meilly. De Meilly, deux compagnies de notre bataillon, avec deux canons, s'avancèrent jusqu'à Arnay-le-Duc. L'arrière-garde de Garibaldi s'y trouvait encore, mais elle s'enfuit après une courte résistance, laissant entre nos mains des prisonniers, des bagages et des armes. Cette même nuit, Arnay-le-Duc fut occupé par le reste des nôtres et par le 2e bataillon. Nous fûmes encore envoyés aux avant-postes. Le lendemain, marche sur Autun où nous arrivons vers trois heures. » (La lettre ne contient rien de nouveau sur le combat qui suivit, mais on y voit encore une fois quelle bravoure et quel mépris de la mort montrèrent toutes les parties de la brigade qui allèrent au feu.)

«.......... Vers dix heures et demie du soir, un ordre

du général de Werder nous rappelait immédiatement; il nous fallait nous rendre dans la nuit à Dracy-Saint-Loup où nous entrions vers minuit et demi ou une heure du matin. Nous en repartions pour Maconge, à six heures. Le lendemain, rendez-vous à Vandenesse, à sept heures et demie du matin. Là, Garibaldi ne nous avait pas ménagé une très-agréable surprise.

« Si lorsqu'on est au sud de Vandenesse, on regarde du côté de Dijon, on a devant soi la petite ville de Vandenesse et le canal de Bourgogne, profond et assez large. De l'autre côté du canal, à droite, s'élève une montagne escarpée, à la cime boisée, sur laquelle se trouve le château de Châteauneuf. De cette montagne et de ce bois, toute la route de Vandenesse aux Bordes et à Solle, peut être commandée par des fusils. Garibaldi se rendant probablement d'Autun à Bligny, était arrivé ici avant nous. Une batterie ennemie était établie sur les hauteurs, et les grenades arrivaient à Vandenesse et tombaient dans nos rangs. Toute la forêt « les grands bois » fourmillait d'infanterie ennemie, et nous étions arrêtés avec l'artillerie et tout le train, encore au delà du canal de Bourgogne. Nos hommes harassés par quatre jours de marches forcées, mal nourris et mal vêtus, ont fait ici des choses incroyables. On gravit lentement et dans le plus bel ordre, cette montagne raide et glissante, et arrivé à 200 pas de l'ennemi, on chargea avec un hurrah retentissant, les blouses noires, rouges et bleues. Le souvenir du combat qui suivit, au milieu des broussailles, ne sortira jamais de ma mémoire. Il me semble toujours entendre dans la nuit, la voix des officiers français criant : « Avancez, avancez », le bruit aigu des balles, des cornes et des sifflets. Je vois toujours des formes grises apparaissant dans l'obscurité de la forêt, et dans un nuage de poudre; les branches brisées par les balles et tombant sur nous; l'ennemi abordé de nouveau avec un hurrah et mis en fuite; les officiers garibaldiens furieux sabrant leurs propres soldats parce qu'ils ne veulent plus avancer!!!

« Nous bataillâmes pendant sept longues heures, épuisant presque toutes nos cartouches; mais pendant ce temps nous avions obtenu un grand avantage, la brigade avait eu le temps d'effectuer sa retraite; et avait déjà une grande avance. L'ennemi était si épuisé qu'il ne songea pas à nous poursuivre. Cette journée qui peut avoir coûté cent hommes à la 3e brigade, mais en tout cas, beaucoup plus à l'ennemi, sera toujours glorieuse pour nous du 5e régiment. La reconnaissance unanime des autres détachements, qui de la route nous virent à l'œuvre sur ces hauteurs, nous en sont un sûr garant.

« Le soir, on alla encore jusqu'à Fleurey, et le lendemain nous arrivâmes ici; maintenant que je suis dans mon joli logement, tout cela me semble avoir été un rêve. »

— D'après le *Heid. Zeit.* de Carlsruhe, plusieurs médecins et infirmiers militaires badois faits prisonniers par l'ennemi dans l'expédition de la brigade Keller à Autun, sont arrivés ici par Genève, et vont rejoindre leur division. Ils font vraisemblablement partie des trente disparus portés sur la liste des pertes. Leur mise en liberté n'a pas eu lieu sans difficultés; un d'entre eux racontait que leur vie même avait été en danger jusqu'au moment où le général Cremer les fit relâcher. Il n'est pas bien certain que ce général, qui commandait les troupes au coup de main du 3, soit sous les ordres de Garibaldi.

—

Mercredi 14 *décembre.*

L'ARTILLERIE DE CAMPAGNE BADOISE.

Carlsruhe, 11 *décembre.* — Le 12 octobre, les batteries Kuntz, Leiningen, Porbeck et Froben, vinrent au feu à Etuz. Au commencement du combat, la batterie Froben appuya avec le plus grand succès le bataillon Unger dans l'attaque de Cussey. La batterie Kuntz prit bientôt position pour canonner le pont, et empêcher ainsi l'ennemi de déboucher par cet endroit. Après la prise de Cussey, la batterie Leiningen, avec une section de la batterie Froben, sous les ordres du lieutenant Beck, fut envoyée contre la position ennemie d'Auxon-Dessus, où elle prit principalement comme objectif une batterie ennemie qui avait ouvert un feu puissant de mitraille. Les batteries Froben et Kuntz prirent bientôt part au combat depuis une hauteur placée en arrière, et de laquelle on pouvait tirer efficacement sur l'infanterie ennemie qu'elles forcèrent à battre en retraite. La batterie Porbeck attaqua l'aile gauche de concert avec la brigade Keller, et contribua grandement au succès obtenu de ce côté.

Le 27 octobre, la batterie Hecht suivit le bataillon Wolf dans sa reconnaissance sur Saint-Seine; là elle soutint un combat, pendant qu'une section de la batterie Holtz, sous les ordres du premier lieutenant Payne, était engagée avec le bataillon Hoffmann à Essertenne.

Le 30 octobre, l'artillerie put déployer une activité particulière dans les combats livrés à Dijon, et en avant de cette ville. Les batteries Göbel, Porbeck, Bodmann, Holtz, Hecht et Leiningen y prirent part, et s'acquittèrent avec prudence et sangfroid de la tâche qui leur avait été confiée. Dans la marche sur Dijon, il fallut déloger l'ennemi d'Arc-sur-Tille, de Varois et de Saint-Apollinaire. Ce fut la batterie Leiningen, appartenant à l'avant-garde, qui, avec quelques décharges, brisait toujours la résistance et permettait d'avancer.

A Dijon, où étaient réunies de nombreuses forces ennemies occupant de fortes positions dans les situations les plus favorables, des batteries furent établies sur les hauteurs à gauche de Saint-Apollinaire, dans de bonnes conditions de tir, pour soutenir l'attaque de l'infanterie. Elles battaient les parties sud et ouest occupées par l'ennemi, pendant que l'infanterie pénétrait dans la partie nord. Lorsque l'obscurité obligea les fantassins à s'arrêter, l'artillerie préparait par le bombardement de la ville l'attaque du lendemain matin ; ce bombardement énergique eut pour résultat la reddition de la ville.

Des batteries isolées et des sections de batteries réunies à d'autres détachements de troupes, envoyées de Dijon pour faire des réquisitions, établir des communications entre les divers corps, prirent part avec ces troupes à des combats importants et décisifs. Ainsi, une section de la batterie Porbeck, commandée par le lieutenant Hochweber, et réunie à deux compagnies du 2e régiment de grenadiers, sous les ordres du capitaine Lang, était chargée de faire une reconnaissance sur Saint-Jean de-Losne. A Brazey, où le détachement tomba sur un ennemi de beaucoup supérieur en nombre, l'artillerie réussit à l'empêcher d'avancer sur le pont et de développer ses forces.

A Auxonne, Saint-Witt, Saint-Jean-de-Losne, Saint-Usage, Saint-Seine, Nuits, Sombernon, Vougeot, Morey, Plombières, etc., les batteries de campagne prirent part à l'action, et contribuèrent toujours à l'heureuse issue des engagements en brisant la résistance de l'ennemi. Dans le combat du 26 novembre à Prenois, la batterie Porbeck se distingua par le calme, la précision et l'efficacité de son tir, qui causa de grandes pertes à l'ennemi, contribuant ainsi pour une part notable au succès de cette journée. Il en fut de même au combat de Pasques du 27, pour la batterie Holtz, dont des sections opérèrent avec la plus grande rapidité et dans diverses positions difficiles. Lorsque l'infanterie ennemie se fut approchée à quatre cents et même deux cents pas de la batterie, elle fut reçue par une décharge de grenades et de mitraille, et mise en pleine déroute. L'ennemi, qui s'était retiré sur la route de Pange, fut encore maltraité à une grande distance par le feu bien dirigé de la batterie, et au dire des prisonniers, une grenade aurait atteint la voiture de Garibaldi, et tué son attelage.

Nous espérons que de nouvelles correspondances nous permettront de donner encore d'autres communications sur les services rendus par l'artillerie pendant le cours de la campagne.

— L'expédition de la brigade Keller est ainsi racontée dans la *Gazette de Fribourg*, d'après des lettres de campagne.

« Le 26 ou le 27, la brigade Keller avait reçu l'ordre de chasser l'ennemi de Lux (au nord de Dijon, près d'Is-sur-Tille), mais ce dernier avait déjà quitté ce village. Telle était la combinaison qu'on avait en vue pendant que le général de Werder attaquait à Pasques.

« La brigade composée des 5e et 6e régiments d'infanterie, du 3e régiment de dragons, et de deux batteries, arriva le 28 sur le champ de bataille de Pasques, où les traces de la déroute de Garibaldi étaient encore visibles; elle passa la nuit à Lantenay. Le 29, elle coucha à Sombernon, et le 30, à Rouvres-sous-Meilly, sans rencontrer l'ennemi qu'elle était chargée de poursuivre.

« Le 1er décembre, la brigade arriva devant Autun, après une marche forcée, mais trop tard cependant pour pouvoir tenter l'assaut de la ville. On se contenta de la bombarder, et on passa la nuit à une heure de là, pour s'en emparer le lendemain matin.

« Pendant cette nuit, la brigade reçut l'ordre de rétrograder vers Dijon, où se montraient des forces ennemies. Le 2, la marche ne fut pas inquiétée, on coucha à Rouvres; le lendemain, on se remit en route, quand tout à coup la colonne fut saluée par une décharge de grenades. L'ennemi, qui était probablement arrivé là par Chalon-sur-Saône et Beaune, y avait pris avec de l'artillerie et de l'infanterie une très-bonne position, dans le but de barrer le chemin à la colonne, et de la faire prisonnière si cela était possible.

« La brigade fut alors attaquée en flanc et en queue. Un bataillon et une batterie protégèrent ses derrières, tandis que la deuxième batterie, couvrant d'un feu énergique les hauteurs où l'ennemi était avantageusement établi avec son artillerie, préparait l'assaut. Il fut donné par les bataillons de Röder (5ᵉ régiment d'infanterie) et de Weinzierl (6ᵉ régiment d'infanterie). Les hauteurs furent enlevées et gardées, mais non sans des pertes considérables.

« La colonne, qui avait avec elle cent fourgons de vivres, put alors continuer sa marche. Elle reçut, il est vrai, quelques grenades, mais sans résultat bien grave, puisqu'il n'y eut que deux hommes blessés. La colonne arriva tard, dans la soirée, à Plombières-les-Dijon, à une heure et demie de cette ville, et le 3, la brigade s'y reposait de ses marches forcées de Rouvres à Autun, et d'Autun à Dijon. Beaucoup d'hommes avaient les pieds blessés.

« Les blessés, et avec eux le personnel de santé, furent laissés sur le champ de bataille et tombèrent entre les mains de l'ennemi. D'après ce personnel, qui est aujourd'hui revenu, les forces de l'ennemi se composaient de troupes de ligne, ou du moins étaient commandées par des officiers de cette arme, qui protégèrent nos médecins. Il y a donc tout lieu d'être assuré que nos blessés continueront à être bien traités.

« Autant qu'il est permis de juger ici de cette affaire, il semble certain que le but de l'ennemi, qui a été manqué, était d'arrêter la brigade, avec l'espérance de la détruire; mais cette brigade est sortie, par un brillant combat, d'une position critique, et elle a continué sa retraite en bon ordre. Les pertes même, si regrettables qu'elles soient, ne sont cependant pas trop élevées, eu égard aux circonstances. »

— D'après les journaux français (ainsi que nous l'avons déjà annoncé), vingt notables de Dijon et dix de

Gray et de Vesoul, sont partis comme otages pour l'Allemagne (Brême), en représailles de la prise de capitaines de la marine de commerce allemande.

Jeudi 15 décembre.

Le journal de Mannheim reçoit de Genlis, en date du 8, la communication suivante du 3e bataillon du 2e régiment de grenadiers badois :

« On a dit que le bonheur était rond comme une balle et qu'il pouvait rouler çà et là ; nous avons pu constater, le 30, la vérité de cet adage. Nous fîmes ce jour-là une reconnaissance à Nuits, qui ne réussit pas aussi bien que nos précédentes expéditions. Deux compagnies de notre régiment n'avaient affaire en commençant qu'avec des gardes mobiles établis sur le haut d'une montagne tout près de Nuits, quand tout à coup déboucha de cette montagne une telle masse ennemie, faisant sur nous un feu si violent, que nous dûmes abandonner la petite ville et nous retirer. Notre artillerie protégea la retraite aussi bien que possible; mais le feu rapide et terrible que l'ennemi dirigeait sur nous, de son excellente position sur la hauteur, nous fit beaucoup de blessés, parmi lesquels le lieutenant en premier Wagner, de la 10e compagnie, qui reçut une balle dans la jambe.

« Les gardes mobiles et les francs-tireurs se comportent comme de véritables bandes. Ils ne se battent pas à découvert : toujours cachés dans la montagne, ils ne se montrent jamais devant des forces égales aux leurs ; ils n'apparaissent que quand ils voient une petite troupe devant eux.

« Depuis le 1er décembre, nous avons un temps très-froid et beaucoup de neige; on souffre beaucoup du froid la nuit quand on est de garde.

« Nos forces étaient insuffisantes pour occuper un espace aussi étendu; la division Schmeling, arrivée pour nous renforcer, nous permettra de reprendre rapidement l'offensive. »

— On écrit de Besançon à la *Basl. Nachr.* :

« Samedi dernier, 120 soldats du corps de Garibaldi, qui avaient été faits prisonniers à la première affaire de Dijon, sont arrivés ici. Le capitaine Huot, avec 40 hommes de la 3e compagnie du Doubs, les a repris aux Prussiens, près de Vesoul, mettant en fuite, après un court engagement, les 70 hommes qui les escortaient. »

— On écrit d'Autun, le 5 décembre, à la *Gazette de Turin,* que tous les chefs de corps offraient leur démission, et que celles du général Menotti Garibaldi et du colonel Canzio avaient été acceptées. Le correspondant annonce comme imminent le licenciement de la légion italienne.

Vendredi 16 *décembre.*

L'*Oberr. Kur.* emprunte ce qui suit à une lettre écrite par un volontaire du 1er bataillon (major Ehehalt), 1re compagnie du 5e régiment d'infanterie, qui était au combat d'Autun, et qui contribua à la prise de la montagne de Châteauneuf :

« Battant en retraite d'Autun, nous suivions une vallée étroite.

« Sur une montagne assez abrupte s'élève un beau et grand château : c'est Châteauneuf. Ne songeant à aucun danger, notre colonne marchait tranquillement, quand nous vîmes tout à coup de la fumée s'élever sur la montagne, près du château, puis des grenades sifflèrent sur nos têtes, et enfin des balles.

« Il y eut un moment d'hésitation, suivi bientôt du commandement : « En avant, en avant sur le village, en joue, feu ! etc. » Notre major Ehehalt arriva au galop, et ordonna aux 1re et 2e compagnies de monter à l'assaut du village. Dieu ! quelle sensation nous éprouvâmes : devant nous, une montagne escarpée, au-dessus une batterie ennemie, et de bons tireurs à côté. Cependant, courte fut la réflexion, et rapide l'exécution. Nous élancer et gravir la montagne fut tout un. Tous les trente pas nous nous couchions à plat ventre, et les balles sifflaient sur nos têtes. Au bout d'une demi-heure, nous n'étions plus qu'à cent pas de la première pièce; nous voulions la prendre, mais ces canailles firent demi-tour et partirent. Notre brigade put, sans éprouver de pertes, continuer sa marche dans la vallée. Le général Keller remercia avec émotion notre major, qui, à cheval et sous une pluie de balles, nous aida à prendre la montagne d'assaut, et le salua d'un *vivat*.

« Notre colonel félicita les 1re et 2e compagnies de leur belle conduite, et poussa un hurrah en notre honneur. Une balle a traversé mon manteau. Nos blessés et nos médecins restèrent malheureusement entre les mains des Garibaldiens, et je perdis à cette affaire la plupart de mes meilleurs camarades. Que Dieu nous aide toujours ! »

D'autres détachements, comme on le sait, ont pris

une part brillante à ce combat, et surtout le 2e bataillon du 5e, et le 1er bataillon du 6e régiment d'infanterie.

— La *Gazette de Cologne* publie ce qui suit, sans indication de lieu et sans date :

« Garibaldi a réuni ses forces à celles du colonel Bourras, pour se porter sur Dijon. Des troupes partent constamment de Lyon. Nous ne savons pas ce qu'il peut y avoir de vrai dans cette prétendue jonction.

« Peut-on croire à de grands projets de la part des Garibaldiens, au moment où les journaux de leur pays parlent d'une désorganisation croissante dans leurs rangs? (Voir, du reste, aux nouvelles de Gênes.) »

— Le sous-préfet de Chalon-sur-Saône a publié les nouvelles de victoire que Gambetta envoyait au monde, le 1er décembre, en les faisant précéder des paroles suivantes :

« Notre grand citoyen Gambetta, dans la poitrine duquel bat le cœur de la France, nous annonce une grande victoire! Ducrot, Dorian, Trochu, à la tête de l'armée de Paris, ont écrasé les Prussiens. L'armée de la Loire, que commande un héros, creusera leur tombeau. La république française de 1870 sera le soleil du XIXe siècle. Ecoutons maintenant la voix de celui qui n'a pas douté du salut de la patrie! »

— *Gênes,* 13 *décembre* (*Allg. Z.*). — La nouvelle du licenciement de la légion de Garibaldi se réduit, d'après le *Movimento,* au départ de 34 Gênois et de 16 Milanais, qui sont retournés chez eux. On ne sait rien de la démission de Menotti.

— On écrit de Genève au *Bund*, le 12 décembre :

« Une seconde ambulance badoise, avec un médecin, quatre infirmiers, une voiture et quatre chevaux, est arrivée ici dans l'après-midi, escortée de trois francs-tireurs, pour la protéger contre les paysans français et contre les mobiles. Elle est repartie aujourd'hui pour Dijon par Bâle. Garibaldi avait accueilli de la façon la plus amicale le personnel de cette ambulance, et lui avait donné, malgré l'opposition d'un officier supérieur de la ligne, une escorte de francs-tireurs, une voiture et des chevaux, avec un laissez-passer écrit de sa propre main. »

—

Samedi 17 décembre.

Les lettres venant du théâtre de la guerre, et surtout quand elles sont écrites par des militaires de notre division, ont un intérêt incontestable, car elles traduisent les sentiments et les impressions éprouvés et reçus par leurs auteurs eux-mêmes. A ce titre, nous croyons devoir encore publier une semblable lettre d'un officier badois sur les événements des 1er et 3 décembre. Elle est datée de Dijon le 6 décembre, et ainsi conçue à part quelques détails sans importance que nous omettons :

« Que je suis donc heureux de pouvoir me reposer à Dijon, où nous sommes arrivés par une température de —10 degrés. Depuis le 30 octobre, notre escadron était toujours d'avant-garde ou aux avant-postes. Nous avons eu cinq grands combats et plusieurs petites escarmouches ; du 27 novembre au 4 décembre, chaque jour nous sommes allés au feu. Si nous sommes encore en vie le 3 décembre de l'année prochaine, cet anniversaire sera gaiement fêté par la 3e brigade, car à pareil jour il s'en fallait peu que nous ne fussions pris.

« Le 1er décembre, à Autun et dans les environs, nous livrâmes un combat qui commença vers une heure par une forte canonnade des deux côtés, puis, petit à petit, nous prîmes part à l'action avec les 5e et 6e régiments d'infanterie.

« Je fus envoyé avec mon détachement pour couvrir et observer le flanc gauche, et là nous eûmes l'occasion de faire un bon usage de nos chassepots pris à l'ennemi. Dix hommes de mon détachement en sont armés. Nous mîmes pied à terre, et après avoir placé nos chevaux dans un enfoncement de terrain, nous nous postâmes derrière une haie, d'où nous tirions très-agréablement sur les colonnes, qui de la ville se dirigeaient sur Chalon-sur-Saône.

« La nuit arrivant, nous dûmes cesser le combat et nous bivouaquâmes (par un rude froid). Pendant la nuit, arriva l'ordre de battre en retraite sur Dijon, car des forces considérables s'étaient réunies à Nuits. Nous nous établîmes dans les villages environnants pour y passer le reste de la nuit. Le lendemain on marcha du côté de chez soi. Je reçus cependant l'ordre de retourner encore à Autun, pour voir si la ville était toujours occupée. Les drôles nous laissèrent arriver jusqu'aux premières maisons, puis ils s'élancèrent dehors et tirèrent sur nous. Mes hommes pas paresseux prirent leurs chassepots et rendirent leur décharge aux Français. Alors, changement de direction, et marche. Heureusement ni un homme ni un cheval ne furent blessés. Les Français tirent très-mal.

« La brigade alla le soir jusqu'à Viévy. Le lendemain matin nous nous rendîmes tranquillement au lieu de réunion. Nous étions tous arrivés, quand tout à coup une détonation se fit entendre; nous perçûmes au-dessus de nos têtes ce bourdonnement déjà si connu de tous, puis nous vîmes un projectile tomber tout près de nous dans les champs. Par bonheur la grenade n'éclata pas. Nous vîmes alors de la fumée en haut de la montagne, et les détonations se succédèrent jusqu'à l'arrivée de la batterie de B... qui, par un feu vigoureux, rendit plus faible celui de la batterie ennemie qui finit par changer de position. Notre escadron fut commandé pour couvrir la batterie de B... et le flanc de nos troupes. Tout à coup de fortes colonnes françaises se montrèrent sur nos derrières et sur notre flanc. Je fus aussitôt envoyé au général Keller pour lui en donner avis, vu que notre infanterie était déjà à Vandenesse, ou au delà.

« Le général donna l'ordre de passer le défilé. La batterie et notre escadron traversèrent Vandenesse au trot, et prirent position de l'autre côté; la batterie ouvrit son feu.

« Pendant ce temps, notre train passa; après cela, la cavalerie reçut l'ordre de se porter en avant. Nous allâmes au trot jusqu'aux Bordes. Là nous nous arrêtâmes un peu derrière les maisons pour laisser passer le feu, car nous avions toujours été accompagnés de grenades, mais tirées trop haut, ce qui fit que nous n'eûmes qu'un cheval tué et trois blessés. On tirait aussi sur nous avec des chassepots, depuis le bois qui était fortement gardé. Pendant ce temps, le bataillon de R...., échelonné en compagnies, avait escaladé la montagne, et pénétrant dans la forêt, en avait chassé l'ennemi. A partir de ce moment le feu se ralentit. Nous continuâmes notre route et arrivâmes le soir par une neige abondante à Fleurey, cantonnement qui nous était désigné. Nous avions malheureusement éprouvé des pertes sérieuses pendant cette journée; cependant le passage de ce défilé avait été dirigé par le général Keller, d'une façon aussi calme et aussi sûre que sur un champ de manœuvre. Il n'y eut aucun désordre dans le train et dans la colonne de munitions. »

— *Dijon.* — Le général Keller a adressé à la brigade, après les combats d'Autun et de Châteauneuf, l'ordre du jour suivant :

« Je témoigne toute ma reconnaissance aux officiers et aux soldats de ma brigade, pour la persévérance qu'ils ont montrée dans ces derniers jours. Ils peuvent penser avec fierté qu'ils ont accompli à leur gloire leur difficile mission. J'aurai soin de mentionner aussi en haut lieu, la bravoure avec laquelle ils se sont battus.

— D'après des nouvelles françaises, une colonne de nos troupes, forte de 8 à 10,000 hommes, est partie de Dijon pour Pontailler-sur-Saône. Elle a passé devant Auxonne, et a sommé cette place de se rendre. Le commandant a refusé.

Mardi 20 *décembre.*

Télégramme :

Au ministère de la guerre grand-ducal à Carlsruhe.

« Le général Glümer a marché aujourd'hui contre

« Nuits avec les 1re et 2e brigades, et a rencontré d'im-
« portantes forces ennemies.

« Un combat sérieux s'est terminé par la prise d'as-
« saut de la gare et de la ville de Nuits.

« L'ennemi s'est retiré au commencement de la nuit.
« Nos pertes sont malheureusement considérables.

« Blessés : prince Guillaume de Bade, légèrement à
« la mâchoire supérieure, lieutenant général de Glümer,
« légèrement au bras, le lieutenant colonel Hoffmann,
« légèrement, le major de Gemmingen, le capitaine
« Iagerschmidt, l'adjudant Lessing, Bender, Neumayer,
« Gemehl, légèrement ; l'adjudant de brigade de Röder,
« le comte Andlaw, Waag.

« Tués : colonel de Renz, capitaine Gockel, lieute-
« nant de Degenfeld, de Noël, l'enseigne-porte-épée
« Sachs ; environ 300 hommes tués et blessés.

« Les pertes de l'ennemi en officiers et en soldats, sont
« très-importantes ; nous avons fait au moins 300 prison-
« niers non blessés. »

« De Leszczynski. »

— Le dernier numéro du *Journal de Genève* contient le mensonge suivant :

« *Dijon.* — On nous écrit : Nous apprenons avec la plus vive satisfaction que *Dijon a été repris le* 16 *par les généraux Garibaldi et Cremer, après un brillant combat.*

« La dépêche annonçant cette heureuse nouvelle nous a été communiquée à Bellegarde. »

La meilleure réfutation de cette fausse nouvelle est que Nuits, qui est à cinq heures environ de Dijon et au sud de cette dernière ville, a été pris le 18 par nos troupes badoises.

Berlin, 18 *décembre.* — D'après le *Staatsanzeiger,* il paraît que la nécessité de cerner la place forte de Langres se fait sentir, et cela pour mettre fin aux attaques des francs-tireurs qui s'y trouvent.

—

Mercredi 21 *décembre.*

Carlsruhe, 20 *décembre.* — Extrait d'une lettre écrite par un médecin de l'état-major fait prisonnier après la bataille de Châteauneuf.

« Beaucoup cherchèrent à se mettre à l'abri du feu dans la première maison des Bordes. Il y eut un moment où tout le monde resta involontairement debout, attendant que la fusillade se ralentît. Je vis là plusieurs membres du personnel de santé et des médecins occupés à donner leurs soins aux malades. J'entrai alors avec mon porte-appareils, dans la maison où se trouvaient déjà des blessés du 5e regiment étendus à terre, et où l'on en apportait d'autres. Il y avait assez à faire. Dans trois chambres de deux maisons, et dans une autre à côté, les hommes étaient couchés sur un peu de paille ou de foin, et parmi eux le lieutenant B..., dangereusement blessé.

« Sur ces entrefaites, le 3e bataillon du 6e régiment qui terminait la colonne passa devant la maison, et bientôt après parurent les gardes mobiles de la 1re légion de marche de Lyon. Nous vîmes alors que nous étions prisonniers. Un capitaine entra dans la maison avec ses hommes croisant la baïonnette. Dans ce moment critique le médecin B. de Badenweiler se montra à la porte et déclara en bon français que c'était là qu'était l'ambulance, ce qu'ils ne voulaient pas croire, malgré notre brassard de neutralité, tant il s'y trouvait d'armes. Lorsqu'ils eurent vu les blessés en si grand nombre, et les soins que nous leur donnions, ils s'abstinrent de toute violence, mais ils furent raides. Des sentinelles furent placées à chaque porte, avec ordre de ne laisser entrer ni sortir personne. Ils prirent les voitures d'ambulance, les chevaux, les fusils, toutes les armes en général, et plus tard emmenèrent les infirmiers. Il ne fut permis qu'à moi et à mon porte-appareils, de rester dans ce séjour de la souffrance. Ce fut une horrible nuit, avec trente-six blessés gravement, dont quatre moururent bientôt.

Au commencement, on pouvait à peine, pour de l'argent, avoir du pain et du vin ; de thé, de bouillon, il n'était pas question ; tous les appareils de pansement étaient confisqués. Sans les bougies que je porte toujours avec moi, les deux chambres eussent été sans lumière, et il fallait éteindre souvent ces bougies, pour les conserver en cas de besoin.

« Dans la cuisine enfumée qui servait de corps de garde, étaient assis près de la cheminée deux de nos officiers blessés; et, complétant le demi-cercle, une belle amazone et une vivandière. Dans le fond, les franches figures de nos habitants de la forêt noire, avec leurs têtes bandées, jetant un regard attristé sur leur entourage français. Au dehors, il faisait un vent effrayant avec un froid de — 12 à — 15 degrés.

« A quatre heures du matin, arrivèrent enfin et avec grand bruit, devant la maison, dix chariots de campagne à deux roues, et à peine garnis de paille. On sortit les blessés sur des brancards et on les plaça sur des voitures. Elles prirent alors la route de Beaune, à 46 kilomètres d'ici à travers les montagnes de la Côte-d'Or couvertes d'une neige nouvellement tombée. On fit une courte halte à Bligny, où nos hommes eurent un peu de soupe chaude. Nous n'avions absolument rien pour étendre les blessés et pour leur tenir chaud, dans ces voitures découvertes; cependant quelques mobiles compatissants, qui formaient notre sauve-garde, leur donnèrent leurs propres couvertures.

« Pendant une heure nous passâmes entre les rangs de deux légions de marche de Lyon, bien équipées, et qui avaient des canons. C'est alors que nous en entendîmes beaucoup demandant brutalement qu'on ne fit pas tant de façons avec nous. Les officiers nous protégèrent du moins contre toute brutalité. Nous étions dans le convoi 79 enfants du pays de Bade, y compris les médecins, les aides et les soldats qui avaient passé à Châteauneuf près des blessés, une si mauvaise nuit, lorsque arriva l'événement des Bordes.

« A Beaune, c'était un beau spectacle de voir avec quel empressement et quel dévouement nos blessés furent reçus par les sœurs de la charité, qui les réchauffèrent et les réconfortèrent.

« On était alors dans la pleine lune, et vers le soir, le froid était devenu plus intense. Nous passâmes la nuit à la Mairie, sur des matelas disposés à terre, et l'ancien sous-préfet de Dijon fut très-bienveillant pour nous. Le lendemain matin, pendant notre transport en omnibus à la gare du chemin de fer, nous fûmes entourés d'une masse de peuple nous montrant les poings, et criant :

« *Voici les Prussiens! Cochons, chiens! Il faut les abattre, massacrer les pillards*, etc., etc. » On nous jeta des boules de neige et des pierres jusqu'au départ de notre train pour Lyon.

« Nous vîmes une chevaleresque mais quelque peu prétentieuse personnalité, le général Cremer, âgé de 34 ans, et devenu depuis peu de temps général, de capitaine qu'il était. Il ne pouvait s'empêcher de nous apprendre les victoires de l'armée de la Loire, et nous parlait très-amicalement, dans le plus pur allemand de Hanovre.

« A Lyon, au contraire, le général était sérieux et taciturne; il ne pouvait cacher la douleur que lui causaient les malheurs de la France.

« Rappelons encore, en la remerciant, la société allemande de secours *Germania* de Genève, qui toujours avait dans les gares quelques-uns de ses membres pour recevoir les blessés et les prisonniers allemands. Les médecins passèrent leur soirée de la façon la plus agréable à l'hôtel de la Poste, et plus tard dans le local de la Société. Nos neuf infirmiers furent largement traités et gratifiés de cinq francs chacun le lendemain matin.

« Encore une prière en terminant: ne pourrait-on pas, pour la fête de Noël, faire à Montpellier, un envoi de vêtements chauds à nos pauvres soldats prisonniers? comme ils les recevraient avec reconnaissance, et comme cela leur ferait attendre plus patiemment le retour dans la patrie! »

— *Carlsruhe, 20 décembre.* — Nous empruntons ce qui suit à une lettre de Dijon, en date du 16:

« Un ordre subit de départ nous a ramenés hier ici,

où nous vivons dans la plus vive attente des événements qui doivent se passer. Peu à peu, on commence à devenir raisonnable dans cette ville, c'est-à-dire que le pays étant épuisé et ruiné pour des années, beaucoup de Français voient que chaque jour les entraîne dans un plus grand malheur. Ces aveux se ressentent toujours un peu du stupide orgueil de la grande nation, entretenu par de fausses nouvelles. Les plus extraordinaires trouvent créance dans la population de cette ville ; tantôt Paris est débloqué, tantôt l'armée de la Loire battue depuis si longtemps, est aux portes de la capitale de la France ; les batailles d'Amiens et de la Loire, les sorties des Parisiens repoussées, sont à leurs yeux des succès éclatants pour les armes françaises. Hier, ces *vainqueurs dans tous les combats* colportaient la nouvelle que Trochu, avec 200,000 hommes, avait anéanti 150,000 Prussiens. Les bruits les plus absurdes sont ceux auxquels on croit le plus volontiers.

« Nos hommes sont complétement équipés pour l'hiver, et nous avons eu déjà l'occasion de vérifier l'excellence de tout ce qui nous a été envoyé. La température a complétement changé, et de la façon la plus heureuse ; il fait chaud comme au printemps. Plusieurs prisonniers blessés ont été renvoyés chez eux par Garibaldi, par la voie de Suisse, et Oscar en fait partie. »

— Un correspondant de Carlsruhe écrit au *Journal de Francfort :*

« L'affaire des environs de Vesoul, où l'escorte des prisonniers garibaldiens a éprouvé un insuccès, s'est passée de la façon suivante :

« L'escorte des 120 prisonniers qui devaient être conduits de Gray à Vesoul, se composait de 30 hommes avec 3 sous-officiers, sous les ordres d'un lieutenant, plus de 4 uhlans. On n'avait pas pris les mesures de précaution nécessaires sur cette route qui n'était pas sûre, surtout dans un point situé entre Fresnes-Saint-Mammès et Vesoul, où elle côtoie un bois épais. Précisément à cet endroit l'escorte reçut tout à coup une pluie de balles, et quelques centaines d'ennemis se montrèrent. Tandis que les hommes de la landwehr qui étaient dans une position couverte, cherchaient à tenir l'ennemi en respect, 100 des prisonniers purent en courant atteindre la forêt. L'ennemi ne tenta pas une attaque plus sérieuse dans le voisinage, et la petite escorte put se maintenir quelques heures en attendant que du renfort arrivât de Vesoul, où les uhlans avaient porté la nouvelle de ce qui s'était passé. Les francs-tireurs, sous les ordres du capitaine Huot (la 3e compagnie des francs-tireurs du Doubs, d'après les sources françaises) laissèrent entre les mains de la landwehr outre dix-neuf prisonniers (un fut tué dans le combat), six des leurs, blessés entre la route et le bois. La fuite des hommes de la landwehr, de même que la mort de leur chef, sont donc des mensonges inventés par les Français.

— Le bataillon de la landwehr Unna a encore eu à soutenir, le 9 décembre, un combat contre les francs-tireurs et les mobiles, dans les environs de Châtillon. Un wehrmann de Hagen écrit à ce sujet la lettre suivante :

« Nous nous sommes battus hier soir, et à diverses reprises, pendant toute la nuit, avec des gardes mobiles, au nombre de 800 environ, qui s'étaient répandus dans notre voisinage pour détruire la voie ferrée qui va à Châtillon. Ils avaient peut-être aussi le projet de nous préparer une seconde affaire de Châtillon, ce qui échoua grâce à notre vigilance, c'est-à-dire à nos grand'gardes. Mon camarade et moi causions agréablement avec nos hôtes, quand retentirent tout à coup autour de Château-Vilain, les décharges bruyantes des chassepots et des fusils à aiguille. Nous cherchâmes à atteindre aussi vite que possible le quartier d'alarme, ce que nous fîmes sans accident, malgré le feu violent de l'ennemi, tout le long de la route. La nuit se passa dans l'attention la plus tendue de notre part ; le silence était interrompu de temps en temps par les coups de fusil de l'ennemi, se rapprochant ou s'éloignant. Malgré sa supériorité en nombre (nos compagnies formant environ un total de 350 hommes), l'ennemi ne pénétra pas plus avant dans la ville, et ne tenta pas l'attaque de notre quartier d'alarme, bien que nous dûmes passer toute la nuit sur le qui-vive. L'ennemi eut six hommes tués, ce que nous pûmes constater par l'inspection de la neige qui tomba toute la nuit, et qui continue encore aujourd'hui. Deux blessés sont à l'hôpital de la ville, et une femme, qui s'était imprudemment hasardée en pleine campagne, fut malheureusement atteinte par une de nos balles. Nos pertes sont de un tué, un wehrmann d'Iserlohn, un blessé, un wehrmann de Hagen, un disparu, qui, il faut l'espérer, retrouvera le chemin de la compagnie, et un blessé légèrement. »

Supplément au numéro du mercredi 21 décembre.

Le *Pr. Stlsanz.* dit dans une dépêche télégraphique déjà signalée :

« Dans le cours de la présente guerre, la citadelle de Langres a été déjà laissée plusieurs fois de côté par les armées envahissantes. Le 2e corps d'armée l'a laissée au sud-ouest, les troupes badoises au nord.

« La nécessité semble se faire sentir aujourd'hui de mettre un terme aux excursions des francs-tireurs dans le département de la Marne, et de faire de ce point d'appui des plus importants pour eux, l'objet d'une sévère observation.

« Langres, ville de 8,320 habitants, se trouve sur le chemin de fer de Vesoul à Chaumont, et par conséquent sur la grande ligne de Paris à Mulhouse. Les routes de Dijon, Dôle et Gray au sud ; Troyes, Vitry, Nancy au nord, au moyen desquelles ont lieu les rapports avec Bâle et Lyon, l'ouest, le nord et le nord-ouest de la France, viennent y aboutir.

« C'est une place forte de première classe, siége d'un évêché et d'une sous-préfecture. Les murailles du moyen âge ont été remplacées par des ouvrages défensifs à la moderne, qui ont dû être augmentés et améliorés dans ces derniers temps. La citadelle de la place, qui a huit bastions, a été construite sous Louis-Philippe. »

Jeudi 22 décembre.

Dijon, 20 décembre.

« Le 18, combat de cinq heures, très-opiniâtre, livré à Nuits par les 1re et 2e brigades badoises, et dans lequel nous sommes restés victorieux.

« L'ennemi avait deux légions de marche de Lyon, les

32e et 57e régiments de marche, des mobiles et des francs-tireurs, et dix-huit canons, en tout 20,000 hommes sous les ordres du général Cremer. Il se défendit énergiquement dans de fortes positions, et se retira vers le sud à la nuit tombante, après la prise de Nuits.

« La bravoure des troupes a été vraiment extraordinaire. Nos pertes sont malheureusement importantes : treize officiers tués, vingt-neuf blessés, parmi lesquels le général de Glümer et le prince Guillaume de Bade, légèrement; environ 700 hommes tués et blessés.

« L'ennemi a perdu beaucoup d'officiers et plus de 1,000 hommes; 16 officiers et 700 soldats non blessés, prisonniers; un dépôt considérable d'armes et de munitions, quatre affûts, trois voitures de munitions, et beaucoup d'armes sont tombés entre nos mains.

« De Werder. »

— Le gouvernement français a publié les nouvelles suivantes sur l'affaire de Nuits :

Bordeaux, 20 décembre.

« 24,000 Prussiens avec 11 batteries, ont attaqué et « pris Nuits le 18, après un combat acharné qui a duré « jusqu'à cinq heures, et qui leur a coûté de grandes « pertes. Les nôtres sont sensibles, mais moins considé- « rables. » —(24,000 hommes !? on sait que nous n'avions là qu'une brigade.)

Vendredi 23 *décembre.*

Nous empruntons ce qui suit à la lettre d'un officier badois, datée de Dijon 13 décembre, et publiée dans le *Breisg-Ztg :*

« Depuis le 4, nous sommes revenus à Dijon pour nous reposer. Nous avons eu de la neige, — 14° R., et, depuis hier, pluie, dégel, verglas, brouillard, en un mot toutes les jouissances de l'hiver, et d'une façon complète. Avec cela, de continuels combats d'avant-postes avec l'ennemi qui est à Nuits, des patrouilles où l'on fait le coup de fusil, des maisons et des villages brûlés, des réquisitions et des contributions, dans ce pays épuisé et digne de pitié. Nos dragons, qui sont préférablement chargés du service des patrouilles pendant le jour, ont surtout à souffrir de ces escarmouches. Il n'y a pas de jour où des hommes et des chevaux ne soient tués ; alors on brûle régulièrement les maisons d'où l'on a tiré. Nos dragons sont presque tous armés de chassepots pris à l'ennemi, et ils se servent de cette arme excellente avec une grande prédilection et beaucoup d'adresse. Avec ces armes, les Français tirent sur nous à une distance de 2,000 pas, et avec un résultat. »

— *Carlsruhe*, 22 *novembre*. — On a rendu plus pressante l'injonction de mettre en liberté M. Steinmetz de Durlach, fait prisonnier par les francs-tireurs, le 12 de ce mois, entre Vellexon et Gray, en emmenant des otages de Dijon.

Télégramme de Dijon, 20 *décembre* 1870 :

Le général de Werder a publié aujourd'hui l'ordre du jour suivant :

« La 1re et la 2e brigade badoise ont encore montré « le 18, au combat sanglant et victorieux de Nuits, une « valeur et une discipline des plus signalées, qui rendent « l'empire allemand grand, fort et considéré. Sans hési- « ter un instant, nos bataillons ont marché d'une façon

« exemplaire, et remporté une brillante victoire sur un « ennemi bien armé, supérieur en nombre, et occupant « une position avantageuse qu'il défendit avec énergie. « Si nous avons malheureusement à déplorer parmi « nos pertes nombreuses en officiers capables et en « braves soldats, celle du colonel de Renz, nous devons « cependant nous réjouir de ce que les blessures de deux « chefs honorés, le lieutenant général de Glümer et le « prince Guillaume de Bade, sont très-légères : leur ré- « tablissement ne se fera pas longtemps attendre.

« Les résultats de la journée ont été importants. L'en- « nemi a eu environ 1,000 hommes tués ou blessés; on « lui a fait 700 prisonniers, et pris un dépôt d'armes et « de munitions.

« Je remercie tous les officiers et tous les soldats, tous « les médecins et tous les employés à l'armée, de l'habi- « leté et de la persévérance dont ils ont fait preuve dans « cette glorieuse journée.

Dijon, le 19 *décembre* 1870. — Le lieutenant général de Glümer a publié aujourd'hui l'ordre du jour suivant :

« Pour la première fois j'ai conduit la division au combat. Je me sens depuis doublement heureux d'être à sa tête. »

Dijon, 21 *décembre.* — Tués ou blessés à la bataille de Nuits :

Etat-major de la division : Second lieutenant de Degenfeld, tué.

Etat-major de la 1re *brigade :* Son Altesse grand-ducale, prince Guillaume de Bade, blessé ; premier lieutenant adjudant de brigade de Röder, tué.

1er *régiment de grenadiers :* Capitaine Gockel, seconds lieutenants de Noël, Hacker, enseigne porte-épée Sachs, tués; lieutenant-colonel Hoffmann, major de Gemmingen, capitaines Jägersmidt, de Pfeil, Löhlein, premier lieutenant Gemehl, adjudant de régiment Waizenegger, lieutenants Hoffmann, comte Andlau, Fritsch, Braun, de Schönau, vice-feldwebel Zimmermann, colonel de Wechmar, blessés légèrement.

2e *régiment de grenadiers* : Colonel de Renz, adjudant de régiment Waag, capitaine Böttlin, premier lieutenant Bischof, tués; major Wolff, capitaines Hilpert, Schmitt, lieutenants Regenauer, de Grailsheim, Haas, Lersch, Beh, Wagner, Heusch, de Bodmann, Rientz, enseigne porte-épée Schindler, blessés légèrement.

3e *régiment d'infanterie :* premier lieutenant Williard, lieutenant Binz, tués; lieutenants Eckert, Haderer, Heermann, Dengler, blessés.

4e *régiment d'infanterie :* Capitaines Koch, Lendorff, Bender, seconds lieutenants Müller, Neumayer, Prey, blessés.

Régiment d'artillerie de campagne : Second lieutenant Nüslin, blessé.

— *Berlin, 22 décembre.* — Nouvelles militaires officielles :

« Le général Goltz surprit l'ennemi dans quatre de ses cantonnements, près de Langres, et le chassa vers le nord. Il abandonna des centaines d'armes, des effets et des bagages ; nous fîmes 50 prisonniers. »

Samedi 24 décembre.

Carlsruhe, 23 décembre. — Nous extrayons ce qui suit de la lettre d'un sous-officier badois de la compagnie de santé, écrite de Dijon le 20 décembre :

« Nous avons encore à enregistrer une remarquable journée. Le 18 décembre, nous partîmes de Dijon, à cinq heures du matin, et traversâmes Longvic. Nous voulions organiser au village voisin un lieu de pansement, mais cela ne fut pas exécuté, et nous continuâmes notre marche. Après une heure et demie ou deux heures, le feu commença. Notre avant-garde se battit dans le voisinage de Boncourt-le-Bois. Ce dernier village fut pris par nos troupes, après qu'on y eût mis le feu, et le combat se continua jusqu'à la petite ville de Nuits. Il fut des plus sérieux, car l'ennemi avait occupé des positions très-avantageuses. Des deux côtés on se battit avec le plus grand acharnement de onze heures du matin à cinq heures du soir. On peut à peine se faire une idée de la rapidité du tir de l'infanterie et de l'artillerie. La victoire resta à nos troupes, qui occupèrent Nuits dans la soirée, mais non sans des pertes sérieuses.

« Nous établîmes notre ambulance à Boncourt, et, jusqu'au soir, elle fut encombrée de blessés. Nos pertes ont été grandes, mais nos valeureuses troupes ont eu l'honneur de rester maîtresses du champ de bataille, après avoir battu un ennemi bien supérieur en nombre et lui avoir fait environ 700 prisonniers. Le 18 au soir, un convoi de blessés légèrement partit pour Dijon, et les autres suivirent le lendemain matin ; vers cinq heures du soir, nous arrivions à Dijon. Aucun homme de notre section ne fut blessé, et cependant nous avions été très-occupés dans la ligne du feu.

« Tu peux aussi être complétement rassuré relativement à ce dont nous pouvons avoir besoin; jusqu'à présent nous n'avons manqué de rien. Il arrive parfois que tout n'est pas comme cela pourrait être, mais c'est l'effet de la guerre, et avec la meilleure volonté il ne peut souvent en être autrement. »

— Les premiers détails, de source française, sur la bataille de Nuits se trouvent dans le *Progrès de Saône-et-Loire,* qui paraît à Chalon. L'article contient, en substance, les renseignements suivants :

« Hier, 18, des combats très-sanglants ont été livrés tout le long de la Côte-d'Or, de Gevrey à Nuits. Le canon a grondé, sans interruption, jusqu'à quatre heures et demie. La nuit a interrompu le combat qui, vraisemblablement, recommencera demain matin. Les pertes sont grandes des deux côtés. L'ennemi a reçu, à petite distance, des feux de pelotons qui lui ont coûté beaucoup de monde. Notre artillerie, qui était dans de bonnes positions, lui a causé de grandes pertes. Mais de notre côté, un bataillon de la belle légion du Rhône et le 32e régiment de ligne ont été presque détruits. Le colonel Celler, de la légion, est gravement blessé; un major et plusieurs officiers ont été tués et le reste du bataillon a été ramené, à ce qu'on dit, par un sous-lieutenant.

« Voici les détails que nous avons pu recueillir à Beaune :

« Vers huit heures du matin, nos avant-postes des

Grandes-Baraques, sous Gevrey, furent attaqués par une colonne prussienne qui venait de Dijon ou du camp retranché de Marsannay. Jusqu'à onze heures un bataillon de la légion du Rhône, soutenu par quelques compagnies franches et des francs-tireurs, conserva sa position. Mais un paysan les ayant avertis qu'une seconde colonne prussienne arrivait à marche forcée par la route de Cîteaux et menaçait de les couper, ils se replièrent en bon ordre sur Nuits. A peine y étaient-ils arrivés que se montrait une seconde colonne prussienne débouchant de la forêt de Gilly-les-Cîteaux, et, presque à la même heure, une troisième colonne nous attaquait par les hauteurs de Nuits, mais sur l'autre versant. Cette colonne fut repoussée avec de grandes pertes par notre artillerie. Le combat se concentra alors sur les deux premières colonnes qui avaient fait leur jonction. Une lutte furieuse s'engagea entre Nuits et le village de Boncourt qui fut brûlé. Le soir, l'ennemi prit position dans un faubourg de Nuits. A dix heures, il y eut encore une fusillade dans les rues de cette ville. A cinq heures du soir, le rappel était battu dans les rues de Beaune et la garde nationale se rassemblait en toute hâte.

« Pour nous, le résultat du combat reste indécis ; nous avons gardé nos positions, et l'ennemi ne nous a pris ni un homme ni un canon. Ses forces étaient évaluées à 20,000 hommes ; nous devions être très-inférieurs en nombre. »

(Il n'est pas besoin aujourd'hui de réfuter tous ces mensonges.)

D'après le *Salut public*, de Lyon, Garibaldi se trouvait, immédiatement après la bataille, entre Chagny et Beaune.

Plus de 6,000 hommes avec trois batteries, venant de Lyon, doivent être arrivés là pendant la nuit.

— On écrit de Dôle, le 17 décembre, d'après une source officielle française, que la veille 4 à 500 Prussiens ont occupé Pesmes-sur-l'Ognon, pour y couper le pont. Ces Prussiens auraient été attaqués par plusieurs bataillons de mobiles de la légion du Jura et repoussés jusqu'à Sauvigny. Les pertes des Français seraient de deux caporaux tués et de sept à huit blessés. Les Prussiens auraient emmené trois chariots de blessés et laissé trois de leurs blessés. Il n'y a encore aucune communication allemande sur cette affaire.

Dimanche 25 décembre.

Carlsruhe, 24 décembre. — Nous donnons ci-après un extrait d'une lettre écrite de Dijon le 20 de ce mois, par un soldat du régiment des grenadiers, à sa famille qui habite ici; lettre dans laquelle il fait part de ses impressions relatives à la bataille de Nuits du 18 décembre. Il va sans dire qu'il ne peut raconter que ce qu'il a pu voir dans son horizon.

Il écrit :

« Le combat du 18 a été terrible; il a fait de nombreuses victimes. Les balles ennemies ont surtout frappé nos officiers, d'une façon extraordinaire. Estimez-vous heureux de ne pas recevoir, ainsi que tant de familles, hélas! comme triste cadeau de Noël, le cadavre d'un fils.........

« Le combat fut des plus acharnés, et ceux de Nompatelize et de Dijon ne furent rien en comparaison. Nous avions à faire à 20,000 Français, qui, de leurs positions fortifiées, nous couvraient d'une pluie de balles dont vous ne pouvez vous faire une idée. De notre côté, les 1re et 2e brigades étaient à cette affaire. Nous partîmes de Dijon à six heures du matin, ne pressentant rien. L'état-major général et celui de la division étaient avec notre régiment. A Saulon-la-Rue, la tête de la cavalerie essuya une décharge qui tua deux dragons. L'ennemi, probablement un poste avancé, s'était promptement retiré.

« Après une marche de cinq heures et une demi-heure de repos, notre tête rencontra près de Boncourt, à l'est-nord-est de Nuits, l'avant-garde ennemie. Le village est un peu élevé, et vis-à-vis et en dessous, se trouve un petit bois traversé par la route. En arrivant au commencement de ce bois, nous reçûmes des coups de fusil. Une batterie monta derrière nous, et tira sur le village. Comme on ne pouvait pas attaquer l'ennemi dans le bois, le 2e bataillon l'entoura à notre droite. Pendant ce temps, nous nous assîmes dans les fossés de la route, laissant passer les balles au-dessus de nos têtes. Elles ne nous firent pas grand mal, peut-être deux ou trois blessés. Après que l'artillerie eut tiré vingt à trente coups sur le village, que le bataillon Hoffmann cherchait à cerner, le feu de l'ennemi se ralentit un peu; nous nous levâmes alors, et traversâmes le bois. Arrivés à l'extrémité, nous débouchâmes en colonne de marche le fusil sur l'épaule, avançant contre le village et en poussant un hurrah. Pour ne pas être entouré, l'ennemi s'était replié sur Nuits, par les coteaux plantés de vignes.

« Lorsqu'arrivés aux premières maisons de Boncourt,

nous étions sur la route en colonne de marche, nous reçûmes tout à coup une décharge partant des vignes; nous nous tapîmes dans les fossés, ainsi que derrière les provisions de bois et les fagots placés près des maisons. Cette décharge ne nous avait pourtant pas fait grand mal, les Français ayant tiré trop haut. La 3e section, la mienne, marcha alors sur Nuits en chaîne de tirailleurs, les uns à travers les vignes où il leur était très-difficile d'avancer sur ce sol détrempé, les autres à travers les champs boueux. Cependant, comme le 2e bataillon était déjà devant nous, déployé en chaînes de tirailleurs, et marchant sur Nuits, notre compagnie se dirigea sur Agencourt, où se trouvait le 1er bataillon, pour commencer de là l'attaque sur Nuits. Pendant la marche, nous reçûmes des coups de fusil tirés à une grande distance, et une balle s'enfonça en terre à un demi-pied du lieutenant Lessing. Le bataillon fut alors réuni à Agencourt pour attaquer.

« Tout cela n'était que le prélude de la bataille qui allait commencer. Les compagnies se dirigèrent d'Agencourt sur Nuits, une section éparpillée, les autres comme repli, et nous le long de la route d'Agencourt à Nuits. A deux cents pas du village, les balles commencèrent à siffler; un homme fut atteint, et bientôt le feu devint si violent, que nous ne pouvions plus avancer......... Nous nous jetâmes dans les fossés à droite et à gauche de la route, pour reprendre haleine pendant quelques instants. Ces petits fossés, qui n'avaient qu'un pied de profondeur, ne nous offraient qu'une protection insuffisante; ils ont cependant sauvé la vie à plusieurs hommes de notre compagnie. Pendant ce temps, à notre gauche et au milieu des champs où marchaient les autres compagnies, le major et capitaine Jägerschmidt était déjà blessé. Nous avancions baissés les uns à la suite des autres, sous une terrible pluie de balles, poussant des hurrahs en suivant ce fossé et complétement découverts quand il était trop mauvais. Le lieutenant Noël, hardi et intrépide, presque toujours debout, ne fut pas atteint. Nous arrivâmes ainsi au commencement des vignes qui entourant Nuits sur une grande étendue, en rendaient pour nous l'approche très-difficile, tandis qu'elles servaient au contraire à protéger l'ennemi.

« Notre section de tirailleurs était disséminée à droite et à gauche de la route, mais elle ne pouvait pas bien tirer, car l'ennemi, se tenant très à couvert, se laissait peu voir.

Pendant ce temps, et de seconde en seconde, le feu de l'ennemi devenait plus violent; une véritable grêle de balles passait sur le chemin et les vignes; elles tombaient sans interruption à droite et à gauche, à moins d'un pied de moi, et leur sifflement aigu nous indiquait qu'elles passaient tout près de nous.

De temps en temps on entendait un gémissement ou un cri de douleur.

Il fallait cependant avancer; le signal : « Régiment de grenadiers, en avant! » retentit dans tout le cercle. Par Dieu, allons-y! La section se développa à gauche dans les vignes. Nous avancions avec peine sous une pluie de balles, à travers les échalas, qui de temps en temps faisaient tomber un des nôtres. Nous nous couchions à plat ventre quand le feu de l'ennemi devenait plus intense, et, à notre tour, nous faisions feu quand nous voyions, à deux cents pas, des Français dans les vignes.

« Il faut les en chasser. Debout! marche, marche,

hurrah ! » Je sortis de là pour prendre la route. Le feu de l'ennemi se ralentit alors ; les Français se retirèrent en grande partie par les coteaux de vignes, sur la route où nous en abattions des masses. D'autres, sans être blessés, se jetaient dans les fossés. Plus tard nous les fîmes prisonniers, ou bien nos soldats exaspérés les fusillèrent.

Cela dura à peine trois minutes et le feu de l'ennemi recommença avec plus de vigueur. Nous l'avions chassé des vignes et nous avions devant nous, à deux ou trois cents pas, le talus du chemin de fer vers lequel les Français, suivant leur habitude, s'étaient repliés et où ils étaient invisibles pour nous derrière ce véritable retranchement. Nous nous mettons encore tous à plat ventre, ou nous nous dissimulons dans les fossés. Le feu devenait toujours de plus en plus terrible. Les balles ne faisaient que passer au-dessus de nous. Je n'ai jamais rien entendu de pareil. C'était effrayant !

« Çà et là, un fou voulait faire quelques pas en avant sur la route, il tombait bientôt frappé par une balle. Près de moi un volontaire eut ce même sort : il était probablement arrivé tout récemment avec les troupes de remplacement et n'avait pas su juger, à ce qu'il paraît, la gravité de l'affaire. Il tomba, à quelques pas de moi, atteint d'une balle à la tête.

« Rester debout ou marcher sur la route était s'exposer à une mort certaine. Impossible d'avancer sous ce feu. Nous passâmes dans ces fossés, au milieu des cadavres des Français, au milieu de mares de sang, d'armes brisées, etc., une épouvantable demi-heure.

« Ne pouvant aller en avant, nous pouvions encore moins emporter d'assaut la chaussée qui se trouvait devant nous. En l'essayant avec une poignée d'hommes épuisés, sous le feu rapide des chassepots avec lesquels on tire dix coups à la minute, nous étions certainement anéantis. La position était des plus difficiles ; avec cela des grenades, tirées de la montagne, passaient en sifflant au-dessus de nous.

« Enfin le feu se ralentit tout à coup. Le 2e régiment, arrivant par le sud, devait avoir pris en flanc le talus du chemin de fer. — Debout! hurrah! en avant! On marchait littéralement dans des mares de sang, sur des monceaux de cadavres, français pour la plupart, (au milieu d'eux un grenadier rendait le dernier soupir) ; — il fallait passer par-dessus tout cela! Dans les fossés, les morts ou les blessés étaient les uns sur les autres. Le lieutenant de Noël, les pieds dans le fossé et la partie supérieure du corps dans les vignes, était là expirant, la croix de fer sur la poitrine, le visage encore coloré. C'était bien là l'émouvante image du héros tombé ; il avait reçu une balle à l'occiput, et il est mort dans la nuit. Nous nous réunîmes derrière le chemin de fer qui maintenant nous protégeait, et nous comptâmes nos pertes.

« Toutes les compagnies étaient sur le talus du chemin de fer ou plutôt dans la tranchée. Le lieutenant Alfr. Sachs, qui commandait alors la 1re compagnie, arriva en pleurant (il venait de fermer les yeux à son cousin Richard); il apprit encore que son autre cousin était à l'agonie. Nous nous reposâmes sans faire attention à la mitraille qu'on tirait sur nous.

« A droite et à gauche, le combat fut acharné. Le 2e régiment était entré à Nuits. Bientôt arriva l'ordre de nous replier, car l'ennemi, sortant de la forêt de Cîteaux, menaçait notre flanc; nous croyions avoir encore à combattre.

« Il faisait déjà noir. Nous occupâmes toutes les issues du village en feu, et passâmes toute la nuit sur nos gardes; mais nous ne fûmes pas attaqués. Le lendemain, nous arrivions à Dijon, par Cîteaux, après une marche de six heures, et morts de fatigue. »

— Les journaux français, qui affirmaient hier encore que les Français avaient conservé leurs positions, avouent aujourd'hui leur retraite et la prise de la ville par nos troupes. Le *Salut public*, de Lyon, dit que la 1re légion du Rhône seule a perdu 700 hommes, savoir : 250 tués, autant de blessés et 200 prisonniers.

Le corps d'armée qui vient d'être battu sera réorganisé à Chalon, Mâcon et Villefranche.

Lundi 26 décembre.

Le *Journal de Mannheim* donne, d'après une lettre de Dijon en date du 20, les détails suivants sur la mort du colonel de Renz, à la bataille de Nuits :

« Après la blessure du prince Guillaume, le colonel prit le commandement de la brigade. Au moment de donner des ordres pour l'attaque de Nuits, qui devait être pris d'assaut avant la nuit, il reçut une balle dans le bras et chancela. Son adjudant, voulant le soutenir, fut au même instant mortellement frappé par une balle. Se relevant seul, le colonel fut atteint d'une seconde balle à la partie supérieure de la cuisse et à l'abdomen, et il expira à l'ambulance quelques instants après. »

Mardi 27 décembre.

Nous avons sous les yeux quelques longues lettres datées de Dijon, dont les auteurs racontent à leurs familles leurs impressions et ce qui leur est arrivé au combat de Nuits. Nous en extrayons quelques passages d'un intérêt général.

Une de ces lettres raconte en détail la marche de la matinée et fait remarquer que c'est la batterie Holtz qui, pendant cette marche, canonna Boncourt. On arriva enfin en front parallèlement au chemin de fer. La lettre continue ainsi : « D'Agencourt, nous franchîmes cinquante pas environ, aussi vite que possible, et nous nous jetâmes derrière une ondulation de terrain. Grâce à mes deux braves sergents, à chacun desquels je donnai une demi-section, mon détachement de tirailleurs formait, jusque devant Nuits, une ligne tirée entre les sections des tirailleurs de la 3e compagnie à droite, et ceux de la 4e à gauche. J'étais moi-même, ordinairement, au milieu et en avant, ce qui fit que tous avancèrent.

« Je restai longtemps devant le talus du chemin de fer, car les visages noirs s'étaient tous retirés derrière, faisant sur nous un feu continu. Enfin, étant environ à 400 pas de ce talus, je le vois tout à coup abandonné, et aussitôt : « En avant, marche! marche! hurrah! » et directement, sans nous mettre à l'abri des balles qui nous arrivaient de Nuits, nous nous élançons dans les vignes, nous moquant de l'ennemi qui avait abandonné une si belle position. Nous montâmes sur la voie ferrée et nous restâmes d'abord derrière la pente ouest, car la ville est entourée à l'est de grands murs (de jardins) qui étaient occupés par l'ennemi. Vers quatre heures, je reçus du commandant de compagnie, lieutenant M... (le capitaine et le lieutenant étaient déjà blessés) l'ordre d'attaquer ces murs.

« Je voulais avancer par sections pour ne pas trop exposer les hommes, mais mes braves soldats ne se laissèrent plus contenir, et marchèrent tous ensemble. Cela eut pour résultat de mettre immédiatement en fuite une demi-compagnie de gardes mobiles qui étaient en avant des murs, et que je n'avais point encore aperçus.

« Lorsque la nuit arriva, Nuits était déjà pris, au sud-est par le 2e régiment, au nord-ouest par la brigade Degenfeld. (Celle-ci y entrait dans l'après-midi, exécutant le plan projeté primitivement, de cerner la ville), au nord par une partie de notre brigade.

« Je reçus alors l'ordre de battre en retraite.

« Revenus au chemin de fer, un obus tomba sur un rail en passant par dessus notre tête, éclata, et tua un de mes sergents.

« Le soir je retournai à Boncourt, et je vis sur le chemin combien de morts et de blessés étaient tombés derrière nous. L'enseigne porte-épée (1) S.... était étendu mort sur le chemin, son arme à la main, et ayant encore le sourire sur les lèvres (ici se trouvent sur nos pertes, des détails déjà connus de nos lecteurs).

« Notre général de division de Glümer, et le commandant de la brigade de cavalerie, qui avaient été à Gravelotte, disaient que les balles tombaient ici plus dru qu'à cette bataille, et qu'ils n'avaient jamais vu une plus

(1) L'enseigne porte-épée (Foehnrich) a un grade correspondant à peu près à celui d'adjudant-sous-officier dans notre armée. Il peut devenir officier, après avoir satisfait aux examens d'aptitude. (*Note du trad.*)

grande valeur que celle montrée par notre brigade. En voyant le porte-enseigne de notre bataillon s'avancer au pas de course sur la route ouverte, tenant haut le drapeau depuis longtemps en lambeaux, qui a vu la Russie; en le voyant, le général Werder s'écria : « Ah, voici encore le 1er bataillon qui arrive! » Il blâma sa trop grande impétuosité ; elle en avait cependant tant imposé à l'ennemi, qu'il avait abandonné son excellente position.

« Je fus bientôt tellement habitué à l'effrayante détonation des canons (nous avions le soir six à sept batteries au feu), au roulement incessant des remingtons, sniders, spencers, chassepots, et des fusils à aiguille, que je ne m'en apercevais que quand ma voix de commandement, qui n'est cependant pas faible, ne s'entendait plus. Au commencement, je ne crus pas l'affaire aussi sérieuse, mais en nous retirant, quand je vis l'effet épouvantable des balles, qui, à des distances incroyables, traversaient de part en part, je vis combien la journée avait été chaude.

L'ennemi, qui était beaucoup plus nombreux que nous, et qui occupait de magnifiques positions, fut complétement défait, et il battit rapidement en retraite dans la soirée. Pendant la journée, des trains de chemin de fer lui avaient amené des renforts du midi.

« Comme il n'était pas dans nos vues de garder Nuits, et que cette expédition, comme je l'ai entendu dire, avait seulement pour but de prévenir d'une façon efficace une surprise sur Dijon, la 1re et la 2e brigade qui avaient pris part au combat, rentrèrent dans cette ville. »

« Le 19, à la pointe du jour, j'amenai ici 600 prisonniers avec ma compagnie et un détachement de dragons. Les habitants de Dijon ne furent pas peu surpris quand nous entrâmes dans la ville avec autant de prisonniers. »

— A l'affaire du 18, à Nuits, où fut battu Cremer, qui commande l'avant-garde du corps de Garibaldi, se trouvaient les deux légions mobilisées du Rhône, comprenant 6 à 7,000 hommes. Quand Cremer fut attaqué, il télégraphia au général Cresselles (1) : « Je suis attaqué par des forces considérables, j'espère garder ma position. J'appelle toutes mes troupes. Si l'ennemi ne reçoit pas de renforts, je pourrai probablement résister. » Mais l'ennemi reçut des renforts et une « énorme artillerie. » Les colonels des deux légions ont été blessés. Le colonel Celler (ce nom me paraît un pseudonyme) grièvement, le colonel Chabert moins grièvement.

— On écrit d'Autun, le 13 décembre, à la *Gazette de Turin* :

« On a dégradé aujourd'hui le colonel Chernier (2), commandant la guérilla de l'Est, qui non-seulement a pris la fuite devant l'ennemi avec son bataillon, mais encore a répondu à Menotti, qui lui donnait l'ordre de marcher contre les Allemands, qu'en France il n'obéissait pas aux colonels et aux généraux italiens. On attend maintenant l'assentiment du gouvernement de Bordeaux pour le fusiller.

« — Garibaldi a refusé pour lui et pour ses volontaires les distinctions qui lui étaient offertes ; il veut pour cela qu'on attende la fin de la campagne. »

(1) C'est Bressolles qu'il faut lire. (*Note du trad.*)
(2) C'est Chenet qu'il faut lire. (*Note du trad.*)

Mercredi 28 décembre.

Carlsruhe, 27 décembre. — Lettre de Dijon sur la bataille de Nuits.

Nous extrayons ce qui suit de la lettre d'un artilleur :

« ..... Pendant ce temps, les Français s'étaient réunis sur le talus du chemin de fer, dans une position très-avantageuse. Ils avaient trois lignes de défense étagées : d'abord le chemin de fer, puis les coteaux de vignes avec de nombreuses maisons d'où ils entretenaient un feu nourri, et derrière, au-dessus de la montagne, les canons.

« Nous envoyâmes des grenades sur ces maisons et, plus tard, dans les rues de la ville. Les grenadiers, avec un hurrah qui domina le bruit de la fusillade, prirent d'assaut le chemin de fer, mais avec de grandes pertes. Nous continuions notre feu pendant ce temps-là, mais pas impunément ; on conduisait déjà au capitaine son second cheval ; à la première pièce le sous-officier perdit le sien, et il en fut de même à la troisième. Même chose pour les hommes : en peu de temps huit de notre batterie furent atteints. Les balles venaient s'enfoncer dans la terre à notre droite et à notre gauche ; mais les grenades qui étaient tirées en deçà ou au delà du but ne nous faisaient pas grand mal. Le prince Guillaume était passé à cheval sur la route, le sang lui coulait sur les joues. « Çà ne fait rien, » dit-il, « vivement en besogne. » Le lieutenant de D... était à cheval de l'autre côté de la route : il reçut une balle dans le ventre ; il baissa la tête, tomba sur la crinière de son cheval. Il était mort.

« En attendant, les nôtres avaient pénétré dans la ville et nous ne prîmes plus alors pour objectif de notre tir que les canons ennemis qui étaient sur la montagne, mais nous ne pouvions pas bien les atteindre. Après la prise de la ville, l'obscurité arriva et petit à petit le feu cessa sur les montagnes. Pendant que l'infanterie occupait Nuits et y faisait beaucoup de prisonniers, nous bivouaquions à Boncourt. A notre dernier bivouac, nous n'avions pas allumé de feu pour ne pas être vus de l'ennemi; mais cette fois, comme il avait disparu, de grands feux éclairèrent la plaine et les rues du village dans lequel étaient nos troupes.

« Trouvant qu'il faisait trop froid pour dormir, j'allai au milieu de la nuit sur la grande place du village pour voir les prisonniers. Etendus autour du feu, ils formaient de grands groupes pittoresques. C'étaient des hommes du 32e régiment, probablement de Lyon, car pendant la bataille il était arrivé des trains de troupes du midi. Il y avait aussi des mobiles et parmi eux de vieux garçons à barbe blanche, des officiers, et de nos soldats enfin, contribuant à produire un mélange des plus bariolés. Les blessés étaient dans les maisons.

« Au matin, les divisions se rassemblèrent, les grenadiers étaient fortement décimés. C'était émouvant de voir comment ils se saluaient : « Tiens, toi aussi tu es « encore en vie. » Après qu'on eut réuni les blessés, la 1re brigade repartit pour Dijon où nous arrivâmes à la nuit, morts de fatigue ; une masse de soldats amis et la population curieuse nous attendaient sur les portes. »

— Le *Progrès de Saône-et-Loire* donne, sur la bataille de Nuits du 18, de plus amples détails que nous reproduisons ci-dessous :

« Le matin, à quatre heures, une forte reconnaissance, sous les ordres du général Cremer en personne, partit de Nuits et s'avança jusque près de Gevrey. Nos soldats venaient de se mettre en embuscade derrière les murs d'une propriété et dans les vignes, quand on signala trois uhlans (dragons) suivis de quelques soldats d'infanterie. On laissa passer les uhlans et on tira deux coups de canon sur l'infanterie qui prit rapidement la fuite. Les uhlans rebroussèrent aussi chemin au galop, mais les francs-tireurs en mirent deux hors de combat et s'emparèrent de leurs chevaux. Une forte colonne suivit bientôt; nos troupes se battaient avec avantage au commencement, mais l'arrivée d'une seconde colonne ennemie, qui se préparait à l'attaque, les força à se replier. La retraite fut quelque peu précipitée, elle se fit pourtant en bon ordre et en continuant la lutte; aussi quelques-uns de nos blessés restèrent-ils entre les mains de l'ennemi.

« Vers une heure de l'après-midi, la bataille avait lieu sur trois points; mais une colonne ennemie qui avait suivi la crête des coteaux ayant été repoussée avec de grandes pertes et les deux autres colonnes de la plaine ayant fait leur jonction, la bataille fut circonscrite entre Nuits, Gilly-les-Cîteaux et Boncourt.

« Jusqu'à trois heures, le mouvement de l'ennemi fut arrêté; à ce moment, de nouvelles troupes fraîches étant venues le renforcer, il reprit vigoureusement l'offensive et s'avança jusqu'à Nuits, où il s'empara de quelques maisons dans les faubourgs.

« Ce n'est qu'à trois heures et demie, que le 57e régiment de marche arriva de Beaune par le chemin de fer, après avoir stationné trois heures à la gare de cette ville. Notre position était déjà très-compromise; il devenait exceptionnellement périlleux d'essayer de déloger l'ennemi de ses positions. On tenta cependant une charge à la baïonnette; mais nos troupes, canardées presque à bout portant par les fenêtres et par les soupiraux des caves, durent se replier. Elles se retirèrent d'abord sur les hauteurs, puis sur Beaune, la position ayant été jugée intenable devant des forces supérieures: 10,000 hommes contre 25,000, disent les uns; 5 à 6,000 contre 20,000, disent les autres témoins de ce que nous venons de rapporter, et 40 à 50 pièces d'artillerie. »

(Ces chiffres, comme le savent nos lecteurs, d'après des sources officielles et privées, sont presque tous complétement faux, les forces de l'ennemi dépassant de beaucoup celles représentées par nos deux brigades badoises.)

« Voici les troupes qui ont pris part à la bataille de Nuits : 1re et 2e légions du Rhône, — 32e régiment de marche,— chasseurs du Rhône, — mobiles de la Gironde, — quelques compagnies de francs-tireurs, peu nombreuses, — et, enfin, le 57e régiment de marche, arrivé trop tard pour prendre sérieusement part à l'action. » (Et l'artillerie?)

« Les Prussiens avaient mis le feu à l'hôtel de la Croix-Blanche, à Nuits, et à la maison de M. Marey, où étaient déposés les effets de campement des troupes.

« Les trains de chemin de fer, jusqu'à Beaune, ne circulent plus, et Chagny est de nouveau tête de ligne. Les Prussiens n'ont cependant fait aucun mouvement sur Beaune, où le préfet de Saône-et-Loire est arrivé ce soir, à dix heures, par un train spécial. »

— *Carlsruhe, 27 décembre.* — S. A. G. D. le prince Guillaume est arrivée ici le 24 de ce mois. Le valeureux chef de notre 1re brigade badoise, auquel est échu la tâche principale, a été, comme on le sait, blessé à la bataille de Nuits. Voici en quoi consiste cette blessure : une balle a pénétré dans le côté gauche de la face, à un pouce au-dessous de l'œil; elle a continué sa marche à travers les parties molles en traversant le conduit auditif; puis, poursuivant son chemin sous la peau, est venue sortir à un pouce de la partie postérieure de l'oreille. On n'a fort heureusement constaté jusqu'à présent aucune lésion des os. Le premier phénomène extérieur produit par cette blessure, a été un saignement de nez qui a duré plusieurs heures.

Par ordre supérieur, S. A. G. D. quitta Dijon, pour être soignée dans sa patrie. Le premier jour du voyage, elle alla jusqu'à Gray, le second à Vesoul, le troisième à Saint-Loup, le quatrième à Epinal, où S. A. G. D. le prince Charles était déjà arrivée avec M. le conseiller-médecin, docteur Schenk, pour chercher l'illustre blessé.

M. le médecin-major, docteur Picot, avait accompagné S. A. jusqu'à Epinal.

Quant à la marche vers la guérison, elle est normale et, d'après ce qu'on en dit, tout à fait satisfaisante pour son médecin. L'état général de l'illustre blessé étant aussi bon que possible, on a l'espoir que la guérison sera complète dans quelques semaines. Si le projectile qui a produit cette blessure avait dévié de quelques lignes seulement de sa direction, nous aurions à ajouter à la liste des nombreuses et importantes victimes de cet héroïque combat, un nom qui aurait provoqué une immense douleur.

— *Carlsruhe, 27 décembre.*— Un journal du voisinage a annoncé que le ministre de la guerre, lieutenant général de Beyer, reprenait le commandement de la division grand-ducale, en remplacement du lieutenant général de Glümer, blessé à Nuits. Nous pouvons assurer que la blessure du lieutenant général de Glümer ne l'empêche pas de conserver le commandement de la division.

De plus, peu de temps après son retour à Carlsruhe, le lieutenant général de Beyer a été pris d'une douleur rhumatismale à la main droite, qui l'empêche complétement de pouvoir écrire.

— *Lyon, 23 décembre.* — Depuis le 19 décembre, l'ennemi n'a fait aucune nouvelle attaque contre les positions de Garibaldi, à Autun. Bligny, Arnay et Epinac sont entièrement dégagés.

—

Jeudi 29 décembre.

RAPPORT DU LIEUTENANT GÉNÉRAL DE GLUMER, COMMANDANT LA DIVISION GRAND-DUCALE BADOISE, SUR LA BATAILLE DE NUITS.

« Les rapports reçus des avant-postes et des détachements envoyés en reconnaissance pendant la première moitié de décembre, avaient établi d'une façon certaine que l'ennemi avait, de Beaune, porté plus en avant au nord sa première ligne de défense, et cela dans les environs de Nuits, derrière le ruisseau de la Vouge. La partie de la division badoise qui se trouvait à Dijon, pouvait certainement s'attendre à être sérieusement inquiétée par l'ennemi qui n'était qu'à trois milles de cette ville ; par cette menace, sa liberté d'action d'un autre côté était contrariée dans une grande mesure.

« Le commandant en chef résolut en conséquence de déloger l'ennemi de cette nouvelle ligne de défense de Nuits, et, par là, de frapper un coup sur l'armée de Lyon, en formation (armée de l'Est ou armée du Rhône) depuis le départ des troupes du général Michel.

« La division badoise, avec les 1re et 2e brigades d'infanterie et l'artillerie de la division, fut chargée d'accomplir cette tâche.

« Dans ce but, le commandant de la division, lieutenant général de Glümer, prit, pour le 18 décembre, les dispositions suivantes : Le gros de la division, sous les ordres du commandant de la division en personne, et composé de huit bataillons, six escadrons et cinq batteries, devait, depuis Dijon, en passant par Longvic, Saulon-la-Rue, Epernay et Boncourt, se diriger sur Nuits et se porter contre l'aile droite de l'ennemi, en suivant ainsi la plaine, parallèlement aux collines de la Côte-d'Or.

« Dans la montagne, cette marche en avant devait être exécutée par un détachement du major général Degenfeld, de la manière suivante : Deux bataillons, une batterie et deux détachements de cavalerie seraient le 17 à Urcy et se porteraient, le 18 de bonne heure, sur Villars-Fontaine, par Quemigny et Ternant. Un autre bataillon partirait en même temps de Corcelles, se dirigeant sur Concœur, en suivant les hauteurs et en passant par Chambeuf.

« Arrivés à l'entrée de la vallée du Muzin, ces deux colonnes de droite devaient prendre part au combat de

Nuits, au moment qu'elles jugeraient le plus opportun, et les hauteurs de Chaux, qui se trouvent à l'ouest de Nuits, étaient leur objectif naturel pour la marche et pour le combat.

« Pour établir un lien entre ces deux directions principales, un bataillon avec un détachement d'infanterie devait se porter directement sur Nuits, par la grande route, en passant par Gevrey et Vougeot.

« Conformément à ces dispositions, le gros des troupes quitta Longvic à sept heures et demie; les colonnes de la montagne partirent d'Urcy et de Corcelles à cinq heures et demie, avant l'aube, et la colonne d'union, par la grand'route, suivit ce mouvement à huit heures.

« Dès Fénay, et du parc de Saulon-la-Rue, la cavalerie d'avant-garde reçut des coups de fusil. L'ennemi (une compagnie des éclaireurs du Rhône qui avait été envoyée en avant pendant la nuit) fut aussitôt attaqué par la compagnie de tête du bataillon de fusiliers, et refoulé, après un léger engagement de tirailleurs, jusqu'à Boncourt, par Barges, Broindon, Epernay et Saint-Bernard.

« Tout l'espace, au sud de Dijon, compris entre la route de Beaune et la Saône, en raison de ses ondulations et de ses bois, ne peut guère être embrassé dans son ensemble; aussi des détachements d'infanterie et de cavalerie furent-ils chargés d'éclairer nos deux flancs, savoir : une compagnie (la 2e du régiment de grenadiers avec une section du 2e régiment de dragons) fut dirigée sur Epernay, par Saulon-la-Chapelle, Noiron et Savouge avec mission d'observer la route de Seurre; à droite, une compagnie du régiment des grenadiers de la garde, avec une section de dragons, partit de Barges pour Gilly-les-Citeaux, en passant par Saint-Philibert.

« Ce dernier détachement devait en même temps tendre la main au 1er bataillon du 3e régiment qui suivait la grande route.

« A midi, en sortant de la forêt, au nord de Boncourt, l'avant-garde rencontra une résistance plus sérieuse. D'après les ordres du commandant de cette avant-garde, colonel de Willisen, le 1er régiment des grenadiers de la garde et le bataillon des fusiliers se développèrent immédiatement sur la lisière du bois ; le 1er bataillon lança une compagnie en avant à gauche et trois compagnies restèrent en réserve sur le chemin.

« Le 2e bataillon reçut l'ordre de se porter en avant à droite, dans la direction de La Berchère, pour l'envelopper. La batterie d'avant-garde Holtz s'établit dans la forêt, sur une pelouse d'où elle tira avec succès sur Boncourt, situé plus haut, et dont on apercevait les toits.

« Après un feu assez court, on s'élança hors du bois, et Boncourt fut pris avec des hurrahs, sans pertes méritant d'être mentionnées. La résistance fut plus opiniâtre dans le terrain ondulé des vignobles et dans les bouquets de bois situés au nord-ouest de Boncourt. Cependant ces points, y compris la ferme de La Berchère, étaient entre nos mains à midi trois quarts, et l'attaque de Gilly par la compagnie qui y avait été envoyée se faisait déjà sentir ici.

« Le château de La Berchère lui-même était défendu par un bataillon du 32e régiment de marche français. A une heure, l'avant-garde développée avec les 1er et 2e bataillons du régiment des grenadiers de la garde, était en marche au sud de La Berchère, et la batterie Holtz était établie et en pleine activité contre l'ennemi qui battait rapidement en retraite derrière le talus du chemin de fer.

« Le 1er bataillon du 1er régiment des grenadiers de la garde, dirigé sur Agencourt, par le commandant de la division, prit sans combat possession de ce village.

« La position des avant-gardes à La Berchère, à Agencourt prouvait évidemment que l'ennemi avait à sa disposition des forces très-importantes. Toute la ligne du chemin de fer, coupée sur sa plus grande partie, était garnie, du pont sur le Muzin à la fontaine de Vosne, de nombreuses troupes qui dirigeaient sur notre front une fusillade rapide et ininterrompue.

« On voyait même sur la route de petites colonnes en mouvement, de Vougeot à Nuits. Des détachements furent également appelés de Beaune, et, vers deux heures, on vit débarquer deux trains militaires venant de cette direction.

« L'artillerie ennemie avait pris position sur les hauteurs à l'ouest de Nuits. Elle embrassait depuis là tout notre champ d'attaque, sur lequel elle pouvait librement agir.

« A une heure de l'après-midi, le gros de la division ne constatait pas encore une action de la part des colonnes envoyées par la montagne; le bataillon d'union ne se montrait pas non plus sur la route.

« Après une heure, la division s'était avancée à l'ouest de Boncourt. Les deux batteries lourdes de Göbel et de Porbeck avaient pris place à côté de la batterie d'avant-garde Holtz et engagèrent la lutte par un feu vigoureux contre les colonnes ennemies qu'on voyait sur la route et contre la ligne du chemin de fer fortement occupée.

« Les 1er et 2e bataillons du 2e régiment de grenadiers

s'étaient divisés en colonnes de compagnies derrière les deux bataillons du régiment des grenadiers de la garde; les deux bataillons du 3e régiment, disposés tout près de là en demi-bataillons comme réserve, furent envoyés plus en arrière.

« Les cinq escadrons de la brigade de cavalerie sous les ordres du colonel Werth, furent placés à l'extrémité du flanc gauche, pour couvrir ce flanc dans cette direction, et aussi pour faire le service d'éclaireurs du côté de Premeaux et du bois du Vernot.

« Plus tard, cependant, les escadrons qui avaient traversé le Muzin durent revenir sur la hauteur d'Agencourt, car une masse nombreuse d'infanterie s'était avantageusement postée sur le terrain placé en avant et entretenait un feu violent contre la cavalerie qui s'avançait.

« Après avoir fait une marche en avant, le commandant de la division ordonna l'attaque de la ligne du chemin de fer, attaque à laquelle il se joignit, ainsi que le commandant en chef du 14e corps, général d'infanterie de Werder.

« Le terrain compris entre La Berchère, Agencourt et le chemin de fer, est tout à fait uni et presque complétement planté de vignes. La distance de ces deux points au corps du chemin est de 1,500 pas environ.

« Les braves troupes marchèrent à l'attaque à travers ce terrain sans abri, amolli par le dégel, et dont la culture même contribuait à faire de chaque mouvement une difficulté.

« Par bonds, on avait gagné du terrain, et quoique lentement et avec de grandes pertes, on était enfin arrivé tout près de l'endroit où l'ennemi était solidement établi. Un nouvel effort, un dernier et court élan, et le bord ouest de la tranchée du chemin de fer était entre nos mains.

« Il était environ trois heures et demie. A l'extrémité de l'aile gauche, la gare avait été prise par le bataillon de fusiliers du 2e régiment de grenadiers, auquel s'étaient encore joints, à droite, les compagnies du 1er bataillon du régiment de grenadiers de la garde. A l'aile droite, les deux autres bataillons du 2e régiment de grenadiers s'étaient réunis, et plus loin, des compagnies de fusiliers du 3e régiment furent placées entre les deux régiments de grenadiers, pendant que deux compagnies du 2e bataillon du 3e régiment s'étaient portées à droite sur la fontaine de Vosne et s'emparaient de la tranchée du chemin de fer.

« Le délogement de l'ennemi de cette excellente position fut accompli par les troupes, avec une bravoure audessus de tout éloge.

« Presque toutes les pertes de la journée ont eu lieu pendant cette phase de la bataille. S. A. G. D. le prince Guillaume fut blessée à ce moment, ainsi que le commandant de la division.

« Le colonel de Renz, un des officiers les plus distingués de la division, qui avait pris le commandement de la brigade, après la blessure du prince Guillaume, tomba directement devant la tranchée du chemin de fer, et à côté de lui, son adjudant.

« L'ennemi tint bon à trente pas, sous un feu nourri et continu ; dans quelques endroits, on en vint jusqu'à une mêlée.

« Notre feu rapide atteignit encore à temps l'ennemi qui fuyait sur Nuits ou dans la direction du midi, le long du chemin de fer ou sur la grande route. Ses pertes en morts et en blessés furent considérables.

« Pendant que l'infanterie s'emparait dans un rude combat de la ligne du chemin de fer, l'artillerie agissait aussi d'une façon brillante.

« Les batteries établies au sud de La Berchère avaient plusieurs fois changé leurs positions, suivant la marche progressive de l'infanterie. La fusillade vraiment meurtrière qui partait du chemin de fer, ne les empêcha pas de les conserver, et malgré tout, l'effet produit par ces batteries fut très-efficace. Leur puissante action attira sur elles le feu de toute l'artillerie ennemie, qui avec ses seize à dix-huit pièces, s'était peu à peu établie dans quatre positions environ, sur les montagnes abruptes à l'ouest de Nuits. Les batteries disposées en étages entretenaient un feu très-précis.

« La dépression considérable avec laquelle il fallait tirer en plongeant du haut de la montagne, aussi bien que l'état du sol détrempé, empêchèrent heureusement que les projectiles bien dirigés nous fissent un grand mal.

« Les deux batteries lourdes de Froben et Hecht, qui avaient été primitivement gardées en réserve, furent pendant ce temps, également placées sur la hauteur de La Berchère, et joignirent avec succès leur feu à celui des autres batteries.

« Après la prise de la ligne du chemin de fer, la jonction s'était opérée avec le 1er bataillon du 3e régiment qui avait suivi la route, et avec le 1er bataillon du 4e régiment descendant des hauteurs de Concœur, et qui attaquait la lisière nord-ouest de Nuits.

« Il ne restait plus qu'à prendre la ville. Des détachements de tous les bataillons s'élancèrent à l'assaut en suivant l'abri offert par la tranchée du chemin de fer. La lisière de Nuits fut bientôt occupée. L'ennemi opposa encore dans les rues une vigoureuse résistance, et nos troupes y éprouvèrent des pertes sérieuses.

« Pendant cette attaque, l'infanterie fut encore brillamment soutenue par l'artillerie. La batterie lourde de Porbeck s'avança au trot à 800 pas de la ville et traversa la tranchée du chemin de fer sous la plus violente fusillade. Elle monta rapidement sur les collines plantées de vignes à gauche de la route, y prit position, et ouvrit son feu sur l'artillerie ennemie postée sur la pente, et sur la lisière de la ville.

« Quand un quart des hommes et la moitié des chevaux qui étaient au feu, eurent été mis hors de combat, la batterie battit en retraite, et reprit en arrière du chemin de fer sa première position. La batterie Holtz s'avança jusqu'au delà de la tranchée du chemin de fer, et se plaça à l'aile gauche en face de la lisière. Les batteries de Froben et Hecht se portèrent aussi plus en avant, s'occupant principalement de l'artillerie ennemie qu'elles forcèrent plusieurs fois à changer de position.

« Après quatre heures et demie, l'ennemi était battu sur tous les points, et en pleine fuite. Seule, l'artillerie qui était en toute sûreté à cause de l'escarpement de la montagne, continua le combat avec nos batteries jusqu'à la nuit, qui la fit retirer.

« Les pertes de l'ennemi ont été énormes. Entre le chemin de fer et Nuits, les routes et les vignes étaient jonchées de cadavres; à Nuits même, presque chaque maison était une ambulance. D'après le dire des Français, leurs pertes dépassent 2,000 hommes. Nous fîmes prisonniers 16 officiers et environ 700 soldats non blessés. Nous prîmes, en outre, un dépôt d'armes et de munitions, cinq affûts de pièces de montagne, deux wagons complétement chargés de munitions et enfin une masse de sacs et d'effets d'équipement.

« L'ennemi avait à cette bataille les troupes suivantes :

« Les 1re et 2e légions de marche du Rhône, de trois bataillons chacune.

« Les 32e et 57e régiments de marche, également de trois bataillons chacun.

« Un bataillon de gardes mobiles de la Gironde.

« Les éclaireurs du Rhône et quelques compagnies de francs-tireurs.

« L'ennemi était muni d'armes à longue portée : spencers et chassepots. L'artillerie se composait de 16 à 18 pièces et les batteries du 12e régiment d'artillerie devaient en faire partie.

« Le colonel Celler, commandant de la 2e légion de marche, fut trouvé, à Nuits, mortellement blessé.

« Les troupes reçurent l'ordre de s'établir, pour la nuit, dans les positions suivantes :

« Le bataillon de fusiliers et la 6e compagnie du régiment des grenadiers de la garde, le 2e bataillon du 2e régiment de grenadiers, le 1er bataillon du 3e régiment d'infanterie, ainsi que le 1er bataillon du 4e régiment, à Nuits. Les autres bataillons, qui s'étaient également avancés jusqu'à la ville, furent concentrés dans un même bivouac, à La Berchère.

Le 1er bataillon du 1er régiment des grenadiers de la garde était déjà revenu, à quatre heures et demie, à

Agencourt et à Boncourt pour protéger les flancs, lorsqu'on annonça que des colonnes ennemies arrivaient au sud dans cette direction. Ce bataillon bivouaqua dans ces villages.

« La cavalerie et l'artillerie bivouaquèrent à Boncourt, à l'exception de la batterie d'avant-garde du départ qui resta à La Berchère.

« On reçut, pendant la nuit, des nouvelles de l'extrême aile droite qui s'était avancée par la montagne. Elle était arrivée à onze heures du matin à Villars où elle rencontra l'ennemi qui avait occupé assez fortement les crêtes des hauteurs, la forêt au nord de Chaux et le village de Meuilley.

« Plus loin, les hauteurs à l'est de Villars étant également gardées par l'ennemi, on envoya, pour le déloger, une compagnie qui atteignit son but.

« La colonne, au contraire, et surtout à cause du terrain difficile et accidenté où s'étaient logés des postes d'infanterie, ne réussit pas à porter jusqu'à Nuits les patrouilles de jonction qu'elle avait lancées.

« Pour cette raison, le commandant de la colonne sut d'autant moins ce qui s'était passé à Nuits que les patrouilles postées sur les hauteurs n'entendirent, dans cette direction, ni le canon ni le bruit plus faible de la fusillade.

« Quand à deux heures l'ennemi eut placé quatre pièces en batterie sur les hauteurs de Chaux, une canonnade s'engagea bientôt avec la batterie adjointe à la colonne, mais sans modifier essentiellement la situation. Vers trois heures et demie, on apprit par la compagnie qui avait été détachée à l'est, qu'on percevait le bruit d'une usillade du côté de Boncourt.

« En même temps l'ennemi, fort de deux ou trois bataillons, descendit des hauteurs au sud-est de Villars, occupa la lisière du bois qui en est rapproché, et ouvrit un feu violent sur ce village. Des détachements ennemis plus nombreux se portèrent aussi sur les hauteurs à l'ouest de Villars.

« La colonne ne pouvant se rapprocher de la division dans la vallée, les hauteurs étant fortement occupées, et celles à l'ouest étant impraticables pour l'artillerie, elle battit en retraite à quatre heures par Chambeuf, et arriva à Marsannay et à Perrigny à onze heures et demie du soir. L'ennemi ne la suivit que sur les hauteurs à l'ouest de Villars jusqu'à celle de Curtil-Vergy.

« Par suite de la position défavorable de Nuits tout près des pentes escarpées de la Côte-d'Or, cette ville fut complétement évacuée le 19 à cinq heures du matin, à l'exception d'un bataillon qui l'occupa. Ce bataillon envoya à la pointe du jour de fortes patrouilles sur les hauteurs, dans la direction de Chaux, et sur la route de Beaune. Toutes rapportèrent également que l'ennemi avait entièrement disparu.

« La brigade de cavalerie fut également envoyée par Agencourt sur la route de Beaune, pour éclairer dans la direction du sud; elle rapporta la nouvelle que Quincey et la ferme de La Chocelle étaient encore faiblement occupés par l'ennemi.

« C'était probablement des restes des troupes envoyées du sud, dans l'après-midi du 18, dans la direction de Boncourt, et que le 1er bataillon du 1er régiment des grenadiers de la garde avait délogées, au crépuscule, des bois au sud de ce village.

« Trois compagnies du 1er régiment de grenadiers

furent envoyées d'Agencourt à Quincey; mais à leur arrivée l'ennemi avait déjà décampé.

« Après la blessure du commandant de la division, le commandant en chef passa la nuit à la division, et comme il n'entrait pas dans ses vues de garder la ville, l'ennemi ayant disparu, il donna, dans l'après-midi du 19, l'ordre de se retirer sur Dijon où les troupes devaient se reposer après cette rude bataille.

« Les colonnes revinrent par les chemins suivis le 18 en marchant sur Nuits. Seul, le 2e bataillon du 2e régiment de grenadiers qui était resté à Nuits revint directement à Dijon par la grande route.

« Pour assurer les flancs des colonnes en retraite contre les francs-tireurs dispersés dans les bois et sur les montagnes, une compagnie et un demi-escadron pour la plaine, traversèrent la Vouge à Villebichot et à Cîteaux; dans la montagne, un bataillon s'établit à Chambeuf pour débarrasser depuis là les pentes des montagnes.

« A la nuit, les troupes rentraient à Dijon.

« Les pertes éprouvées par la division le 18 décembre sont très-importantes; il avait fallu chasser d'une position naturellement très-forte un ennemi tenace et parfaitement armé.

« Cette tâche a été accomplie avec une rare bravoure; mais aussi 54 officiers et 880 hommes tués ou blessés couvraient le champ de bataille.

« Le total des pertes se partage comme il suit :

DIVISION des TROUPES.	TUÉS.		BLESSÉS.		DISPARUS. — SOLDATS.	TOTAL.
	Officiers.	Soldats.	Officiers.	Soldats.		
Grand état-major.	2	»	2	2	»	6
1er rég. des gren. de la garde. . .	4	42	14	288	9	357
2e rég. de gren. .	4	53	14	261	11	343
3e régiment . . .	2	11	4	65	»	82
4e régiment . . .	»	8	7	67	»	82
Cavalerie.	»	5	»	7	2	14
Artillerie.	»	2	1	46	»	49
	12	121	42	736	22	933

« Le 18 décembre 1870 restera un jour de gloire pour la division badoise.

« Dijon, le 20 décembre 1870. »

— *Carlsruhe,* 27 *décembre.* — Le train Lazareth (hôpital) badois est parti hier soir pour Epinal, afin de ramener les soldats blessés à Nuits le 18. Deux infirmiers volontaires sont partis pour Dijon avec ce train, accompagnés du baron de Göler.

—

Vendredi 30 *décembre.*

Le gouvernement français publie les dépêches suivantes :

Chalon, 28 décembre.

« L'avant-garde de Garibaldi est entrée aujourd'hui, « à cinq heures du matin, à Dijon, qui avait été évacué « par l'ennemi. » (Cette nouvelle a besoin d'une confirmation venant d'une source allemande, et si elle arrivait, il ne faudrait voir dans cette évacuation qu'une simple opération stratégique.)

—

Samedi 31 *décembre.*

— *Lyon,* 23 *décembre.* — Dans une dépêche particulière adressée au Préfet de Saône-et-Loire, le général Cremer fait l'éloge de la bravoure remarquable déployée par les ouvriers mobilisés du Creusot et par leur commandant, Gepy.

Un petit corps franc s'est livré à des actes de pillage et d'insubordination pendant la route de Lyon à Mâcon. Pour ce fait, il sera licencié, et les hommes versés dans la ligne.

— *Carlsruhe,* 30 *décembre.* — Le train Lazareth (hôpital) est arrivé d'Epinal hier à minuit et a ramené 297 malades et blessés (108 grièvement). Dans le même train se trouvaient les corps de plusieurs officiers tués à Nuits le 18 décembre : colonel de Renz, capitaines Gockel et Böttlin, lieutenants de Degenfeld, de Noel, Binz, Hacker, et enseigne porte-épée Sachs. Les corps des lieutenants Wang et Williards sont restés à Rastadt.

Le corps du colonel de Renz est parti ce matin pour Mannheim. Ceux des autres officiers seront transportés aujourd'hui, dans l'après-midi, de la gare, où aura lieu le service funèbre, au cimetière où ils seront enterrés solennellement.

—

Samedi 31 décembre.

Bordeaux, 29 décembre.

« Des nouvelles du gouvernement disent que les « Prussiens ont évacué Dijon. »

—

Dimanche 1er janvier 1871.

Lyon, 30 décembre.

« Les Prussiens ont évacué Gray et se sont retirés « jusqu'à Vesoul. »

—

Mardi 3 janvier.

La *National Ztg.* dit, à propos de la diversion du corps de Werder :

« L'abandon de Dijon par le général Werder s'explique par la position avancée et assez périlleuse que son corps y eut dès le commencement. Il n'entrait pas dans le plan primitif d'étendre aussi loin l'occupation allemande ; cependant, le général Werder n'ayant rencontré dans sa marche à travers les départements des Vosges et de la Haute-Saône qu'une très-faible résistance, avait donné l'ordre de s'avancer jusqu'à Dijon (Côte-d'Or), dans l'hypothèse qui en avait été alors exprimée, de s'emparer de cette ville sans trop de sacrifices, et plus tard de la garder. La prise de Dijon eut lieu le 31 octobre, et cette ville a été occupée pendant près de deux mois. De cette ville, des expéditions nécessaires et répétées furent dirigées contre Saint-Jean-de-Losne, Nuits, Autun, tantôt contre l'armée de Lyon, tantôt contre Garibaldi. La place forte de Besançon, à l'est, était un voisinage menaçant, et depuis que l'armée de Lyon est organisée et comprend des forces considérables, on pouvait craindre d'être cerné. Pour ces raisons, le général Werder s'est replié sur Vesoul, dans le département de la Haute-Saône, où il est en rapports étroits, d'un côté avec l'armée de siége de Belfort, d'un autre côté avec les détachements du 7e corps d'armée, qui sont près de Langres, et plus loin enfin avec les troupes qui occupent le département des Vosges et la Haute-Alsace.

— La *Gazette d'Heidelberg* publie ce qui suit, d'après une lettre écrite du théâtre de la guerre, relativement au départ de nos troupes de Dijon.

« Les troupes badoises quittèrent Dijon le 27 décembre, à sept heures du matin, et arrivèrent le soir à Essertenne, d'où l'on repartit le lendemain pour Gray, et le 29 pour Vesoul, où se trouve le quartier général du général de Werder. A Dijon, les officiers du quartier général avaient décoré avec goût un bel arbre de Noël qui fut porté, au moment du départ, par un homme assis sur une voiture. Les Dijonnais manifestèrent leur joie en nous voyant partir avec un arbre de Noël, et nous, nous jetions des bonbons aux jeunes filles de la ville. On pouvait croire ainsi que c'était plutôt le mardi-gras que le départ des troupes d'occupation.

« Lorsque nous fûmes hors de la ville, l'arbre de Noël fut dépouillé, et si bien que lorsque nous arrivâmes à Essertenne, il n'y pendait plus que les boules de verre. »

— L'armée de Lyon semble devoir se mettre en marche. Le gros de cette armée suivrait les frontières de la Suisse et tenterait de débloquer Belfort. Les journaux français ne sont pas d'accord sur son chiffre, ils parlent de 20 à 40,000 hommes; elle est commandée par le général Bressolles. Cette opération aurait été décidée par Gambetta, lors de son dernier séjour à Lyon. Garibaldi quitterait la Côte-d'Or avec l'armée de Lyon. Dans l'attente des entreprises de l'ennemi, les troupes allemandes se sont concentrées d'avance. On ne peut pas préciser le chiffre de leurs forces actuelles, car il leur est arrivé dernièrement de nombreux renforts, dont on ne connaît pas le total. On savait qu'avant, le général Werder avait six brigades sous ses ordres; il faut y ajouter maintenant les troupes qui assiégent Belfort. La 13e division (de Zastrow) paraît devoir rester entre les armées allemandes de l'est et de l'ouest (Loire); du moins, son quartier général était le 21 à Châtillon-sur-Seine. D'après ce que l'on prévoit, la 13e division avec l'armée du prince Frédéric-Charles observeraient le général Bourbaki, si ce dernier, comme on l'a dit, opérant de concert avec l'armée de Lyon, voulait marcher sur les Vosges ou sur la ligne d'étapes de Strasbourg à Paris.

— *Dôle.* — L'*Album* de cette ville raconte un événement des plus tragiques qui s'y est passé la semaine dernière. « Le lieutenant-colonel Kingler de la garde mobile, avait déserté le 19, et on ne savait pas où il s'était dirigé. Son commandement avait été provisoirement transmis au chef de bataillon Blondeau. Le 21, à une heure de l'après-midi, le commandant Pfanmuller partait avec un bataillon des mobiles de l'Artois; en avant de la ville, Kingler vint à lui, et lui donna l'ordre de retourner à Dôle. Pfanmuller lui répondit qu'il avait un ordre écrit, et outre cela qu'il n'obéirait pas à un déserteur. On en vint à un échange de paroles des plus violentes, et Kingler tirant son revolver, en blessa mortellement Pfanmuller. Aussitôt partirent des rangs du bataillon, plusieurs coups de fusil dirigés sur Kingler qui fut grièvement blessé. Il tira encore deux coups de revolver sur un capitaine, mais sans l'atteindre. On transporta les deux blessés dans une des maisons les plus voisines, et Pfanmuller mourut le soir même. On croit Kingler atteint d'aliénation mentale. »

— On écrit de Berne à la *Köln-Ztg.* « Des lettres particulières de Besançon confirment le passage par Saint-Hippolyte, Audincourt et Bourguignon, d'un corps de troupes françaises de 25,000 hommes, longeant la frontière suisse pour aller débloquer Belfort. Une bataille sur la frontière est donc imminente. »

— *Mannheim,* 1er *janvier.* (N. B. L. Zt.) — Le colonel de Renz, qui est mort héroïquement à la bataille de Nuits, a été conduit hier dans l'après-midi au dernier lieu de repos avec tous les honneurs militaires. Les autorités militaires et civiles, ainsi que de nombreuses personnes de toute condition, suivaient son cercueil orné de couronnes.

— *Mâcon.* — Le colonel Celler est mort des suites des blessures qu'il avait reçues le 18 à la bataille de Nuits.

Mercredi 4 *janvier.*

Un officier du régiment de Poméranie (nº 34), faisant partie du corps qui cerne Langres, écrit le 22 décembre à la *Presse de Francfort :*

« Après notre combat victorieux de Longeau, nous nous reposâmes le lendemain, et enterrâmes nos morts ainsi que ceux de l'ennemi, avec les honneurs militaires. Le général de Goltz envoya en parlementaire à Langres dans la matinée du 17, le lieutenant-colonel de Hartmann, pour demander si cette place voulait se rendre. La réponse, comme on s'y attendait, fut un refus.

« Le 18, à 6 heures du matin, nous commençâmes une marche à gauche pour nous approcher de la place par un autre côté; nous rencontrâmes beaucoup de difficultés. La route n'était pas seulement interceptée par des abatis d'arbres, mais elle était coupée par de profondes tranchées, de sorte que nous ne pouvions avancer que lentement. Vers une heure, l'avant-garde qui était fournie ce jour-là par le 30e régiment, rencontra l'ennemi à Beauchemin. Nous fûmes bientôt formés en bataille, mais l'ennemi ne tint pas et battit rapidement en retraite sur les hauteurs, et de là dans les bois; nous nous mîmes à sa poursuite.

« Dans cette affaire, et sans aucune perte, notre régiment fit beaucoup de prisonniers, et trouva une quantité d'armes et de sacs jetés par les fuyards; chose curieuse, dans chaque sac se trouvait un costume civil complet. Nous avions eu affaire, dans cette journée, avec la garde mobilisée de la Haute-Marne. Après avoir suffisamment poursuivi l'ennemi, nous passâmes la nuit à Saint-Ciergues et dans les environs. Ce sont de malheureux villages que les Français ont ravagés la semaine précédente, et où ils n'ont rien laissé. Le 19, nous partîmes pour faire une reconnaissance de la place, et nous avançâmes jusqu'à Humes et Changey, à cinq kilomètres de Langres environ.

« Humes, qui se trouvait sous le canon de l'ennemi, n'était pas occupé, par contre, notre 1er bataillon trouva cinq compagnies à Changey ; c'étaient un bataillon du 50e régiment de marche et une compagnie de garde mobile. Notre 1er bataillon s'empara bientôt de ce village, mais l'abandonna aussitôt, car il aurait été bombardé, et son occupation n'aurait eu d'autre résultat que de le faire brûler par les Français. Nous trouvâmes à Changey deux voitures chargées de vivres de toute espèce destinés à la place, et que l'ennemi avait abandonnées en se retirant. Un officier et 16 hommes furent faits prisonniers; nous ne fîmes aucune perte. Le soir, nous logeâmes à Beauchemin, Marac, etc. Après avoir pris ici quelque repos, nous partîmes aujourd'hui pour Rolampont à trois heures de l'après-midi. »

Jeudi 5 janvier.

ORDRE DE LA DIVISION.

« Son A. R. le grand-duc de Bade a daigné me charger d'exprimer à la division sa haute reconnaissance pour sa conduite à la bataille de Nuits.

« En m'acquittant de cet ordre, je félicite la division de ce second succès si flatteur, qu'elle doit encore à cette bataille.

« Ce témoignage doit nous exciter à nous rendre toujours dignes de la bienveillance de S. A. R., par une pratique exemplaire des devoirs du soldat, depuis les premières règles de la moralité jusqu'à la plus éclatante bravoure sur les champs de bataille.

RAPPORT DU LIEUTENANT GÉNÉRAL DE GLUMER A S. A. R. LE GRAND-DUC, SUR L'ÉVACUATION DE DIJON.

« J'informe très-humblement Votre A. R. que d'après les ordres reçus du commandant général du 14e corps d'armée, la division a évacué Dijon, et qu'après une marche forcée, elle est arrivée hier soir à Vesoul et dans les environs, avec les 1re et 2e brigades d'infanterie, la brigade de cavalerie et la division d'artillerie.

« La 3e brigade d'infanterie avec deux escadrons et une batterie, garde à Gray et à Arc le passage de la Saône.

« J'adresse très-humblement à Votre A. R. le rapport suivant sur les causes et sur l'exécution de ce mouvement. Des nouvelles adressées de différents côtés au commandant général du 14e corps d'armée, l'informaient toutes, que des forces ennemies considérables se concentraient à Besançon. On avait complétement suspendu la circulation privée sur la voie ferrée de Lyon à Besançon. Une partie de l'armée française de la Loire était probablement transportée par chemins de fer dans l'est, en passant par Lyon, et ces troupes devaient tenter de faire lever le siége de Belfort, et opérer sur le flanc du 14e corps d'armée. Le général de Werder ordonna en conséquence à ce 14e corps de se concentrer sur la ligne de Vesoul-Lure-Montbéliard, en abandonnant ses positions avancées de Dijon et de Langres, pour être ainsi à portée de s'opposer énergiquement à toutes les tentatives qui pourraient être faites pour la levée du siége de Belfort.

« On avait déjà appris le 26 par les avant-postes, que l'ennemi (70,000 hommes) s'était montré à Oiselay (1 mille 1/2 au nord de Besançon), et qu'il avait envoyé un détachement sur Fretigney. D'autres avis affirmaient que le 26, de plus forts détachements étaient partis de Besançon dans la direction de Belfort; il parut alors urgent de porter aussi rapidement que possible le 14e corps d'armée sur son aile gauche. La division badoise reçut en conséquence l'ordre de quitter Dijon le 27, et d'être concentrée à Vesoul le 29.

« La concentration la plus rapide devenant une chose capitale, une rencontre avec l'ennemi n'était pas dans l'intérêt général du mouvement. Il fut donc résolu, en admettant que des circonstances particulières ne vinssent pas s'opposer à ce projet, en rendant nécessaire une marche directe vers Besançon, de suivre la rive droite de la Saône depuis Gray, de traverser cette rivière à

Soing, et de gagner Vesoul depuis là. De cette façon, la Saône couvrait les flancs de l'armée pendant presque tout le trajet.

« La distance entre Dijon et Vesoul est de 116 kilom. ou 15 milles 1|2; il fallait la parcourir en trois jours. C'était, comme on le voit, demander beaucoup à nos troupes, si rompues qu'elles fussent à la marche. A l'arrivée de l'ordre de marcher il fallut disposer instantanément les troupes. Ceci, joint à la dislocation de la division et au temps excessivement mauvais qu'il fit alors, rendait tout particulièrement difficile l'exécution de cet ordre.

« Je puis cependant dire avec fierté à Votre A. R., que malgré ces circonstances défavorables, la division a accompli sa tâche d'une façon exemplaire, montrant une fois de plus que ce n'est pas seulement dans les combats que brillent ses qualités militaires.

« Le 26, quand la division reçut l'ordre de se tenir prête à partir, la 1re brigade était aux avant-postes, au sud et au sud-est de Dijon, dans la ligne de Marsannay à Neuilly passant par Longvic. La 3e brigade formait les avant-postes de la montagne et occupait Plombières, Talant et Fontaine-les-Dijon.

« La 2e brigade seule occupait Dijon.

« Il y avait encore le 26, en marche pour revenir, une colonne mobile de deux bataillons, deux escadrons et deux batteries, sous les ordres du commandant de Röder, qui avait été détachée de la 3e brigade, et envoyée à l'ouest, pour couvrir d'une façon plus complète le chemin de fer de Châtillon-Ravières. Elle arriva le soir de ce même jour à Panges (24 kilomètres ou 3 milles à l'ouest de Dijon.)

« Les dernières décisions du commandant en chef pour l'évacuation complète de Dijon furent préparées pendant la nuit, et l'ordre était donné à 7 heures 1/2 du matin. Avant de commencer le départ pour Vesoul, les bataillons qui étaient aux avant-postes et en service de patrouilles, devaient d'abord rentrer à Dijon pour y être concentrés en brigades, et enfin la 3e brigade devait attendre pour se mettre en route, le détachement du major de Röder.

« Voici l'ordre de marche de la division pour le 27, donné par le commandant général :

« La tête, comprenant la 2e brigade d'infanterie, sera le soir à Mantoche et à Essertenne (cinq milles et demi de Dijon).

« La première brigade suivra la deuxième avec les escadrons encore disponibles de la brigade de cavalerie et les batteries de la division d'artillerie. Cette brigade sera à Mirebeau et à Renève dans la soirée (quatre milles).

« La troisième brigade viendra comme dernier échelon et arrière-garde. Elle attendra, dans une position à l'est de Saint-Apollinaire, l'arrivée du détachement de Röder, et gagnera Arc-sur-Tille, Magny-Saint-Médard et Belleneuve. (De Panges à Arc-sur-Tille, cinq milles environ).

« Essertenne est désigné comme quartier de l'état-major de la division.

« Depuis le 20 décembre, il faisait un froid très-vif; le 26, il tomba beaucoup de neige sans que la température en fût adoucie. Par suite de cette neige, la marche sur les routes, qui toutes, dans les environs, sont caractérisées par des changements de niveau rapides et prolongés, — des montées et des descentes, — était excessivement fatigante pour les hommes et pour les chevaux. On avait surtout d'énormes difficultés à monter les voitures sur le corps de la route battu par cette longue colonne et converti en une glace unie. Plusieurs chevaux s'abattirent et durent être tués sur place.

« Malgré leur fatigue, les troupes n'en atteignirent pas moins complétement et sans traînards, au commencement de la nuit, les quartiers de marche qui leur avaient été désignés.

« La marche se continua le lendemain dans les mêmes conditions. La deuxième brigade fut dirigée sur Vaite, Autet et Dampierre (de trois milles et demi à quatre milles) ; la première brigade avec la brigade de cavalerie et la division d'artillerie reprenant leurs formations primitives à Montureux, Vereux, Arc et Gray ; la troisième brigade à Essertenne et à Mantoche. L'état-major de la division s'établit à Arc, au milieu du quartier de marche.

« Le 29 enfin, la division tout entière, à l'exception de la troisième brigade qui resta à Gray par ordre supérieur, atteignit, après un troisième jour de marche forcée de plus de cinq milles, le rayon de concentration qui lui avait été assigné autour de Vesoul.

« Ayant pu me convaincre en route que ce que l'on demandait aux troupes, comme marche, était excessif, je me transportai rapidement, de ma personne, à Vesoul, où le commandant en chef était arrivé la veille, et avec lequel je pus immédiatement communiquer, pour m'éclairer sur la situation et pour savoir si l'entrée à Vesoul pour le 29 était toujours absolument nécessaire. Il me fut répondu, quant à la situation, que les troupes pourraient prendre, pendant la journée du 29, leur quartier de marche là où ce serait nécessaire, et qu'elles n'entreraient à Vesoul que le 30 au matin.

« Quoique j'aie fait part aussitôt aux divisions de cet adoucissement, plusieurs régiments continuèrent la route de leur propre initiative et arrivèrent dans la soirée au but fixé.

« Quelques détachements avaient été pendant quatorze heures en chemin ; ainsi, le 3e régiment, parti à la pointe du jour, entra à Vesoul à dix heures et demie du soir, musique en tête et avec une tenue parfaite.

« Je devais exprimer à ce régiment, au-devant duquel je suis allé, ma reconnaissance toute particulière pour ce fait remarquable et pour sa discipline militaire.

« Ce que j'ai eu l'occasion de dire à la louange de ce régiment, je peux le répéter d'un cœur content pour tous les détachements de la division. Tous ont montré pendant ces journées ce que peut accomplir une troupe avec de la discipline et une éducation militaire.

« Il m'a été donné jusqu'à présent de signaler à Votre A. R. la bravoure au-dessus de tout éloge et le zèle déployés, pendant la campagne, par les enfants de Bade. Je peux ajouter, d'après ce dont j'ai été moi-même témoin, que la division badoise est en état de répondre de la façon la plus brillante à ce qu'on peut lui demander de plus grand et de plus difficile.

« Vesoul, le 30 décembre 1870.

« De Glumer,

« Lieutenant général et commandant de division. »

— On écrit à la *Gazette d'Heidelberg*, à propos de l'évacuation de Dijon :

« Nous apprenons que dix ou douze officiers et de quatre à cinq cents soldats blessés sont restés à Dijon. Un certain nombre d'officiers s'est fait emmener, contre l'avis des médecins, qui ont décliné toute responsabilité à cet égard. Le Conseil municipal est du reste bien intentionné. Indépendamment des vingt notables de Dijon envoyés à Brême comme otages, les Allemands ont encore en leur possession 500,000 fr. versés par la ville comme garantie de sa *bonne conduite*. Il y a donc tout lieu d'espérer que nos blessés seront bien traités jusqu'au jour où nous viendrons les chercher. Sauf sur une petite portion, près de Luxeuil, la circulation est rétablie sur le chemin de fer d'Epinal à Vesoul. »

— *Carlsruhe, 4 janvier.* — La lettre suivante nous arrive de la 3e compagnie du 3e régiment d'infanterie grand-ducal :

« Vous recevrez ci-joint, de notre part, la somme de 36 florins 28 kreutzers, pour secours aux invalides badois. Après la chaude journée du 18 et les fatigues des derniers jours, le 1er bataillon du 3e régiment pouvait prendre, dans le village de Chenôve, un peu de repos et de récréation. Le soldat avait obéi gaiement au commandement qui l'appelait devant le feu d'un ennemi acharné ; il songeait, aujourd'hui heureusement épargné par les balles, en voyant approcher la fête de Noël, à la patrie qu'il était si impatient de revoir, et aux parents qu'il y avait laissés. Or, il arriva qu'un soir, en petit comité, les sous-officiers de la 3e compagnie résolurent de célébrer, sur le sol ennemi et à la façon de leur pays, cette fête si belle et si grande pour le chrétien.

« Cette proposition fut accueillie avec tant d'enthousiasme, qu'on para un arbre de Noël et qu'on organisa une loterie au profit de nos camarades blessés et mutilés.

« Revenus ici le lendemain, les meilleures dispositions furent prises pour une fête simple mais convenable. Ce fut un moment solennel, quand s'ouvrirent les portes d'une chambre voisine et qu'apparut l'arbre de Noël, orné avec un goût parfait.

« Un silence religieux régnait dans le cercle, quand un quatuor entonna avec des voix quelque peu enrouées et par les hurrahs de la guerre si souvent répétés, et par les fatigues actuelles, la chanson :

« *Mit dem Hernn fang Alles an.* »

« Ce chant fut suivi d'une allocution aussi substantielle qu'éloquente de notre excellent sergent-major Scherer, qui expliqua aux nombreux soldats des autres compagnies et régiments l'importance de notre fête de ce jour.

« Elle se termina par un vivat général et enthousiaste pour notre prince, le protecteur et l'ami des soldats, le défenseur des intérêts allemands. Ce que produisit la loterie qui vint après, peut paraître à beaucoup, de peu d'importance, mais nous avons la conscience que nous sommes heureux de donner pour nos malheureux camarades, et que le kreutzer qui tombe de la main du soldat badois dans la main de l'ennemi donnera aussi de bons fruits.

« Veuillez donc annoncer dans votre journal l'envoi de ce don modeste à la noble fondation, offrande des guerriers allemands, qui voulaient donner à ceux qui leur sont chers une preuve que, sous la rude enveloppe du soldat, ils ont un cœur plein de l'amour de leur patrie et de leurs parents. A bientôt le revoir et en bonne santé, dans ce bien-aimé pays de Bade. »

(Nous avons envoyé la somme jointe à cette lettre à l'adresse de M. le premier bourgmestre Lauter).

— On écrit de Dijon (sans date) au *Journal de Genève :*

« Notre ville est en ce moment fortement occupée par les troupes françaises. Bourbaki y a son quartier général, et son armée se compose de 60,000 hommes avec quatre-vingts canons, sans parler des détachements de francs-tireurs qui sont arrivés ici avant lui..... Cette armée reprendra énergiquement l'offensive. En se retirant, les troupes allemandes ont emmené de nouveaux otages. »

—

Vendredi 6 *janvier.*

Genève, 4 *janvier.* — D'après une lettre de Dijon en date du 3, une rencontre a eu lieu hier dans les environs de Saulieu (à l'ouest de Dijon et au nord d'Autun), entre une colonne prussienne de sept à huit cents hommes allant de Semur à Montlay, et un bataillon de Garibaldiens, une compagnie de troupes du génie, et une compagnie de garde nationale de Saulieu.

Berne, 4 *janvier.* — Les Français font des mouvements rétrogrades sur Besançon. Le général Zastrow est en communication avec le général Werder.

— Le correspondant militaire de la *Gazette de Schleswig* fait les remarques suivantes sur les derniers mouvements du corps de Werder :

« Il paraît toujours plus vraisemblable que le général Bourbaki s'est dirigé sur le sud-est avec ses deux corps d'armée, abandonnant les environs de Nevers, où il était encore il y a peu de temps. Nous ne savons pas si notre troisième corps l'a suivi. Dans tous les cas, la situation du général de Werder était dangereuse, et pour cette raison, l'évacuation de Dijon doit être approuvée. En quittant Dijon, les nôtres n'abandonnaient aucun projet, puisqu'une expédition contre Lyon est encore tout à fait en dehors du plan de campagne. La tâche du général de Werder était d'une nature défensive; il fallait avant tout assurer notre ligne de communications et couvrir indirectement le siége de Belfort. Ces deux conditions peuvent être également remplies dans des positions plus en arrière. Dans ce mouvement rétrograde, le corps de Werder se réunira, sans aucun doute, aux renforts qui arrivent, et il rencontrera certainement aussi la 13e division du 7e corps d'armée revenant de Metz, et qui était déjà, il y a quelques jours, à Châtillon-sur-Seine.

« Il n'y aurait rien d'impossible à ce que la guerre prît de grandes proportions dans l'est de la France, surtout si Gambetta, pendant son séjour à Lyon, réussissait à faire, avec l'armée qui y est en formation depuis plusieurs mois, de grandes colonnes mobiles qui opéreraient conjointement avec Bourbaki, Garibaldi et Cremer. Une pareille tournure des affaires ne serait pas une difficulté pour nous, puisqu'une surprise n'est pas possible. Nos forces actuelles sont suffisantes pour repousser une première attaque, et les renforts qui arrivent d'Allemagne pourraient être facilement dirigés sur ce nouveau théâtre de la guerre. Notre point le plus exposé est toujours le dos de l'armée d'investissement de Paris, et rien ne pourrait nous être plus agréable que d'apprendre qu'elle n'a pas à craindre de bataille en rase campagne.

« Notre ligne de communications ne peut être facilement menacée, 22 milles environ d'un terrain difficile séparant Dijon de Nancy. »

—

Samedi 7 janvier.

Dijon. — D'après le *Progrès de Saône-et-Loire,* M. Serre, délégué du ministre de la guerre, est arrivé lundi dernier dans cette ville, à deux heures du soir. Huit à dix mille hommes y sont entrés dans l'après-midi et ont défilé devant le général Cremer, au milieu d'une grande affluence. Les trains de chemins de fer seront bientôt rétablis entre Dijon et Nuits. Il est arrivé un pont volant pour remplacer celui qui a été détruit par les Prussiens.

—

Dimanche 8 janvier.

Dijon. — Nous empruntons ce qui suit au *Progrès de Saône-et-Loire :*

« A leur entrée à Dijon, le 31 octobre, les Prussiens avaient exigé la somme de 500,000 fr. en garantie de la fidèle exécution des conventions relatives à la reddition de la ville. Sur cette somme, et grâce aux vives instances du maire, qui exposa les vives souffrances de la classe ouvrière, 200,000 fr. furent rendus. Cette somme fut employée à établir des chantiers municipaux (1). Les 300,000 fr. qui restaient, furent remis, à ce que l'on dit, par l'administration prussienne, au moment où elle quitta la ville, avec une lettre du général de Werder, dans laquelle il fait hautement l'éloge du patriotisme de la population. »

— Ricciotti Garibaldi a écrit la lettre suivante au commandant prussien, à Châtillon :

« *A Monsieur le Commandant des forces prussiennes, à Châtillon.*

« J'apprends que vous menacez de représailles les habitants de Châtillon, en raison de l'attaque du 19 par les francs-tireurs. Je ne sache pas qu'un succès, dû à la valeur de troupes régulières, puisse autoriser de semblables mesures.

« Une fois pour toutes, conduisez-vous donc, dans le cours de cette guerre, d'une manière loyale, et non pas comme des Vandales qui ne songent qu'au pillage. Menace pour menace, et si vous avez l'infamie de mettre à exécution vos détestables projets, je vous donne l'assurance que je ne ferai quartier à aucun des deux cents prisonniers que vous savez entre mes mains.

« *Le colonel,*

« R. GARIBALDI. »

Le commandant prussien a simplement répondu que les habitants de Châtillon ayant participé à son coup de

(1) Le journaliste allemand a traduit le mot chantier (atelier) par celui de *Holtzplatzen,* qui veut dire chantiers de bois.

main, il les traiterait suivant les lois de la guerre, et qu'il ne tenait pas pour sérieuse sa menace de mort à l'égard des prisonniers de guerre prussiens, attendu que le colonel R. Garibaldi devait savoir qu'il pourrait, pour chaque Prussien, faire fusiller vingt Français, et même davantage.

Supplément au numéro du 8 janvier.

Carlsruhe, 6 janvier.

NOUVELLES DU COMITÉ CENTRAL DE LA SOCIÉTÉ DES DAMES BADOISES.

Le Comité central de la Société des dames badoises a reçu la lettre suivante du commandant de la division grand-ducale :

Dijon, 22 décembre 1870.

« D'après l'agréable lettre du 10 décembre, n° 5162, les capuchons procurés par la gracieuse entremise de S. A. I. Madame la princesse Guillaume de Russie, sont arrivés ici et ont été distribués. J'ai l'honneur d'exprimer au Comité les remerciements des troupes placées sous mes ordres. Puisque l'agréable distribution des vêtements dont il s'agit était laissée à ma disposition, j'ai accompli le désir manifesté par le commandant en chef du 14e corps, et j'ai délivré deux cents de ces capuchons aux détachements prussiens placés sous ses ordres. Je l'ai fait avec d'autant moins d'hésitation qu'une partie de nos officiers en était pourvue dès le commencement du froid.

« *Signé :* DE GLUMER,

« Lieutenant général et commandant de la division. »

— Un habitant de Cologne envoie à la *Gazette* de cette ville les rectifications suivantes à l'égard du général français Cremer, dont il a été souvent question et qu'on disait hanovrien :

« Pendant les années 1864-66, je fis la connaissance du général actuel Cremer, à Sarreguemines, chez ses parents. C'est là qu'il est né (il n'a jamais vu Hanovre), qu'il a été élevé et que vit encore de ses rentes, son père, ancien négociant, originaire d'Elberfeld et naturalisé Français.

« Il avait alors vingt-cinq ans et était lieutenant d'état-major. De manières aimables, il avait une prédilection particulière pour l'allemand, qu'il parlait comme sa langue maternelle. Il revint, avec le grade de capitaine, du Mexique, où il faisait partie de l'état-major du général Clinchamp. Depuis ce temps jusqu'à la guerre actuelle, il est toujours resté capitaine ; il a maintenant trente et un ans. »

Mardi 10 *janvier.*

Nevers, 7 janvier. — Semur a été occupé hier par les Français.

— Le *Movimento* publie la lettre suivante de Garibaldi :

« Autun, 30 décembre 1870.

« Je n'ai jamais autant souhaité avoir trente ans de moins. Je considère cette guerre comme la plus importante de ma vie (!) et je suis vraiment satisfait de voir les affaires de la République prendre une aussi bonne tournure. Je n'ai jamais douté d'une heureuse terminaison, et aujourd'hui j'en doute moins que jamais (!) L'esprit de la population revit, et des gens de tous les âges courent aux armes avec un enthousiasme extraordinaire. Comme vous le voyez, ma main est faible; mais quand je me repose, je suis encore tout à fait vigoureux, et je peux même rester à cheval. »

— Le journal *l'Italie* publie l'ordre de bataille complet de l'*armée des Vosges* sous les ordres de Garibaldi.

Le général Bosak-Hauké commande la 1re brigade; Paul Vichard, chef de l'état-major général.

2e brigade: commandant Delpech; Jolivalt, chef de l'état-major général.

3e brigade: commandant Menotti Garibaldi; chef de l'état-major général, Santambroggio.

Artillerie: commandant en chef, Ollivier, commandant les batteries.

Quartier général: Dijon.

Chef d'état-major: Lobbia; chef de l'état-major général: Bordone.

— On écrit de Lyon, le 3 janvier, à l'*Indépendance belge:*

« Des détachements de la première levée de la garde mobilisée de la Côte-d'Or sont arrivés à Lyon aujourd'hui. La présence des Prussiens à Dijon avait jusque-là empêché leur départ. Le premier acte des Français à Dijon a été d'appeler sous les armes tous les hommes de vingt et un à quarante ans. Les officiers de la garde nationale de Lyon ont envoyé une adresse aux deux premières légions mobilisées de cette ville, pour les remercier de leur bravoure et leur faire leurs compliments de condoléance, en raison des pertes qu'elles ont éprouvées. En quittant Dijon, le général Werder a encore emmené vingt otages, mais laissé trois cent six officiers et soldats ayant des blessures graves. A ce sujet, le maire a adressé aux habitants une proclamation dans laquelle il les prie de ne rien se permettre envers ces blessés, leurs médecins et leurs infirmiers. Deux espions prussiens ont été fusillés à Dijon. »

—

Mercredi 11 *janvier*.

— On écrit au *Bund* de Berne :

« Depuis qu'une partie des troupes qui étaient devant Langres et qui occupaient le département de la Haute-Marne a rejoint le corps de Werder qu'il avait été ordonné de renforcer, et cela d'une façon pressante, de nombreuses bandes de francs-tireurs se sont immédiatement remontrées et causent beaucoup de désordres. Ce sont des chemins de fer détruits, des patrouilles enlevées, des postes contre lesquels on a tiré. De nouveaux bataillons prussiens de la landwehr partent presque chaque jour pour mettre fin à un pareil état de choses, et Langres sera de nouveau cerné. On en commencera sérieusement l'attaque, aussitôt que les canons de siége prussiens seront arrivés en quantité suffisante; mais leur transport à travers des chemins de montagnes rapides et généralement coupés, présente d'énormes difficultés, la station du chemin de fer la plus rapprochée étant à 6 ou 8 milles. La position de Langres sur des rochers abrupts et élevés, rendra un bombardement difficile. »

—

Vendredi 13 *janvier*.

LA RECONNAISSANCE SUR AUTUN.

Les communications que nous avons faites en leur temps sur cette opération de la 3e brigade badoise, du 29 novembre au 3 décembre, sous les ordres du général Keller, et qui fut conduite et exécutée avec autant de prudence que de bravoure, étaient tirées des lettres qui nous avaient été obligeamment communiquées, mais elles n'éclairaient que certains côtés de cette affaire.

Nous sommes en mesure d'offrir aujourd'hui à nos lecteurs un récit dû à la plume d'un correspondant qui a eu en communication les documents relatifs à cette expédition et qui a pu ainsi en embrasser tout l'ensemble.

Les combats heureux de Daix dans la soirée du 26 novembre, et ceux de Prenois-Pasques-Lantenay, le 27 du même mois, eurent des résultats plus importants que ceux qui furent jugés tout d'abord. L'état des prisonniers, les rapports des patrouilles du 28, dont chacune ramenait quelques-uns des hommes disséminés sur les chemins, ainsi que des voitures pleines d'armes et d'effets d'équipement ramassés çà et là, les dires des habitants; tous ces signes, en un mot, ne faisaient pas douter que la retraite du corps de Garibaldi ordonnée et commencée dans la nuit du 26, n'eût dégénéré après le combat du 27 en une véritable déroute. Le commandant en chef résolut aussitôt de poursuivre Garibaldi pour profiter autant que possible de la panique de ses troupes. Cette tâche fut confiée au général Keller avec la 3e brigade d'infanterie badoise. Un détachement du 3e bataillon du 1er régiment des grenadiers de la garde, la batterie Kunz et l'escadron de Schilling du 2e régiment de dragons, sous le commandement du colonel de Wechmar, prirent des dispositions pour protéger et couvrir le flanc gauche de la brigade (Nuits et Beaune).

Le 29, on se mit en marche. On rencontra dès Sombernon une petite colonne ennemie composée de traînards de Garibaldi. Ils occupaient une hauteur au sud-ouest de Sombernon; quelques coups de canon de la batterie d'avant-garde de Bodmann les mirent en fuite.

On prit les cantonnements à Sombernon et dans les localités les plus rapprochées (l'avant-garde à Echannay). Le général Keller avec son état-major établit son quartier général dans une petite maison de campagne de Sombernon où avaient logé la nuit précédente les deux fils de Garibaldi, généraux Menotti et Ricciotti. Partout, les habitants manifestaient leur mécontentement des troupes garibaldiennes qui venaient de passer. Ils étaient complétement désillusionnés. Peu de jours avant, les Garibaldiens étaient arrivés : des troupes fraîches (infanterie, cavalerie, artillerie) bien armées, promettant avec la forfanterie italo-française la reprise de Dijon et l'anéantissement du corps de Werder; aujourd'hui une déroute complète, plus d'ordre, plus d'obéissance, pas un détachement réuni, toutes les armes et tous les régiments confondus, volant, pillant !

La marche du 30 nous offrit le même tableau, c'est à

peine si la queue du corps de Garibaldi pouvait garder un peu d'avance.

Des deux détachements de reconnaissance (sous le commandement du capitaine Spörinn : deux compagnies du 5e régiment, la batterie de Bodmann, un demi-escadron de Reck) envoyés sur Arnay-le-Duc et Bligny, le premier seulement rencontra l'ennemi qu'il cherchait, et éprouva de la résistance. Environ 600 mobiles appartenant à la brigade Menotti s'étaient solidement établis à Arnay-le-Duc. L'infanterie soutenue par quelques grenades de la batterie de Bodmann, chassa l'ennemi. Sans compter ses pertes, on lui fit plus d'une douzaine de prisonniers. Le capitaine Spörinn prit possession de la ville. Ce détachement qu'on avait atteint, était certainement la queue des troupes garibaldiennes. On entrevoyait la possibilité pour les jours suivants, de mettre la griffe sur le gros de l'armée de Garibaldi, et d'exécuter un coup de main sur Autun, base de ses organisations et opérations.

Le commandant en chef avait déjà prévu cette éventualité en donnant au général Keller la liberté de continuer la poursuite jusqu'à Autun.

Pour que cette tentative réussît, il fallait atteindre les portes de cette ville avant la nuit, et pour cela la brigade avait d'abord à faire une marche forcée de 6 milles. Le général Keller résolut de donner suite à ce projet, en poussant jusqu'à Autun, et il prit ses dispositions en conséquence.

La brigade se cantonna du 30 novembre au 1er décembre avec l'avant-garde (un bataillon du cinquième régiment, quatre pièces de canon et un demi-escadron, sous le commandement du colonel Sachs) à Arnay, avec le gros des troupes à Rouvres-sous-Meilly, et dans les villages voisins, Maconge, Vandenesse, Sainte-Sabine et La Repe; elle se concentra à Arnay le 1er décembre à sept heures et demie du matin. Le colonel de Wechmar, qui s'était mis en marche les 29 et 30 novembre par la vallée de l'Ouche en passant par Sainte-Marie, Veuvey et Bligny, devait se rendre à Arnay et y surveiller la route d'Arnay à Bligny, par laquelle une partie du corps de Garibaldi s'était retirée sur Beaune, ainsi que celle d'Arnay à Ivry.

Par une froide mais belle journée d'hiver, la brigade était en marche pour le quartier général de Garibaldi, dont on avait tant parlé depuis des semaines, c'est-à-dire pour Autun.

Cette ville, sous-préfecture d'environ 8,000 habitants, était autrefois fortifiée. De vieux remparts, des murs et des fossés donnent à l'infanterie qui la défend, de solides points d'appui. En avant de cette enceinte s'élèvent des faubourgs autour desquels serpente la petite rivière d'Arroux, formant une seconde ceinture. La ville elle-même, bâtie sur une saillie en forme de terrasse, adossée aux hauteurs escarpées de la montagne, est commandée par ces mêmes hauteurs, ainsi que tout l'avant-terrain qui se trouve au nord. Les hauteurs étaient une position naturelle pour l'artillerie. Pour attaquer par le nord, il faut traverser une prairie n'offrant aucun abri. D'après tout cela, la position de la défense était excessivement forte.

Jusqu'à Autun, la marche se fit sans obstacle; à deux heures de l'après-midi environ, l'avant-garde arrivait à un quart d'heure de la ville. Des patrouilles de cavalerie, envoyées en avant, ramenèrent quelques prisonniers et rapportèrent la nouvelle que la ville était occupée, et que de fortes colonnes ennemies en débouchaient à l'instant même. Le major de Röder se lança aussitôt, avec l'avant-garde, sur la rangée de maisons qui se trouvaient là, et reçut les régiments qui s'approchaient, avec le feu rapide de son bataillon et les grenades de la batterie de Bodmann.

Deux batteries ennemies, placées sur les hauteurs, derrière la ville, commencèrent un feu violent de grenades et de mitraille contre la batterie dont nous venons de parler et contre le gros de la brigade qui s'avançait. Nos artilleurs soutinrent la lutte avec calme et énergie, et appuyés par deux pièces de la batterie de Göbel, ils la prolongèrent jusqu'à quatre heures et demie, quand s'arrêta le feu de l'ennemi.

Pendant ce temps, de fortes colonnes ennemies se montraient du côté de l'aile gauche. Le major Kiefer fut immédiatement envoyé dans cette direction (Saint-Pierre) avec les bataillons de fusiliers du 6ᵉ régiment, le bataillon Ehehalt et quatre pièces de la batterie de Göbel. Ces forces repoussèrent l'ennemi, et le colonel Sachs faisait avancer contre la ville le 1er bataillon du 5ᵉ régiment (Ehehalt), quand de nouvelles colonnes ennemies, se dirigeant de la forêt Royale contre Saint-Pierre, le forcèrent à leur opposer ce bataillon, ainsi que le bataillon de Röder. Ici, le détachement de Weinzierl, avec le 1er bataillon du 6ᵉ régiment et la batterie de Leiningen, prirent part au succès de ce combat. Ce détachement avait reçu l'ordre de se rendre à Saint-Denis, en passant par Magnien, La Varenne et Echaulée, pour agir, le cas échéant, sur le flanc de l'ennemi. Les chemins de montagne, devenus impraticables par suite du mauvais temps, et d'autres difficultés énormes (on ne pouvait faire avancer les pièces qu'avec le secours des hommes), avaient tellement retardé sa marche, que le détachement n'arriva qu'à quatre heures et demie sur le champ de bataille, juste à temps pour faire échouer l'attaque de flanc de l'ennemi et le refouler sur la ville.

Il était cinq heures, et l'obscurité était arrivée; des colonnes ennemies s'étaient retirées par la route de Chalon-sur-Saône, et deux trains de chemins de fer s'étaient dirigés sur l'ouest. Selon toute apparence, l'ennemi battait en retraite; cependant, quelques patrouilles envoyées en avant, rapportèrent que la lisière de la ville était encore occupée. Le commandant en chef, général Keller, se demanda s'il devait tenter ce soir-là même l'assaut de la ville; il préféra cependant, en songeant aux inévitables victimes que cela coûterait, nettoyer la ville avec des grenades incendiaires. L'assaut, au cas où il serait encore nécessaire, aurait lieu le lendemain matin, sans pertes considérables, et serait soutenu par une batterie (Kunz) du détachement de Weichmar, qui devait arriver sur ces entrefaites; les troupes durent, en conséquence, prendre leurs quartiers d'alarme dans les localités voisines de la ville.

Ces ordres étaient déjà donnés, quand arriva un ordre du commandant général qui rappelait la brigade dans le voisinage de Dijon, pour le 3 décembre au plus tard. D'après les nouvelles qu'on avait reçues, des masses ennemies considérables devaient s'être concentrées à Nuits, et on s'attendait à une attaque sur Dijon, venant de ce côté.

Dès lors, la poursuite de Garibaldi ne pouvait pas avoir son couronnement; il fallait renoncer à la prise d'Autun, et accomplir en deux fortes journées de marche la retraite sur Dijon.

Les pertes éprouvées pendant cette journée étaient peu importantes : deux officiers, vingt-quatre hommes, et douze chevaux tués et blessés.

L'ennemi, au contraire, dont les forces se composaient de 8,000 gardes mobiles, sous les ordres du colonel Millot, et de la plus grande partie du corps de Garibaldi, en subit de sérieuses, ainsi que le racontèrent les prisonniers, et comme l'imprimèrent, plus tard, les journaux français.

Les troupes qui, après cette énorme marche, s'étaient battues avec une bravoure digne d'éloges, prirent leurs quartiers à Saint-Forgeot, Surmoulin, Dracy-Saint-Loup, Lionge et Echaulée.

Le 2 décembre au matin, le général Keller s'assura encore qu'Autun ne pouvait plus, pendant ce jour, opposer une résistance sérieuse. Une patrouille de cavalerie, commandée par le lieutenant de Freisedt, put entrer dans les faubourgs de la ville avant d'essuyer le feu de quelques culottes rouges qui sortirent des maisons.

(A continuer.)

Carlsruhe, 12 janvier. — La communication suivante nous est adressée de Vesoul, à la date du 3 de ce mois, par une main honorable :

« Il sera intéressant pour les parents des soldats badois, et aussi pour cette partie des troupes qui, outre les Badois, se trouvait au 14e corps d'armée à Dijon, lors des fêtes de Noël, d'apprendre avec quel amical intérêt ceux qui étaient bien portants ont pensé à leurs camarades blessés ou malades. Le corps d'état-major donna l'idée de faire une collecte pour les soldats malades des hôpitaux, afin de leur procurer quelques douceurs pour la Noël. Par un ordre du jour, on apprit, le 21 décembre, aux divers détachements, qu'on désirait faire plaisir aux malades des hôpitaux de Dijon, en leur offrant des cadeaux de Noël, et que dans ce but, on organisait des collectes. Dans l'espace de deux jours, le 21 au soir, 10,057 fr. étaient recueillis. Du commandant en chef au simple soldat, chacun avait donné son obole. Il était touchant d'apprendre que les hommes qui, le 23, dans l'après-midi, revenaient à Dijon, fatigués du service des avant-postes, s'empressaient encore d'envoyer leur petite offrande, afin de contribuer à adoucir pendant quelques instants les tristes heures qui se suivaient pour leurs camarades malades.

« Le nombre des malades, alors dans les hôpitaux et ambulances, dépassait le chiffre de 800 ; ils étaient répartis dans huit maisons appartenant aux 2e, 5e et 6e ambulances. Il n'était pas possible, à cause de l'étendue de la ville et du nombre des malades, de leur donner à tous, dans la soirée de la fête, les cadeaux qui leur étaient destinés.

« On commença donc la distribution par l'ambulance n° 6. MM. Pecher, Kaufmann et Letoile de Bade, membres de la Société de secours, avaient pu acheter, dans le court intervalle de deux jours, huit cents cadeaux tels que porte-cigares, porte-monnaie, couteaux, briquets, pipes, portefeuilles, livres de poche, etc., et arranger tout cela en petits paquets avec huit cigares. En outre, chaque homme devait recevoir dix francs en argent.

« A quatre heures de l'après-midi, une commission se rendit à l'ambulance n° 6. Elle remit les cadeaux aux malades qui ne pouvaient pas quitter leurs lits, et qui étaient désignés par le médecin-major Wollenberg, tandis que les moins malades, ainsi que le personnel médical, étaient réunis dans un vaste local où se trouvait un arbre de Noël agréablement orné. L'aumônier de l'ambulance leur fit une allocution en harmonie avec la sérieuse situation dans laquelle nous nous trouvions tous, après quoi les cadeaux de leurs camarades leur furent distribués. Les médecins y ajoutèrent de la pâtisserie et des fruits achetés de leurs propres deniers et au moyen d'un petit secours reçu de Berlin.

« Ils s'opposèrent à ce qu'une fête du soir eût lieu dans l'ambulance n° 5, où se trouvaient beaucoup de malades et de blessés grièvement atteints, dans la crainte que ce ne fût préjudiciable à quelques-uns d'entre eux. Nous dûmes, en conséquence, nous borner à porter à chaque malade le cadeau qui lui était destiné.

« Le 26, nous arrivâmes malheureusement avec nos cadeaux de Noël à l'ambulance n° 2, dans un moment où il était difficile de rasséréner un peu les visages affligés et consternés de nos braves gens par la nouvelle du départ qui venait d'arriver. Il fallait partager rapidement les choses ; les infirmiers qui restaient, avaient fort à faire, tandis que ceux qui partaient, devaient se hâter de faire le nécessaire pour mobiliser l'ambulance. Dans ces circonstances, la célébration de la fête n'eut pas lieu, et le cœur serré, nous distribuâmes les cadeaux aux malades. M. Pecher prit la courageuse détermination de rester à son poste, à Dijon, après le départ de nos troupes, et de continuer à administrer, comme avant, le dépôt des secours volontaires aux blessés.

« On peut avoir l'assurance, d'après ce qui s'est passé

jusqu'ici, que nos malades n'ont aucun danger à redouter, tant de la population dijonnaise que des troupes de Garibaldi. Le maire a adressé une proclamation énergique, pour assurer la protection de nos soldats, et a fait placer des postes devant les ambulances aussitôt après notre départ. Vingt-trois otages, appartenant aux familles les plus notables de la ville, sont depuis longtemps entre nos mains, nous répondant de la sûreté de nos compatriotes. »

— On écrit de Mâcon, le 30 décembre, au *Daily News*, à propos de l'évacuation de Dijon :

« Maintenant que les Allemands ont eu le temps d'emmener leur artillerie, leurs munitions, et enfin de se retirer en bon ordre, on envoie contre eux une grande armée qui, au lieu d'attaquer l'ennemi, se repose sur des lauriers facilement cueillis.

« Pour vous donner une idée de la quantité de canons qu'on a eu à transporter de Lyon à Beaune, je vous dirai que le gouvernement a réquisitionné pour l'artillerie presque tous les chevaux de voiture, tant à Lyon que dans les environs, et tous les chevaux d'omnibus. Il règne une épouvantable confusion tout le long de la ligne de Lyon ; les stations de chemins de fer sont complétement encombrées de voitures d'artillerie et de munitions.

« Il est évident, d'après cela, que de grandes masses de troupes ont été dirigées sur Beaune pendant la semaine dernière. Le colonel Frapoli, l'ancien chef de l'état-major général de Garibaldi, fait général de division par Gambetta, et qui a été autorisé à former une armée de 60,000 hommes, a dans ce moment enrôlé environ soixante recrues. »

Samedi 14 janvier.

LA RECONNAISSANCE SUR AUTUN.

(Fin.)

La retraite sur Dijon, qui, dans la nuit du 2 au 3, donnait pour quartier aux troupes, Rouvres-sous-Meilly, Vandenesse, Sainte-Sabine et La Repe, devait nous amener, le 3, un nouveau combat.

Le détachement de Wechmar, qui couvrait la brigade du côté de Nuits, était aussi rentré à Dijon, rappelé par un ordre du corps. Par là, la route de Bligny à Nuits était devenue libre. Les patrouilles n'avaient cependant pas aperçu l'ennemi dans la matinée du 3.

L'avant-garde, — le détachement Kunz, — s'était mise en mouvement, comme elle en avait reçu l'ordre, un quart d'heure avant le départ du gros de la brigade de Vandenesse pour Sombernon. Le reste des troupes se trouva, avec le train, au rendez-vous, à Vandenesse, et se forma en colonne de marche. Tout à coup partit des hauteurs de Vandenesse un salut de coups de canon ; les grenades tombaient serré à Vandenesse, dans l'endroit où était parquée la batterie de Göbel. L'artillerie ennemie (six à huit pièces) et l'infanterie s'étendaient sur les hauteurs de Châteauneuf aux Bordes. La situation était épineuse. Un ordre du corps enjoint à la brigade d'être aujourd'hui à Dijon, pour parer aux événements qui y sont attendus, et l'ennemi, avec des masses imposantes, vient se mettre en travers du chemin.

Il fallait persister dans cette idée première : atteindre Dijon en temps utile, sans engagement complet avec l'ennemi. Pour y parvenir, et d'après l'état des lieux, le général prit promptement ses dispositions.

Le terrain était parfaitement disposé pour une attaque de flanc de la part de l'ennemi. Le chemin qui suit la vallée, en passant par Commarin, et qui était la route de retraite ordonnée, se trouvait, par les hauteurs à l'est, entièrement sous le feu des canons et des chassepots; les pentes, à l'ouest, étaient de beaucoup moins élevées que celles de l'est, et complétement commandées par elles. Un premier défilé, le pont sur le canal de Bourgogne, au sortir de Vandenesse, servait d'entrée au second. Les deux canons français établis dans les carrières élevées de Châteauneuf, devaient suffire, en admettant que leur tir fût précis, à empêcher de sortir de Vandenesse le train, considérablement augmenté par les réquisitions. Le calme et le sang-froid du commandant, la bravoure et la discipline des troupes pouvaient seuls surmonter toutes ces difficultés. Avant tout, le commandant fit placer au midi les batteries comte Leiningen et de Bodmann, et à l'est de Vandenesse, celle de Göbel, pour détourner du train le feu de l'ennemi et pour déloger les pièces, si cela était possible. Cette combinaison réussit; pendant que s'engageait ce combat d'artillerie, il fut possible au train de franchir le défilé et d'arriver sans pertes à Commarin.

Cela avait aussi rendu libre le mouvement des troupes. Le bataillon Kiefer avait déjà occupé la lisière est de Vandenesse et tenait en échec les colonnes qui arrivaient de Châteauneuf et de La Repe. Alors les bataillons Ehehalt et de Röder reçurent l'ordre de monter à l'assaut des hauteurs et de jeter l'ennemi dans la forêt. Ces braves troupes escaladèrent, sans s'arrêter et avec des hurrahs, ces hauteurs abruptes. Devant cet élan, l'ennemi recula précipitamment. Après s'être portés encore plus en avant, nos bataillons firent front du côté du sud.

L'infanterie ennemie était repoussée; l'artillerie qui, auparavant, avait été déjà plusieurs fois forcée, par la nôtre, de changer de position, s'était retirée derrière la forêt et ne tira plus que quelques coups au hasard. La cavalerie, les batteries et le bataillon Kiefer qui avait encore repoussé, par un feu rapide, les colonnes qui, de Sainte-Sabine et de Rouvres, s'avançaient sur Vandenesse, purent passer sans trop de difficultés.

Pour terminer, le demi-bataillon de Weinzierl reçut l'honorable mission de former l'arrière-garde sur les hauteurs, lorsque l'ennemi ne nous suivit plus dans les vallées. Le capitaine Weinzierl eut encore à repousser une attaque de l'infanterie ennemie après le départ des deux bataillons du 5e régiment et après avoir, de son côté, pris énergiquement l'offensive, il put, à midi, annoncer au général qu'il avait définitivement repoussé l'ennemi.

Dans la soirée du 3, la brigade entra dans les quartiers qui lui avaient été assignés près de Dijon : Plombières, Fleurey et Velars.

Dans ce combat, les pertes de la brigade furent : six officiers et trente-un soldats (tués, blessés et disparus). Cinq médecins restèrent à l'ambulance à Vandenesse, parce qu'on n'avait pas sous la main des moyens de transport suffisants pour les blessés.

Les troupes auxquelles on avait eu affaire à Vandenesse étaient les deux légions du Rhône sous le commandement du général Cremer. Leurs pertes, d'après les notes françaises, ont été d'un certain nombre d'officiers et d'environ 200 soldats.

Pendant cette poursuite de Garibaldi et l'affaire d'Autun, la 3e brigade avait parcouru 24 milles en cinq jours et s'était très-sérieusement battue pendant deux.

Les efforts demandés aux officiers et aux soldats pendant cette expédition furent d'une nature exceptionnelle; ils ont accompli leur tâche avec une persévérance et une bravoure exemplaires.

—

Lundi 16 *janvier.*

La *N. B. Ldsz.* dit avoir appris de Dijon que Garibaldi avait eu une attaque d'apoplexie et qu'il était alité et très-malade.

—

Mardi 17 *janvier.*

On écrit de Châtillon, le 10 janvier à l'*Allg. Ztg.*, à propos du combat du colonel de Dannenberg avec un détachement de Garibaldiens, dont il a été déjà plusieurs fois question :

« Avant-hier, le colonel prussien de Dannenberg, commandant un corps volant, composé de trois bataillons, deux escadrons, et de quelques pièces légères de campagne, a eu une rencontre sérieuse près de Montbard, pas loin d'ici, avec un parti garibaldien qui l'attaqua avec un grand courage, mais qui fut énergiquement repoussé par nos troupes. Cette bande avait vraisemblablement pour but de gagner, par Saint-Dizier, la ligne du chemin de fer de Nancy à Paris et de la détruire. Ce projet a échoué, car cette bande est en retraite, après avoir fait des pertes sérieuses. »

— On écrit de Lyon, le 9 janvier à l'*Indépendance belge*, que des troupes partent continuellement de cette ville pour couvrir Dijon. La 3e légion du Rhône doit aussi hâter son départ.

—

Mercredi 18 *janvier*.

Pendant que la *N. Bad. Ldszlg.* disait que le général Garibaldi avait été atteint d'une attaque d'apoplexie à Dijon, la *Köln. Ztg.* annonçait, de son côté, qu'il se portait parfaitement, et qu'il affirmait toujours le triomphe prochain et complet des Français.

—

Samedi 21 *janvier*.

On écrit de Dijon, le 10 janvier, au *Movimento*, que le gouvernement a confié la défense de Dijon au général Garibaldi, et que ce dernier y a fait exécuter des travaux de défense.

Les troupes du général Pélissier seront placées sous son commandement.

Ricciotti, qui était sur le point d'être cerné par les Prussiens, leur a heureusement échappé et marche sur Vitteaux.

Dimanche 22 janvier.

— *Carlsruhe,* 21 *janvier.* — L'extrait suivant d'une lettre écrite au milieu des derniers combats livrés par notre division, donnera une idée des événements et de l'esprit avec lequel ils ont été appréciés.

« ..... Ils furent plus sérieux et plus rudes que l'agréable expédition d'Autun, les jours qui se sont écoulés depuis l'évacuation de Dijon jusqu'à notre destination, qui était de couvrir Belfort. Le 20 décembre, on avait la certitude que la folle pensée de Gambetta allait être mise à exécution, que « nous allions voir paraître sur la « scène une armée française marchant sur l'Allemagne, « après avoir fait lever le siége de Belfort et enlevé nos « étapes de Nancy à Paris.» On lisait, depuis longtemps des indications à ce sujet dans les journaux français ; bien souvent les enragés républicains dijonnais menaçaient les soldats qui étaient leurs hôtes, de cette vengeresse et irrésistible expédition. (Le ministre de la guerre, les perruquiers de Dijon ou les aubergistes avaient en vue, à cet égard, moins le but militaire et ses résultats, que la satisfaction de leurs sentiments personnels ; ils avaient soif d'une revanche de ce que tous les Français avaient souffert moralement et matériellement ; ils voulaient voir les Allemands humiliés, insultés, rançonnés et épuisés par les soldats français, que ce soient des turcos ou des goums, ils auraient même pris volontiers une part active à tout cela.) Alors trains sur trains venant du sud (Lyon) ou de l'ouest (Nevers) se dirigeaient sur Besançon où se rassemblaient des masses de troupes françaises.

« Par là, la concentration du corps de Werder, qui occupait toute la ligne de Dijon à Vesoul, et qui avait des troupes détachées près de Langres, était devenue nécessaire. Le 26 décembre, on évacua Dijon, la charmante et voluptueuse ville.

« Depuis le jour de l'occupation (30 octobre), on y avait fêté bien des *au revoir*, échangé bien des souvenirs ; bien des saluts, avec ou sans le cliquetis des verres, y avaient été envoyés en commun à la patrie.

« Après avoir couché sur la paille, manger de la soupe au pain et au bœuf ; après la pluie, trouver une chambre confortable offrant toutes les petites choses dont on peut avoir besoin et auxquelles on est habitué, et que nous n'avons pas revues depuis longtemps : de la soupe française, du Bourgogne de première qualité, Dijon nous offrait tout cela. Une vraie Capoue pour les officiers et pour les hommes, en comparaison des villages des Vosges et de la Haute-Saône ; mais avec cela, les continuelles alertes du service des avant-postes !

« Après une marche forcée de douze heures, pendant deux jours consécutifs, le corps se concentra à Vesoul. La 3e brigade avait son arrière-garde jusqu'à Gray. De là on observa, du 28 au 30 décembre, les routes de Besançon, Dijon et Langres. Il y eut quelques engagements d'avant-postes, et le 1er janvier, on se retira à Neuville, puis le 4 à Vesoul. »

— *Fontaine, près Baigneux,* 13 *janvier.* — On écrit, à cette date, à la *N. Pr. Ztg.* :

Nous (du 60e régiment) sommes ici très à l'étroit et tout près de Garibaldi. Hier, reconnaissance sur Dijon. Quelques cavaliers français mis en fuite par huit grenades. (Baigneux est à moitié chemin de Châtillon-sur-Seine à Dijon, et Fontaine est un peu au nord-ouest de Baigneux.)

Mardi 24 janvier.

Bordeaux, 22 janvier. — On mande de Dijon, le 21, à dix heures et demie du soir :

« Un combat a eu lieu ce matin, dans les environs de Dijon, contre de nombreuses troupes ennemies. La bataille s'est développée surtout dans le voisinage de Norges, Fontaine, Talant et Saint-Seine. Du côté des Français, ce sont les troupes de Bosak, Ricciotti et Menotti Garibaldi qui prirent part à la bataille. En général, les Français ont gardé leurs positions. Les troupes prussiennes appartiennent au corps d'armée poméranien. Les pertes des Français sont considérables. On croit que le combat recommencera demain. Les avant-postes prussiens et français sont en face les uns des autres et aussi près que possible. »

Dijon. — Il y eut mercredi dernier 18, une vive alarme à Dijon, causée par la nouvelle qui venait d'arriver qu'une forte colonne ennemie était en marche et déjà parvenue dans le voisinage de Flavigny (Côte-d'Or). On ne s'étonnait pas médiocrement de la « *témérité* » des Allemands, qui s'aventuraient encore en avant, « après avoir été repoussés tout dernièrement et si énergiquement par les francs-tireurs et les Garibaldiens. » On battit la générale, et les troupes se préparèrent immédiatement à se porter au-devant de l'ennemi et à lui donner une leçon qu rendrait ce retour amer.

Bordeaux, 21 *janvier.* — Garibaldi écrivait de Dijon, le 18 janvier, au colonel Frapolli, une lettre dans laquelle il disait : « Ne nous occupons plus du passé, ne songeons qu'à l'avenir ! Organisez-vous avec ce que vous pourrez réunir en soldats italiens. Je vous en serai reconnaissant. Envoyez-les-moi, nous marcherons ensemble si cela leur convient. Publiez ces lignes si vous le jugez utile. »

Mercredi 25 *janvier.*

D'après des dépêches télégraphiques de source française, les Garibaldiens et les mobilisés prétendent avoir remporté le 22, près de Dijon, une victoire sur les Prussiens. Nous nous bornons à signaler cette nouvelle, qui n'est guère croyable en elle-même, en faisant observer que, jusqu'à présent (24 janvier, quatre heures de l'après-midi), aucun renseignement n'est encore arrivé du grand quartier général à Versailles, sur les événements qui se sont passés pendant la marche sur Dijon. Peut-être n'y a-t-il en ce moment aucune communication télégraphique entre Versailles et les positions que les troupes Allemandes occupent près de Dijon.

Genève, 25 *janvier.* — Une lettre particulière de Lyon, en date du 22, dit : Des combats sérieux ont eu lieu (à Dijon ?) entre les Garibaldiens et l'ennemi. Ils ne paraissent pas avoir donné de résultat. D'après les dernières nouvelles, les Garibaldiens se maintenaient dans la ville.

Vendredi 27 janvier.

On écrit de Dijon, le 23 janvier :

Les Prussiens concentrent le gros de leurs forces sur la route de Langres, après avoir fait un simulacre d'attaque sur notre flanc gauche.

— Le gouvernement de Bordeaux publie, sous la date du 24, qu'à Dijon, les Allemands ont été forcés de battre en retraite sur Messigny, Norges et Savigny-le-Sec (tous ces villages sont au nord de Dijon). Une grande partie des mobiles de la Haute-Savoie est arrivée assez à temps pour pouvoir prendre part au combat.

Nous devons douter de la véracité de ces nouvelles jusqu'à ce que nous ayons des renseignements de source allemande. Il n'en est point encore arrivé.

—

Samedi 28 janvier.

Dijon, 25 janvier. — L'ennemi se retire de tous côtés des environs de Dijon. Les corps prussiens qui étaient en ligne ces derniers jours, comprenaient environ 35,000 hommes (?)

—

Dimanche 29 janvier.

Dijon. — Nous continuons à manquer de détails de provenance allemande sur les combats livrés à Dijon ; nous n'avons absolument que des renseignements d'origine française. D'après une correspondance du *Progrès de Saône-et-Loire,* la ville aurait été attaquée par 15 ou 20,000 Prussiens de l'armée de siége de Paris, arrivés par Avallon, Semur et Montbard. Peu de temps avant, était passée une colonne prussienne de même importance, se dirigeant sur Mirebeau et Gray. Garibaldi ne l'a pas inquiétée, dit-il, d'après un ordre supérieur. Les autres arrivèrent par Saint-Seine et Val-Suzon, jusqu'à Talant et Fontaine près Dijon, où ils rencontrèrent une résistance énergique.

« Le samedi 21, — est-il dit plus loin,— la canonnade et la fusillade durèrent de une heure de l'après-midi jusqu'à la nuit. La ligne prussienne s'étendait jusqu'à Messigny, où elle fut arrêtée par les mobilisés du Jura et quelques compagnies de francs-tireurs. L'ennemi passa la nuit à cinq kilomètres d'ici, après avoir éprouvé de grandes pertes, mais il s'était emparé d'une forte position, le village d'Hauteville. Il occupait aussi Plombières.

« Pendant la nuit du samedi au dimanche, un bataillon de turcos et quelques compagnies de chasseurs de Vincennes entrèrent à Dijon. Le combat recommença le dimanche, à huit heures du matin. L'artillerie française démonta cinq canons prussiens. L'ennemi, qui voulait à toute force s'emparer de Dijon, fit des efforts inouïs pour prendre les hauteurs environnantes, et surtout le plateau de Talant, à l'assaut duquel il monta trois fois. Les zouaves, les turcos et les francs-tireurs se défendirent à la baïonnette et tuèrent beaucoup de Prussiens. Vers trois heures, ces derniers se retirèrent sur toute la ligne, laissant entre nos mains deux à trois cents prisonniers et la terre couverte de leurs morts. »

Les Français avaient à ce combat, comme nous l'avons ultérieurement appris, 45,000 hommes et 80 canons. Les pertes de l'ennemi ont été au moins de six à sept mille hommes.

Du côté des Français, le général garibaldien Bosak-Hauké et le colonel de francs-tireurs Lhoste ont été mortellement blessés.

D'après le *Progrès de Lyon,* la colonne prussienne, et cela pourrait bien être exact, se composait de quatre régiments d'infanterie, n°s 2, 21, 24 et 61, auxquels il faut ajouter de la cavalerie et de l'artillerie en rapport avec cette infanterie. Il en résulterait, ce qui était tout d'abord présumable, qu'une seule division prussienne a pris part à ces combats, ayant contre elle un ennemi trois fois supérieur.

NOUVELLES MILITAIRES OFFICIELLES.

Versailles, 27 janvier. — Le général Kettler annonce que, le 23, il s'est porté en avant, dans la direction de Dijon, et qu'il a fait prisonniers cinq officiers et cent cinquante hommes. Le porte-enseigne du 2e bataillon du 61e régiment a été tué pendant la nuit, dans un engagement qui a eu lieu dans un bois. Le drapeau a disparu.

Lundi 30 *janvier.*

Bruxelles, 28 *janvier.* — Comme on l'écrit à l'*Indépendance belge,* c'est par les Français que le pont de Saint-Jean-de-Losne a été détruit, parce qu'on craignait une marche de l'ennemi sur la Haute-Bourgogne.

Mardi 31 *janvier*.

Garibaldi a publié, le 23 janvier, à Dijon, un ordre du jour dans lequel, malgré ses succès sur une division prussienne, si exagérés par les journaux français, il ne se montre que modérément fier de ce triomphe. Le condottiere se vante bien que ses bandes, qui sont « les meilleures troupes du monde, » ont remporté la victoire, mais s'abstenant très-prudemment d'insister sur le résultat de cette « victoire, » il profite de cette occasion pour morigéner ses soldats, en leur faisant observer que, sous différents rapports, ils ne se sont pas battus méthodiquement comme ils auraient dû le faire.

« Les armes de précision, dit-il dans son ordre du jour, demandent une tactique plus sévère dans les lignes de tirailleurs ; vous vous massez trop, et vous ne profitez pas assez des accidents du sol ; vous ne gardez pas assez le sang-froid nécessaire en face de l'ennemi, de là vient que vous faites toujours peu de prisonniers et que vous avez beaucoup de blessés. L'ennemi, plus habile, acquiert alors sur vous, malgré votre bravoure, une supériorité qu'il ne devrait point avoir. La conduite des officiers laisse beaucoup à désirer ; à peu d'exceptions, ils ne s'occupent pas assez de l'instruction des milices, de leur propreté, de l'état de leurs armes, ni enfin de leur manière d'agir envers les habitants des campagnes, qui sont bons pour nous, et que nous devons considérer comme des frères. »

Vendredi 3 *février*.

On écrit de Dijon, le 29 janvier :

« C'est dans cette ville que les commandants des troupes qui revenaient de prendre part aux engagements d'avant-postes dans la direction de Gray, apprirent les nouvelles de J. Favre. C'est avec chagrin que les troupes obéirent aux ordres reçus, et qu'elles se rendirent à la limite des positions qui leur étaient assignées.

« On sait que la Côte-d'Or fait partie des départements de l'est auxquels, jusqu'à nouvel ordre, l'armistice n'est pas encore applicable. Maintenant que l'armée de Bourbaki a été jetée en Suisse, l'orage s'amasserait alors sur la tête de Garibaldi. »

La note précédente semble donner à entendre qu'il a trouvé bon d'évacuer Dijon et le département de la Côte-d'Or, et de se retirer derrière les lignes de démarcation avec le général Pélissier qui commande un corps français. La nouvelle donnée par les journaux annonçant que Dijon avait été pris par les Prussiens, après un combat de deux jours, n'était pas fondée.

Samedi 4 *février*.

Dijon. — Un ordre du jour de Garibaldi, en date du 26 janvier, confirme la mort du général Bosak-Hauké. Parmi les autres morts de ces trois jours de combat près Dijon, se trouvent encore le docteur Ferraris, médecin de Garibaldi, Imbriani, officier et ancien député, et le capitaine Orense, fils du républicain espagnol. Les pertes des Garibaldiens surtout sont très-considérables. Le bataillon Ciotti a perdu neuf officiers sur quatorze. Quelques compagnies du bataillon Erba sont réduites à vingt-cinq ou trente hommes.

—

Dimanche 5 *février.*

— *Versailles,* 4 *février.* — Dijon a été occupé le 1er février par nos troupes, après un léger combat.

—

Mercredi 8 *février.*

Garibaldi regardant l'armistice comme valable aussi pour l'est, a publié l'ordre du jour suivant :

« Vous avez 21 jours d'armistice, et par conséquent votre noble tâche n'est aucunement terminée ; aussi, pour la mener à bonne fin, il vous faut mettre le temps à profit et vous exercer. Vous êtes braves ; vous l'avez montré sur les champs de bataille. Pendant cet intervalle, il faut par un exercice opiniâtre et par la discipline dont la pratique vous sera inspirée par votre caractère sacré de champions de la république, vous préparer à chasser les soldats du despote qui opprime la France. »

— Le 2e bataillon du 61e régiment d'infanterie poméranien a perdu, comme on le sait, son drapeau près de Dijon.

Il est dit dans une déclaration des morts faite par le chef du régiment, lieutenant-colonel Weyrach :

« Le 23 janvier fut tué devant les murs de Dijon, en montant à l'assaut d'une ferme fortement gardée, le second lieutenant Schulze, tenant le drapeau à la main, et après lui le second lieutenant et adjudant du 2e bataillon de Puttkammer I qui avait saisi le drapeau et se précipitait sur l'ennemi.

« Le 21, furent tués de ce même régiment : le premier lieutenant Küster, le premier lieutenant et commandant de compagnie comte Schwerin, le second lieutenant Bascke I, le vice-sergent-major de Raesfeld, et le médecin-major Dr Born. »

Vendredi 10 *février*.

— Il faut encore remarquer, à l'égard des derniers combats qui ont eu lieu près de Dijon entre les Garibaldiens et les Poméraniens, comme le constate la *N. Stettin Ztg.* d'après une série de lettres venant du théâtre de la guerre, que deux régiments poméraniens seulement, les 21e et 61e, étaient restés devant Dijon pour occuper Garibaldi.

Comme d'après le dire des Garibaldiens eux-mêmes, leur corps occupant cette ville était de 40,000 hommes, il en résulte que dans les combats autour de Dijon, une seule brigade de 6,000 hommes au plus, a tenu tête à cet ennemi si supérieur en nombre, et suivant les ordres reçus empêcha complétement leur coopération avec le corps principal de Bourbaki. Nous savons, malgré la jactance des nouvelles françaises, et d'après les pertes énormes avouées par l'ennemi lui-même, comment cette tâche a été remplie par ces deux braves régiments dans cette position difficile.

—

Dimanche 12 *février*.

La retraite des Garibaldiens (de Dijon) est racontée de la façon suivante dans la *Gazette de Turin* par Beghetti son correspondant au camp garibaldien.

« Au moment où nous nous préparions à quitter Dijon pour nous rendre à Genlis, lieu fixé pour notre cantonnement pendant l'armistice, nous reçûmes l'ordre de partir pour Saint-Apollinaire à 2 kilom. de Dijon. Là, on nous plaça avec l'artillerie, derrière un long retranchement, et nous pûmes voir les Prussiens s'avancer en plusieurs colonnes, sortant du village de Varois à 800 mètres de nous. Cette marche et cette circonstance que nous avions entendu le canon gronder toute la journée, alors que l'armistice devait être conclu, nous parurent étranges au dernier point. Les Prussiens marchaient toujours et s'arrêtèrent à 300 mètres de nous. Nous ne devions attaquer que si nous étions attaqués nous-mêmes. Midi se passa, puis deux heures arrivèrent et l'on s'observait toujours réciproquement. Nos artilleurs trouvant le temps long envoyèrent quelques boulets à l'ennemi qui riposta. On se tira dessus pendant quelques instants, puis on s'arrêta. Quelques-uns de nos espions les plus audacieux se hasardèrent jusqu'aux avant-postes prussiens et y trouvèrent le même calme extraordinaire.

Enfin la nuit arriva, et nous jugeâmes prudent de nous retirer par petits détachements; nous y parvînmes sans que cela fût remarqué par l'ennemi.

« Nous traversâmes Dijon, puis suivant la route de Plombières, nous passâmes la nuit à Bligny, et le lendemain matin nous franchissions les limites de la Côte-d'Or.

« A Epinac, nous espérions être transportés en chemin de fer, mais les wagons étaient partis.

« A Sombernon, les Prussiens ont dû faire prisonniers 200 mobiles et quelques traînards garibaldiens.

« Des limites de la Côte-d'Or nous allâmes à Chalon et de là à Mâcon, lieu de rassemblement. Une autre colonne garibaldienne s'était rendue le 1er, de Dijon à Chagny par Nuits et Beaune. Comme la précédente, elle avait été poursuivie par les Prussiens, mais ils ne l'atteignirent pas.

« Les Garibaldiens sont très-mécontents du gouvernement provisoire qui ne leur a fait aucune communication relativement aux conditions exceptionnelles de l'armistice, de sorte que Garibaldi se croyait complétement en sûreté. »

Lundi 13 *février*.

On écrit du département de la Côte-d'Or au *Journal de Genève*.

« Les Prussiens ont occupé la ville de Beaune. La rivière de Dheune qui sert de limite aux départements de la Côte-d'Or et de Saône-et-Loire, sépare aussi les avant-postes des deux armées. Celle de Garibaldi se trouve moitié à Chagny (au sud de Beaune), et moitié à Bourg-en-Bresse (à l'est de Mâcon) où a été transporté le quartier général.

« Le service du chemin de fer entre Chagny et Autun par Nolay et Epinac est suspendu, ce chemin se trouvant sur un territoire qui n'est pas neutralisé. Les hostilités ont complétement cessé depuis que les lignes de démarcation ont été fixées. »

—

Mercredi 15 *février*.

Carlsruhe, 14 *février*. — Extrait d'une lettre écrite de Dijon le 6 février par un médecin militaire badois :

« Nous avons passé de bien mauvais jours pendant notre captivité de cinq semaines, et cela contrairement à tout droit. C'est avec le cœur serré, que le 27 décembre, nous vîmes le départ des troupes allemandes. Il nous fallait rester ici comme médecins, protégés par nos fonctions et par la commission de Genève. Cela ne nous mit pas à l'abri des insultes les plus révoltantes. Nous ne pouvions pas sortir sans escorte pour nous protéger contre les mauvais sujets. On nous a désarmés, c'est-à-dire qu'on nous a volé nos sabres, pour exprimer cela d'une façon plus vraie. Deux fois on nous coucha en joue. Il n'y avait plus qu'à serrer le doigt, et l'un de nous était tué. Ce dont nous souffrions le plus, c'était d'être sans nouvelles de nos familles, et de ne plus avoir de journaux allemands. Nous n'avions à lire que les bourdes des journaux français de la localité, qui nous soupçonnaient d'être des espions, etc. Ce fut une grande joie, quand le 1er février un médecin prussien entra près de nous.

« Notre plus mauvais temps avait été celui des trois journées de bataille près de Dijon.

« Nous étions encombrés d'une masse de blessés, et l'animosité augmenta contre nous après qu'on eut attribué aux Allemands des infamies de toute sorte.

« Il faut espérer que nous reviendrons bientôt, et alors nous vous en raconterons davantage de vive voix.

Versailles, 12 *février*. — Les départements du Jura, du Doubs et de la Côte-d'Or, se trouvent encore en état de guerre d'après l'art. 1er de la convention du 28 janvier. Lors de la discussion relative à cette convention, les Allemands offrirent d'étendre l'armistice à ces départements, en échange de la capitulation de Belfort avec la libre sortie de la garnison. Les Français ont refusé. Après l'entrée de l'armée sur le territoire suisse, on proposa le chemin de fer de Pontarlier comme ligne de démarcation, ce qui aurait laissé libre le sud du département de la Côte-d'Or. Les Français ont encore répondu par un refus.

—

Vendredi 17 *février*.

Le *Pr. Sttsanz*. et d'autres journaux prussiens publient, sur les opérations de l'armée du sud, un récit détaillé auquel nous faisons quelques emprunts, afin d'éclaircir certains points moins connus jusqu'à présent.

. . . .

« La présence de Garibaldi à Dijon était incommode pour les communications en arrière de l'armée du sud. Jusqu'alors on avait l'intention de diriger contre l'ennemi les forces réunies des deux corps (2e et 7e), mais le soin de paralyser les troupes garibaldiennes fut confié au faible détachement du major général de Kettler. Le moment était venu, alors que ces communications avec le 14e corps n'étaient plus menacées, de se porter sérieusement sur Dijon, point toujours important. On chargea de cette expédition contre le chef-lieu de la Côte-d'Or, outre la brigade Knesebeck déjà échelonnée entre Gray et Dôle, la brigade badoise Degenfeld et la brigade de cavalerie du colonel de Willisen. Ces troupes, ainsi que la brigade Kettler, furent placées sous les ordres du lieutenant général Hann de Weyhern qui, le 27, quitta les environs de Pesmes pour marcher sur Dijon. Le major général de Kettler, resté en arrière pour couvrir les communications entre Montbard et Dijon, avait jusque-là rempli sa tâche d'une façon hardie mais heureuse.

« Le 21 janvier, ce général avait constaté, par une reconnaissance sur Dijon, suivie d'un combat sanglant où nous fîmes 500 prisonniers, que le corps de Garibaldi s'élevait au moins à 25,000 hommes et que l'ennemi avait une position armée de 20 pièces de gros calibre. Le général de Kettler renouvela son attaque le 23, et il ne s'empara pas de Dijon. L'offensive, audacieusement prise, eut du moins pour résultat que Garibaldi, se croyant attaqué par des forces considérables, peut-être même par l'armée du sud, resta dans la plus complète immobilité et n'alla pas, comme il pouvait parfaitement le faire, au secours de Bourbaki qui l'attendait.

« Si ces jours-là Garibaldi avait marché contre nos

troupes dans la direction de Dôle, où Auxonne lui offrait un bon point d'appui, les mouvements des 2e et 7e corps auraient été certainement retardés de quelques jours, et les Français auraient eu le temps d'effectuer leur retraite sur Lyon, en suivant les frontières de la Suisse.

« Garibaldi resta inactif à Dijon qu'il évacua aussi le 1er février, sans avoir résisté sérieusement, alors que le général Hann de Weyhern arrivait pour renforcer le général de Kettler.

« Garibaldi ramena par le chemin de fer son corps sur le midi pour le conserver lui et sa victorieuse activité à l'avenir de la France dont la vive reconnaissance ne lui manquera pas. »

— On écrit au *Bund,* des frontières de la Suisse :

« Les artilleurs prussiens qui avaient été faits prisonniers par le capitaine de francs-tireurs Huot et amenés sur la frontière suisse, ont été conduits à Dôle où ils ont été mis en liberté. La façon dont ces artilleurs avaient été pris pouvait être regardée, vu les circonstances, comme contraire au droit de la guerre. »

— L'ordre du jour publié le 2 février par le soi-disant général et chef de l'état-major Bordone, donne une idée du ton et de la distinction qui règnent chez les Garibaldiens. Il se termine ainsi :

« Jurons de ne pas déposer les armes avant d'avoir purgé le sol de la France de ces bandes de renards et de loups qu'on appelle l'armée de l'empereur Guillaume. Nous courrons sur eux comme sur ces animaux sauvages, auxquels, quand ils sont sur leurs fins, étendus à terre, on perce le ventre avec des épieux et des fourches. »

(Ce monsieur Bordone est celui qui a eu autrefois des démêlés désagréables avec la justice française à cause de sa manière peu claire de comprendre le *mien* et le *tien*.)

— *Marseille,* 14 *février*. — Garibaldi est arrivé ici accompagné de Bordone et s'embarquera demain pour Caprera. Il n'y a pas eu de démonstration.

Dimanche 19 *février*.

— On écrit de Versailles, à l'*Allg. Ztg.:*

« L'aimable lettre adressée, de son propre mouvement, au général Manteuffel, par Menotti Garibaldi, a fait ici une agréable impression. Il y déclare que le drapeau d'un bataillon du 61e régiment d'infanterie prussien, désigné comme disparu dans le rapport officiel du général, a été trouvé après le combat sous un amas de morts et de blessés. Il résulte de cette déclaration de l'ennemi, exprimée avec une clarté excluant toute équivoque, que le régiment a défendu son drapeau avec la plus grande valeur et que ses morts le couvraient de leurs cadavres. »

Lundi 20 *février*.

— *Bordeaux,* 18 *février*. — Menotti Garibaldi est nommé au commandement provisoire de l'armée des Vosges.

Menotti et Ricciotti Garibaldi sont à Chalon-sur-Saône.

L'armée des Vosges est cantonnée entre Chalon, Mâcon et Bourg; le quartier général de la 1re brigade, sous les ordres du général Canzio, est à Bourg.

Mardi 21 *février*.

Dijon. — Une contribution de cinquante francs par habitant des villes, et de vingt-cinq francs par habitant des campagnes, a été imposée au département de la Côte-d'Or. Un million sera payé le 1er février sur la somme que donnera cette contribution.

Cette nouvelle est donnée par un journal de Beaune.

Mercredi 22 *février*.

La *Gazette de Fribourg* extrait ce qui suit d'une lettre écrite par le médecin militaire badois Th..., de la 5e ambulance, à Dijon :

« J'ai eu hier l'occasion de parler au vice-sergent-major (*Vize Feldwebel*) Beitenslaufer, de la 4e compagnie du 4e régiment d'infanterie poméranien (n° 21), témoin oculaire de cette histoire d'un capitaine de francs-tireurs brûlé vivant, qui causa ici une si grande sensation, et sur laquelle ce témoin pouvait me donner les renseignements les plus exacts.

« Comme je l'ai déjà écrit, on transporta à l'hôpital général le cadavre en partie brûlé d'un capitaine de francs-tireurs, qu'on avait trouvé au château de Pouilly. On assurait que ce capitaine avait été garrotté, étant blessé, puis brûlé vivant. Ce conte se répandit rapidement et excita une exaspération extraordinaire contre les Allemands en général, et en même temps contre nous; aussi nos collègues français nous adressaient-ils le reproche suivant: *Vous êtes une nation de féroces (sic)*.

« Le cadavre fut exposé quelques jours à l'hôpital général, et ce fut le but d'un pèlerinage pour des milliers de personnes qui voulaient voir cette nouvelle preuve de la barbarie de nos troupes, et s'en allaient en nous adressant les plus effroyables imprécations.

« Le 25 janvier au soir, arriva un officier qui demanda, sans en dire le motif, le médecin en chef de notre ambulance et un autre médecin qui savait le français. Le médecin en chef et l'un de nous le suivirent donc, et il les conduisit devant le cadavre du capitaine, pour qu'ils pussent se convaincre eux-mêmes de l'inqualifiable barbarie de nos troupes.

« Nos médecins examinèrent la chose plus à fond que les Français, qui n'avaient pas trouvé que le cadavre portait les traces d'une blessure mortelle.

« Après avoir fait l'examen du cadavre sous toutes les faces, ils découvrirent l'ouverture d'entrée d'une balle qui se trouvait dans le dos, et constatèrent que c'était une balle Minié, par conséquent une balle française, qui avait pénétré, par la région dorsale, dans le poumon, où elle s'était arrêtée, et que la mort avait dû être instantanée.

« De cela, on rédigea un protocole en allemand et en français, qui fut signé par nos deux médecins et par un officier français qui avait assisté à l'autopsie.

« Malgré cela, dans un ordre du jour, Garibaldi parla de cet événement comme d'un fait incontestable, qui prouvait une fois de plus avec quelle férocité et quelle barbarie les Allemands se conduisaient à la guerre.

« Un journal de la localité, le *Petit Journal,* en fit le sujet d'un article intitulé : *Les Chauffeurs,* excitant à la vengeance et plein d'injures contre les Allemands.

« C'était donc intéressant pour moi d'entendre raconter, par un témoin oculaire, cette horrible histoire.

« Le vice-sergent-major avait cerné le château de Pouilly avec ses hommes, lorsque le capitaine des francs-tireurs qui s'y trouvaient s'approcha de lui en disant : « Je suis votre prisonnier. » Le sergent-major lui répondit : « Cela ne peut me servir à rien, tant que vos hommes (il y en avait environ cent cinquante qui s'étaient postés au deuxième étage et tiraient sur nos soldats) ne se rendront pas. Dites-leur de se rendre, ou nous mettons le feu à la maison. » Le capitaine était en train de monter l'escalier (un escalier tournant), et il était à peine arrivé à la cinquième marche, qu'il reçut de ses propres hommes une balle dans le dos. Il tomba la face contre terre et résta sans mouvement. Le sergent-major aurait fait enlever le cadavre, sans la fusillade qui continuait à partir de l'étage supérieur de la maison et qui l'en empêcha. On mit alors le feu à des matières inflammables disposées sous l'escalier. A peine les combattants sentirent-ils la fumée, qu'ils se rendirent, et descendant deux à deux par un autre escalier, ils déposèrent leurs armes.

« L'annonce de cette nouvelle, qui avait excité une si énorme sensation dans la ville, et qui nous mettait dans la position la plus désagréable, montre encore dans quel but les Français altèrent la vérité : uniquement dans celui d'exciter les passions du peuple.

« Après l'entrée de nos troupes, le rédacteur du *Petit Journal* fut forcé de rétracter son article, ainsi que ses assertions mensongères, et de constater que c'est par l'effet du hasard que le malheureux capitaine avait été brûlé, puisqu'une balle l'avait déjà mortellement frappé. »

—

Jeudi 23 *février*.

Brême, 21 *février*. — Le Sénat de cette ville a été officiellement informé que les soixante-dix capitaines de vaisseau internés en France comme prisonniers de guerre, étaient arrivés à Orléans, d'où ils vont repartir immédiatement pour l'Allemagne.

—

Vendredi 24 *février*.

Le *Milit. Wochenbl.* publie ce qui suit, relativement au drapeau perdu devant Dijon, le 23 janvier dernier, par le 2e bataillon du 8e régiment d'infanterie poméranien (n° 61).

« Le 2e bataillon de ce régiment, sous le commandement par intérim du capitaine Kumme, reçut vers quatre heures de l'après-midi, l'ordre d'aller soutenir l'aile droite du 4e régiment d'infanterie poméranien (n° 21). Le bataillon s'avança en colonnes de compagnies, sur le côté est de la route d'abord et du chemin de fer plus tard. L'ennemi fut mis en fuite avec un élan irrésistible, et trois compagnies, les 5e, 6e et 7e, qui s'étaient portées jusqu'à l'extrémité de l'aile droite, au delà de la ligne générale de combat, le poursuivirent jusque dans les faubourgs de Dijon.

« Arrivés là, ils reçurent, tant du chemin de fer que des maisons du faubourg, une fusillade si nourrie, qu'ils se jetèrent instantanément, pour s'en abriter, dans une carrière dont ils délogèrent l'ennemi. La fusillade partait surtout des bâtiments d'une grande fabrique, élevée de trois étages, qui se trouvait à cent cinquante pas de là, et sur le flanc droit de la position.

« Vers six heures, la 5e compagnie reçut du premier lieutenant Luchs, commandant le bataillon en remplacement du capitaine Kumme, blessé au cou, l'ordre de s'emparer de la fabrique. La compagnie sortit aussitôt de sa position, ayant à sa tête le porte-enseigne-sergent Pionke. On avait à peine fait vingt-cinq pas, que le porte-enseigne fut tué, et tout le détachement qui l'accompagnait fut étendu à terre. Le second lieutenant, Schultze, releva immédiatement le drapeau ; la compagnie fit encore environ vingt pas en avant, mais le lieutenant tomba aussi, quelques instants après, atteint de deux balles à la tête. Le second lieutenant et adjudant du bataillon de Puttkammer, déjà blessé à la joue, descendit de cheval, saisit le drapeau, mais il fut aussi bientôt tué d'une balle à la tête. Deux mousquetiers qui, après lui, avaient pris le drapeau, eurent également le même sort. Après que le commandant de la compagnie, lieutenant Weise, fut encore tombé (blessé), le peu qui restait de la compagnie recula jusqu'à la carrière, sans se douter, à cause de l'obscurité et de la fumée de la poudre, qu'elle n'avait plus son drapeau. Aussitôt qu'on s'en aperçut, un deuxième détachement partit pour aller à sa recherche, mais ce détachement ne revint pas. Une patrouille essaya également, mais il n'en revint qu'un homme, que l'ennemi suivait de près. L'excavation dans laquelle se trouvait le reste de la compagnie fut complétement cernée par l'ennemi, et pour exécuter l'ordre qu'elle avait reçu de cesser le combat et de se réunir sur la route, la compagnie fut obligée de se frayer un passage en combattant et de lutter avec une forte troupe ennemie, sur le chemin qui conduit à la grande route.

« La perte du drapeau ne fut tout à fait constatée qu'après que le bataillon, qui était le dernier, se fût réuni à la brigade au lieu désigné, c'est-à-dire à la deuxième ferme au nord de Dijon.

« Finalement, la meilleure illustration pour ce drapeau, dont la perte sera toujours douloureuse pour le bataillon, lui vient de la communication que le général Ricciotti Garibaldi adressa à la brigade Kettler par un parlementaire et dans laquelle il déclare que le drapeau a été trouvé sous un monceau de cadavres, couvert de sang, criblé et déchiré par les balles. Il ne peut donc y avoir qu'une voix pour proclamer que ce signe d'honneur du bataillon qui a été porté, par de braves officiers et soldats, à la tête des troupes, à ce moment difficile où elles marchaient à l'assaut, a été perdu de la façon la plus glorieuse. »

Samedi 25 *février*.

— *De la Saône,* 19 *février*. — Une déroute complète s'est mise dans les rangs des Garibaldiens depuis le départ de leur seigneur et maître. Menotti, Ricciotti, Canzio, et la plupart des officiers garibaldiens ont envoyé leur démission au chef d'état-major général Bordone, revenu ces jours-ci de Bordeaux à Chalon-sur-Saône.

Le gouvernement a déjà réorganisé les commandements de l'armée des Vosges. Ont été nommés : amiral Penhoat, commandant en chef; les généraux Jouffroy d'Albans et de Busserolles, commandants de division, et les colonels Didier et Mallaret, commandants de brigade. Tous ces officiers sont déjà à leur poste et ont pris leurs commandements respectifs.

— *Brême,* 24 *février.* — Les otages français internés ici ont été tous mis en liberté aujourd'hui en vertu d'un ordre télégraphique reçu de Versailles.

— On écrit de Mâcon (sur la Saône) que l'amiral de Penhoat, le nouveau commandant en chef de l'armée des Vosges, a ordonné le licenciement des Garibaldiens et des corps francs. (Voir plus haut les nouvelles de la Saône.)

—

Dimanche 26 *février.*

— Nous disions ironiquement, en faisant l'exposé officieux des opérations de l'armée du sud, que Garibaldi avait bien mérité de la reconnaissance de la France pour n'avoir rien tenté, comme on le sait, contre l'armée du sud, pour couvrir la retraite de Bourbaki, se bornant à se battre à Dijon contre une poignée de Poméraniens.

Un Français qui commandait sous ses ordres, le bien connu chasseur de panthères, Bombonnel, qui raconte dans le *Salut public* ce qu'il a fait lui-même, dit sans détour que le chef des bandes italiennes n'avait pas de tête.

« Vous avez raison, écrit-il au journal que nous venons de citer; pendant que quelques centaines de Prussiens amusaient, à Dijon, l'armée de Garibaldi, l'ennemi traversait la Saône à Gray. »

Bombonnel avait été envoyé dans cette ville pour éclairer les deux rives du fleuve; il partagea ses troupes en deux colonnes, l'une de 600 et l'autre de 300 hommes. L'avant-garde de l'armée de Manteuffel se montra bientôt avec des forces telles qu'il demanda à Dijon, par voie télégraphique, qu'on lui envoyât immédiatement 1,500 ou 2,000 hommes de renfort.

Pendant ce temps, il se réunit à un autre chef d'avant-postes, le capitaine de Laferrière, mais ils furent, malgré cela, forcés de se retirer de position en position devant des forces supérieures.

La réponse du général Bordone arriva enfin. Elle disait : « On ne vous a pas laissé à Gray avec 200 hommes pour garder la ville. Revenez. »

Bombonnel veut absolument rosser les Prussiens devant et dans Gray, mais il finit par suivre le bon conseil de Bordone, et il se replie sur Besançon.

« Pendant ce temps, continue M. Bombonnel, quelques centaines de Prussiens feignirent habilement de vouloir reprendre Dijon, tandis que 50,000 hommes s'amusaient enfermés dans cette ville au lieu d'aller à l'encontre de l'ennemi sur les bords de la Saône. Le brave général Bourbaki aurait reçu ses convois de vivres et son aile gauche étant fortement soutenue, il aurait pu poursuivre sa marche. Le général m'avait déjà donné des ordres dans ce sens... On comprend qu'un général qui se voit abandonné, dans une situation pareille, en arrive au dernier acte de désespoir. »

Jusque-là tout ce qu'a écrit M. Bombonnel est parfaitement raisonné, mais, en terminant, le héros de la panthère semble transporté tout à coup au milieu des bêtes fauves de l'Atlas et du Sahara, et alors il est terrible. Voici comment il finit :

« Dieu veuille que nous ayons la paix! Personne ne la désire plus vivement que moi, mais une paix honorable. Nous sommes battus, nous devons payer les frais de la guerre, cela est parfaitement juste.

« Mais la France vit, les Français ne sont pas morts, et si l'on veut nous imposer une paix honteuse, que le cri : « Aux armes! » parte de toutes les poitrines. Plus d'armées régulières, plus de grandes batailles rangées. Il ne faut plus que les Prussiens puissent se servir d'une façon efficace de leur nombreuse artillerie! Laissons l'ennemi saccager nos villes et nos villages, mais faisons un désert autour de lui en détruisant tout sur son passage!

« Que chaque homme, de dix-huit à soixante ans, s'engage à rapporter une oreille de Prussien sous peine d'être, pendant toute sa vie, traité de lâche et écrasé d'impôts, tandis que les braves et les vaillants en seront affranchis. Que derrière chaque repli de terrain, derrière chaque buisson, se cache un homme, un Français, à l'affût et guettant sa victime! Toutes les armes sont bonnes : les pioches, les faux, les marteaux, le poison.

« Pour l'embuscade, l'arme à canon lisse, le fusil à piston est la meilleure. Avec une charge de gros plomb vous avez à la main une véritable mitrailleuse qui, à trente pas, peut vomir à la fois la mort sur dix hommes, etc. »

—

Lundi 27 février.

— *Dijon.* — Le général de Manteuffel, à la date du 14 février, a suspendu M. Luce-Villiard de ses fonctions de préfet de la Côte-d'Or, et a nommé, pour le remplacer provisoirement, M. Igel, intendant de l'armée du sud.

—

Mercredi 1er mars.

Carlsruhe, 28 *février.* — D'après un télégramme réçu de Tours, MM. Pecher et Letoile (administrateurs militaires badois) et Fenneisen, aumônier militaire, internés au Puy comme prisonniers de guerre, sont arrivés à Tours, regagnant leur pays.

—

Jeudi 2 mars.

Dijon. — Deux des otages de Dijon, MM. Roignot et Maïret, sont déjà revenus d'Allemagne; ils ont été très-chaudement accueillis. Les autres les suivront dans peu de temps.

—

Mercredi 8 mars.

Carlsruhe, 7 mars. — Nous avons déjà parlé des dangers et des vicissitudes éprouvées (à la suite d'une violation de la convention de Genève) par les médecins, infirmiers, malades et blessés restés à Dijon après l'évacuation de cette ville par le 14e corps d'armée.

Nous sommes en mesure aujourd'hui de pouvoir en donner un récit détaillé dû à la plume d'un des médecins qui en furent victimes (1).

« Le 26 décembre, toutes les troupes allemandes abandonnèrent Dijon, mais les trois ambulances (3, 5 et 6) qui s'y trouvaient durent rester dans la ville. Les malades qu'on y soignait étaient en grande partie des blessés de Nuits.

« Dès le 28 décembre, le général Cremer, et quelques jours plus tard Garibaldi, entrèrent à Dijon avec leurs troupes.

« Aussitôt les Dijonnais se départirent de leur politesse obséquieuse, et l'idée leur vint de chercher un triomphe en insultant de la façon la plus basse les médecins que leurs tristes fonctions forçaient à parcourir souvent les rues, puisque des officiers blessés étaient logés dans plusieurs maisons de la ville.

« Les Dijonnais furent dignement aidés dans cette tâche par les Garibaldiens et autres canailles venues on ne sait d'où, qui se permettaient toutes sortes de plaisanteries innocentes, mettant par exemple les Allemands en joue avec leurs chassepots. Il arriva que nous fûmes insultés par des officiers, au milieu même de notre service tout d'humanité, lorsque nous allâmes, par exemple, chercher les blessés et les morts de Villersexel.

« Un officier, auquel un des médecins représentait qu'il n'était pas digne d'outrager ainsi des médecins

(1) Nous ne traduisons de ce long récit que la partie dont la scène se passe à Dijon.

qui n'avaient pas d'armes, prit le fusil d'un des soldats qui devaient nous protéger, et mettant la baïonnette sur la poitrine de ce médecin, lui disait : « J'aime beaucoup de vous mettre sur cette fourchette » (*sic*). On pourrait faire un volume des insultes subies par les médecins qui auraient dû en être à l'abri par la convention de Genève.

« M. D..., membre de la Société internationale de secours aux blessés, qui, comme nous pouvons l'affirmer, ne joua pas franc jeu avec nous, nous dit que les médecins, les employés et les infirmiers des ambulances allemandes, plus 70 hommes qui avaient été déclarés par une commission française de Dijon incapables de faire un service militaire, seraient renvoyés par Genève dans leur pays.

« Nous arrivâmes heureusement jusqu'à la gare du chemin de fer, accompagnés des insultes habituelles de la population, et l'on nous fit monter dans les wagons avec deux hommes d'escorte. Les bagages furent placés dans un fourgon spécial qui devait aller directement avec nous jusqu'à Genève.

« On nous fit descendre à Lyon..... »

Jeudi 9 *mars.*

Menotti Garibaldi, ainsi qu'on l'écrit à la *Thorn. Ztg.*, doit avoir renvoyé à Versailles pour être remis au bataillon, le drapeau du 2e bataillon du 61e régiment d'infanterie, ce drapeau n'ayant pas été pris, mais trouvé.

Samedi 25 mars.

On écrit le 16 mars du département de la Côte-d'Or, à la *Nat. Ztg.* :

« Nous prenons notre parti d'un voyage de cinq jours en chemin de fer depuis la Loire, mais nous nous consolons en pensant que non-seulement nous rentrons dans notre patrie, mais que nous entrons aussi dans le printemps. Depuis plus de trois semaines, les violettes et les primevères sont en fleur dans la Côte-d'Or. Aujourd'hui cependant, la scène a complétement changé ; la neige tombe de nouveau en épais flocons.

« Sur toute la ligne du chemin de fer Dijon-Nuits-Chaumont, les employés français ont repris leur service et ils s'installent dans les gares qui souvent ont été bien maltraitées, tirant soigneusement de leurs cachettes toute sorte d'ustensiles et d'objets mobiliers.

« Les trains emmenant notre brave landwehr se succèdent sans interruption. Elle a orné ses wagons de branches de sapin, et elle ne passe pas une station sans pousser un formidable hurrah.

« Les moblots congédiés circulent sur les routes, à demi ou complétement en uniforme.

« La manière d'être d'une grande partie des Français à l'égard des troupes allemandes, est excessivement brutale, surtout dans les grandes villes. La longanimité allemande jointe aux recommandations des chefs, nous font supporter tout cela avec la plus grande modération. Les moblots congédiés qui n'ont jamais senti la poudre, bousculent nos soldats dans les rues, et les irritent autant que possible. Ce qui se passe sous ce rapport, et à Dijon surtout, est vraiment déplorable. Quand un officier entre dans un magasin, on le reçoit le plus souvent avec ces mots : « Pardon, Monsieur, on n'y vend pas aux Prussiens » (*sic*).

APPENDICE

LA BATAILLE DE NUITS (1)

L'ordre donné au général Glümer lui fut précisé de vive voix. Il devait, en première ligne, chasser l'ennemi du triangle Dijon-Bouilland-Beaune ; se renseigner exactement sur ses forces, et s'emparer de Beaune, si cela pouvait se faire sans de grands sacrifices.

A cela devait se rattacher, en certaines circonstances, un coup rapide par Saint-Jean-de-Losne, sur la rive gauche de la Saône.

Comme troupes, on lui donna deux brigades d'infanterie (prince Guillaume et Degenfeld) ; la brigade de cavalerie (colonel Willisen), et six batteries : en tout 12 bataillons, 7 escadrons, 36 pièces de canons, 10 à 11,000 hommes au plus. Dijon resta occupé par la brigade Keller, qui avait appelé le bataillon du 5e régiment d'infanterie cantonné à Mirebeau.

Le général Keller obtint de plus tout le 3e régiment de dragons, la 1re batterie légère, la 1re batterie montée et

(1) Extrait de l'ouvrage du capitaine Loehlein, intitulé : *Les Opérations du corps du général de Werder*. Berlin, 1874.

un service d'ambulance; de sorte que la brigade se composait de cinq bataillons, quatre escadrons, trois batteries, et d'un service de santé. Mirebeau fut occupé par une section de la 4e division de réserve et un escadron du 2e régiment de dragons.

Le mouvement commencé le 18 décembre au matin dans la direction de Nuits, aboutit à la bataille qui s'y livra.

Cet intéressant et sanglant combat mérite d'être étudié en détail. Jetons d'abord un coup d'œil sur le terrain où il se livra.

La grande route de Dijon à Lyon, par Nuits, Beaune, etc., qui longe la chaîne de la Côte-d'Or, ressemble à la route de montagne du duché de Bade. Les pentes de cette chaîne calcaire sont très-raides, percées de combes en plusieurs endroits, et disposées en terrasses plantées de vignes à leur partie inférieure. Ces montagnes sont nues, ou boisées à leur sommet. Il en résulte que la route ne peut se prêter avantageusement à des opérations militaires, que si l'on est en possession des hauteurs qui la touchent.

D'autre part, de nombreuses et assez importantes localités entourées de murs (de clôture), forment d'excellents points de défense le long de cette route. La plaine de la vallée de la Saône située à l'est offre aussi, avec ses fréquentes ondulations de terrain, ses grands villages et ses forêts, des positions très-favorables pour la résistance.

La petite ville de Nuits (3,500 habitants), traversée par cette grande route et à 21 kilomètres de Dijon, est adossée à une saillie de la montagne particulièrement propre à la défense. Elle est séparée des montagnes situées en avant, par la rivière du Muzin, qui vient de l'ouest de la chaîne, et coule dans une vallée profonde et escarpée. Une montagne en forme de bastions et de terrasses s'élève derrière la ville, qu'elle domine entièrement, ainsi que le terrain qui la précède.

Outre cette rivière assez importante, la ville est encore entourée d'une série de murs de jardins, qui, avec la hauteur de Chaux par derrière, en font une position excessivement forte.

Du côté de l'est et du nord, le terrain est entièrement plat. A sept cents pas de la lisière de la ville, le chemin de fer coupe ce terrain du sud au nord, sur une longueur de plusieurs milliers de pas, en formant une tranchée de sept à dix pieds de profondeur, autrefois garnie de parapets et de banquettes. Cette tranchée se transforme vers le nord en un talus élevé.

Comme points avancés, se trouvent vers le nord, à trois mille pas, le village de Vosne; vers l'est, à trois mille pas de la tranchée du chemin de fer, le village de Boncourt-le-Bois, plus considérable et plus élevé, et, à mille sept cents pas, la ferme de La Berchère, solidement bâtie, et pouvant être défendue. Au milieu se trouve la plaine, couverte de vignes, dont les ceps sont en partie entrelacés de fils de fer, de sorte que ces vignes ne peuvent être traversées par la cavalerie et par l'artillerie, sans des travaux préalables demandant du temps. De plus, le dégel avait très-ramolli le sol.

Cette position extraordinairement forte était occupée en ce moment, ainsi qu'il suit, par la division Cremer:

L'extrémité de l'aile droite occupait Boncourt et La Berchère avec un bataillon du 32e régiment de marche, un bataillon des mobiles de la Gironde, deux compagnies des volontaires du Rhône et deux obusiers de montagne, sous les ordres du lieutenant-colonel Graziani; derrière, dans la tranchée du chemin de fer, se tenaient deux bataillons de la 2e légion du Rhône; deux pièces de quatre à la gare; quatre pièces de quatre à la sortie sud de la tranchée, vers Premeaux : en tout quatre bataillons et demi et huit pièces de canon.

Au centre, sous les ordres du colonel Celler, à Nuits et à Vosne : trois bataillons de la 1re légion du Rhône, un bataillon du 32e régiment de marche, deux canons Armstrong de neuf, et quatre pièces de quatre sur le versant est de la hauteur de Chaux : en tout quatre bataillons et six pièces.

Le chef d'état-major général (colonel Poulet) commandait l'aile gauche. Il occupait la hauteur de Chaux avec un bataillon du 32e régiment de marche, un bataillon de la 2e légion du Rhône, et six pièces de quatre qui commandaient les hauteurs du côté du nord : en tout deux bataillons et six pièces de canon.

Le général Cremer en personne opéra dès le matin une reconnaissance sur la route de Dijon, du côté de Gevrey, avec deux bataillons, une batterie et quelques cavaliers.

Le 57e régiment de marche arrivait de Beaune par le chemin de fer.

Les indications relatives à la force de ces troupes varient considérablement, d'après les sources françaises.

Suivant le colonel Poulet, dans sa publication : *Le général Cremer, ses opérations militaires en* 1870-71, ces troupes étaient tout nouvellement organisées et complétées, fort bien armées et équipées, et se composaient de 15 à 18,000 hommes au moins, sans compter les nombreuses bandes de francs-tireurs répandues depuis longtemps dans le pays; elles avaient vingt pièces rayées. L'infanterie était entièrement armée de chassepots, de remingtons et de spencers.

Dans le cours de la journée du 17, on était informé à Dijon de la force approximative de l'ennemi, et on savait que Nuits était déjà occupé par de fortes avant-gardes.

Le lieutenant général Glümer avait pris les dispositions suivantes :

« Voici mes ordres pour la journée de demain 18 :

« Conformément à l'ordre de bataille qui suit, se trouveront :

« 1° L'avant-garde du colonel de Willisen, à sept heures un quart du matin, en colonne de marche, avec la queue à la sortie sud de Longvic;

« 2° Le gros de la division, sous les ordres de S. A. G. D. le prince Guillaume, également à sept heures un quart en ordre de marche sur la chaussée de Longvic, la tête en face de la sortie nord-est de ce village.

Le 2e régiment de dragons s'arrêtera sur le chemin de Sennecey à Longvic, avec la tête devant la sortie est de ce village et se joindra à partir de là à la colonne au moment de la marche en avant.

« 3° Cet article concerne les bagages.

« 4° Le major général de Degenfeld, avec le 4e régiment d'infanterie, le 1er bataillon du 3e régiment d'infanterie, un escadron du 1er régiment de dragons de la garde et la batterie de la 2e brigade d'infanterie, couvrira le flanc de la division le long de la montagne et sur la montagne.

« 5° La 3e brigade d'infanterie reste à Dijon.

« 6° Bien entendu, tous les malades, ainsi que les hommes incapables de marcher, ne quitteront pas Dijon.

« *Signé :* DE GLUMER,

« Lieutenant général. »

ORDRE DE BATAILLE

I. — *Avant-garde.* — Colonel baron de Willisen.

1e escadron du 1er régiment de dragons de la garde (Stehberger).

Le bataillon de fusiliers (major Betz) du 1er régiment des grenadiers de la garde, colonel baron de Wechmar.

La 3e batterie légère (Holtz).

Le 1er bataillon du 1er régiment des grenadiers de la garde (major de Gemmingen).

Le 2e bataillon du 1er régiment des grenadiers de la garde (lieutenant-colonel Hofmann).

Un détachement de pionniers.

Une ambulance.

II. — *Gros de l'armée.* — S. A. G. D. prince Guillaume de Bade.

Le 1er bataillon (major Bleibtreu) du 2e régiment de grenadiers, colonel de Renz.

L'artillerie de la division (lieutenant-colonel de Theobald) :

La 1re batterie lourde (de Porbeck).

La 2e id. (Hecht).

La 3e id. (de Gobel).

La 4e id. (de Froben).

Le 2e bataillon du 2e régiment des grenadiers (major Lang).

Le bataillon de fusiliers du 2e régiment de grenadiers (major Wolff).

Le 2e bataillon (major Steinwachs).

Le bataillon de fusiliers (capitaine Scrickel), tous deux du 3e régiment d'infanterie, lieutenant-colonel Kraus.

Deux escadrons du 1er régiment des dragons de la garde (major de Merhart).

Le 2e régiment de dragons (1), colonel Wirth.

Une compagnie de pionniers avec un train léger de ponts de campagne.

Une ambulance de campagne.

Le train avec une compagnie du 3e régiment pour le couvrir.

III. — *Détachement de droite.* — Major général de Degenfeld.

Un escadron du 1er régiment de dragons de la garde (Oehlwang).

Le 1er bataillon (lieutenant-colonel Arnold).

Le 2e bataillon (major Held).

Le bataillon de fusiliers (capitaine Wolff).

Ces trois bataillons du 4e régiment d'infanterie, colonel Bayer.

Le 1er bataillon du 3e régiment d'infanterie (major Unger).

La 4e batterie légère (Kuntz).

Le détachement de droite fut ainsi disposé : le général Degenfeld avec deux bataillons, six pièces de canon et un détachement de dragons, se dirigea vers Villars-Fontaine, en passant par les montagnes; un bataillon (Arnold) et un demi-escadron marchèrent sur Concœur,

(1) Trois escadrons, le deuxième était à Mirebeau.

pendant qu'un bataillon (Unger) et un détachement de dragons s'avançaient sur Nuits par Vougeot, en suivant la grande route, pour servir de jonction avec le gros de l'armée.

Nous venons de dire que dans la matinée du 18 le général Cremer en personne faisait, avec quelques bataillons et une batterie, une reconnaissance vers Gevrey, à neuf kilomètres nord de Nuits. Le détachement de jonction du major Unger rencontra donc vers onze heures cette reconnaissance, essuya le feu de l'artillerie ennemie, mais toutefois sans dommage.

Avant que les deux parties eussent pris leurs dispositions pour le combat, le général Cremer fut sans doute avisé de l'approche contre son flanc droit d'une forte colonne ennemie (avant-garde et gros de la division badoise), ce qui le fit retirer avec précipitation sur Nuits.

Le major Unger suivit ce mouvement.

Le général Degenfeld avait rencontré pendant ce temps l'ennemi à Villars-Fontaine, et là, dans les conditions de terrain les plus défavorables, avait engagé le combat contre l'aile gauche de la position ennemie, sur la hauteur de Chaux.

Le général Glümer, conformément à ses dispositions, était parti à sept heures et demie de Longvic pour Saulon-la-Rue. La tête venait de rencontrer des éclaireurs ennemis à cheval et à pied, qui furent repoussés vers Boncourt, en perdant sept hommes, par la 9e compagnie du régiment des grenadiers de la garde. Cette compagnie fut accueillie devant ce village par un feu nourri.

Boncourt, comme nous l'avons vu, était occupé par quelques compagnies des troupes du lieutenant-colonel Graziani. De ce point élevé, et par dessus le bois qui s'étendait en avant, elles dirigeaient un feu très-vif contre la tête de la colonne de marche, qui n'était qu'à 1,500 pas d'eux. Pendant que le colonel Wechmar faisait avancer rapidement le bataillon de fusiliers (major Betz) de son régiment vers la lisière opposée du bois de Souzières et développer derrière les deux autres bataillons, la batterie légère (Holtz) de l'avant-garde arrivait sur la prairie de ce côté du bois et canonnait Boncourt, dont on apercevait seulement la tour de l'église. Peu de temps après le feu était au village. Le général Werder s'arrêta ici près de la batterie qui fut atteinte par les projectiles ennemis. A ce moment le colonel Wechmar fit tourner le bois dans la direction ouest par le 2e bataillon des grenadiers de la garde (lieutenant-colonel Hofmann); il renforça la ligne de bataille et fit sonner l'attaque.

Le village fut pris au premier élan, après un court engagement et sans pertes importantes. On vit alors l'ennemi se retirer en toute hâte sur La Berchère.

Il était midi et demi.

L'ennemi, soutenu par un bataillon de la Gironde et par deux compagnies de francs-tireurs, s'établit alors de nouveau dans cette ferme, qui, avec son vieux bâtiment en forme de château et ses massives dépendances, se prêtait à la défense la plus sérieuse.

Pendant que le colonel Wechmar faisait avancer de front le bataillon de fusiliers contre La Berchère et contre les détachements ennemis postés au sud, le 2e bataillon de son régiment effectuait le même mouvement du côté du nord. La 5e compagnie qui, pour couvrir le flanc droit, avait déjà été détachée au delà de Gilly-les-Cîteaux, se réunit de nouveau au bataillon, et reçut tout-à-coup en flanc, pendant cette attaque, un feu très-violent des mobiles de la Gironde qui étaient à couvert à quelque distance de là. Malgré cette fusillade qui venait du parc et de la cour de la ferme, le 2e bataillon n'en réussit pas moins à s'en emparer, mais avec des pertes considérables. On fit là 60 prisonniers.

Plus loin, du côté sud, les 9e et 10e compagnies poursuivaient l'ennemi en retraite dans la direction du chemin de fer. Le 1er bataillon (major Gemmingen) qui pendant ce temps dépassait également Boncourt, fut dirigé vers Agencourt par le colonel Wechmar pour former à partir de là l'aile gauche du front d'attaque.

Il était une heure un quart.

Pendant que l'avant-garde de la division prenait ainsi possession des deux importants points avancés de l'aile droite ennemie, le général Degenfeld qui, d'après ce que nous avons vu plus haut, avait rencontré l'ennemi près de Villars-Fontaine, avait été aussi engagé dans un feu violent. Les difficultés extraordinaires de terrain qu'il rencontra sur ce point, non moins que les positions avantageuses qu'occupait l'ennemi, ne permirent pas de franchir la vallée du Muzin, large et à bords escarpés, ni de prendre les hauteurs de Chaux. On n'entendit pas la canonnade qui avait lieu à Boncourt, et la jonction avec le bataillon Arnold qui s'était avancé vers Concœur, fut malheureusement empêchée en raison de la grande extension du détachement du côté de l'ouest, et à cause du plateau impraticable qui se trouvait entre eux.

Le bataillon Unger, du 3e régiment d'infanterie, qui s'était avancé sur la grande route, rencontra aussi une violente résistance et dans Vosne et dans les environs de ce village, défendu par des bataillons de la 1re légion du Rhône. Nous ne fîmes donc aucun progrès sur l'aile gauche de l'ennemi, et le résultat avantageux qu'on s'était promis de la pression, faite à dessein, sur son flanc gauche pour favoriser l'attaque de front, ne fut point obtenu.

En conséquence, les troupes engagées devant Nuits durent redoubler de courage et d'efforts pour enlever uniquement de front les fortes positions de l'ennemi.

Nous avions laissé le régiment des grenadiers de la garde au moment où il occupait La Berchère avec son 2e bataillon, pendant que les 11e et 12e compagnies se développaient à gauche de cette ferme, et que les 9e et 10e compagnies prenaient position plus loin vers le sud, près du chemin de La Berchère à Agencourt. Le 1er bataillon était dirigé vers cette dernière localité.

La batterie légère s'était également avancée au sud du chemin La Berchère-Agencourt, et elle ouvrit son feu.

L'ennemi reconnut alors combien son aile droite était sérieusement menacée. Il se hâta de renforcer la ligne solide de défense du chemin de fer déjà occupée par deux bataillons, non-seulement avec les troupes rejetées hors de Boncourt et de La Berchère, mais encore avec ses réserves et principalement avec les bataillons revenus de leur reconnaissance sur Vougeot.

Il concentra encore contre cette attaque menaçante le feu de son artillerie de la gare et des montagnes disposées en terrasses derrière Nuits.

On vit distinctement la longue colonne de bataillons venant de Vosne rentrer en toute hâte dans la ville. La batterie Holtz dirigea avec succès son feu sur cette colonne. Bientôt la ligne de combat du régiment des grenadiers de la garde fut formée, et comme c'était la coutume au champ de manœuvres, la longue chaîne des tirailleurs des trois bataillons avança en première ligne. Derrière, à deux cents pas, venait une ligne de petit soutien. Arrivaient ensuite les trois détachements des compagnies en ligne, avançant par bonds contre la position ennemie, à travers le sol détrempé et les vignes enlacées de fils de fer. Déjà à quinze ou seize cents pas un feu d'une excessive violence, venant des Français complétement à couvert dans la tranchée du chemin de fer, accueillit nos braves grenadiers, mais sans produire grand effet. Il n'était pas possible de riposter; seulement la batterie Holtz envoya ses grenades dans la direction indiquée par la longue et mince ligne de fumée qui sortait de cette tranchée. Bientôt aussi accourut la batterie lourde de Porbeck qui s'établit à droite du chemin de Nuits; elle fut suivie des batteries Froben, Hecht et Gobel. Mais pendant ce temps, des troupes ennemies de plus en plus nombreuses avaient atteint la tranchée du chemin de fer. Depuis la gare jusqu'au delà de la hauteur de La Berchère, sur une longueur de 2,000 pas, les hommes couchés tête contre tête ouvrirent avec leurs chassepots, leurs spencers et leurs remingtons un feu roulant contre notre ligne. Les pertes se multipliaient; les batteries avaient déjà perdu beaucoup de chevaux, et durent en partie être un peu reculées.

Le gros des forces qui s'était établi dans cet intervalle des deux côtés de La Berchère, fut envoyé comme soutien par le général Glümer. Le 1er bataillon (Bleibtreu) et le 2e bataillon (Lang), du 2e régiment de grenadiers, conduits par le colonel Renz en personne, entrèrent dans l'aile droite pour prolonger la ligne de combat, tandis que le bataillon de fusiliers (Wolff) de ce régiment étendait l'aile gauche vers la gare par Agencourt.

Les deux bataillons du 3e régiment d'infanterie furent, en attendant, retenus comme réserve à La Berchère. Simultanément le colonel Wirth, avec les cinq escadrons qui restaient encore, avança dans la même direction pour couvrir l'aile gauche et franchir, si cela était possible, le Muzin dans la direction de Premeaux, pour agir contre l'aile droite de l'ennemi. Le 1er escadron et la 1re compagnie du 2e régiment de grenadiers avaient été déjà envoyés dans la direction est, vers Cîteaux, car on avait signalé des bandes de francs-tireurs dans les bois situés derrière notre position.

Il était plus de deux heures quand cette marche fut terminée, et le général Glümer ordonna alors une attaque générale contre la ligne du chemin de fer. Le commandant en chef Werder, ainsi que le prince Guillaume et le colonel Willisen, se joignirent à lui avec leurs états-majors. Plus tard, sur la hauteur où étaient établies les batteries, le général Glümer fut blessé légèrement, le prince Guillaume de Bade gravement (1), et l'officier d'ordonnance du premier, le lieutenant Degenfeld, fut tué.

Passons maintenant à l'attaque opérée par notre aile gauche. Le 1er bataillon du régiment de grenadiers de la garde avait déjà trouvé, au moment où il débouchait d'Agencourt, l'ennemi établi dans une position située entre ce dernier village et le chemin de fer, et s'en était emparé, en faisant des pertes sérieuses.

Le chevaleresque commandant du 1er bataillon, major Gemmingen, entre autres, fut mortellement blessé. Après que l'ennemi eut été chassé d'une deuxième position

(1) Il fêtait ce jour-là l'anniversaire de sa naissance.

établie dans les vignes, le bataillon attaqua la ligne du chemin de fer elle-même.

Pendant ces combats, le bataillon de fusiliers Wolff du 2ᵉ régiment de grenadiers était arrivé. Il déboucha vivement d'Agencourt et entra énergiquement dans la mêlée, à l'extrémité de l'aile gauche. Vigoureusement soutenue par un détachement de la 1ʳᵉ compagnie et par la 4ᵉ compagnie du régiment des grenadiers de la garde, la brave troupe se précipita tambour battant sur la gare. L'ennemi opposa une résistance opiniâtre. C'est après quatre heures du soir seulement et avec de grandes pertes, que les deux bataillons réussirent à emporter d'assaut la gare et une partie de la tranchée du chemin de fer, jusqu'au passage Agencourt-Nuits.

En même temps, au centre, le colonel Wechmar s'était avancé pour l'attaque, avec ses deux autres bataillons, auxquels s'étaient joints des détachements du 2ᵉ régiment de grenadiers.

On avança par bonds, sous le feu vraiment étourdissant de l'ennemi, et sur un terrain complétement découvert.

Les pertes augmentèrent alors notablement. Le colonel Wechmar fut blessé ainsi que son adjudant. Le colonel Renz, qui avait pris le commandement de la 1ʳᵉ brigade au moment où le prince Guillaume venait d'être blessé, arrivait de l'aile droite. Il demandait au colonel Wechmar où en était le combat qui se livrait sur la route de Nuits à La Berchère, lorsqu'il fut atteint de trois balles et tomba mort presque en même temps que son adjudant (premier lieutenant Waag).

Mais les braves badois reprenant courage, avançaient contre les lignes qui vomissaient le feu, tandis que les obus de l'artillerie ennemie placée sur les hauteurs de

Chaux arrivaient sur eux, passant par-dessus les lignes françaises. Alors, le général Glümer envoya encore le bataillon des fusiliers du 3e régiment. d'infanterie (capitaine Schrickel) comme renfort, pendant que la moitié du 2e bataillon de ce régiment (major Steinwachs) allait au secours de l'aile droite qui soutenait une lutte non moins sérieuse. L'autre moitié du bataillon resta en arrière près de La Berchère, comme deuxième réserve. A l'aile droite, au nord de la route La Berchère-Nuits, toutes les troupes étaient à peu près entrées dans la ligne de combat. Ici se battaient avec une noble émulation, et avec de grandes pertes, des parties du 2e bataillon et du bataillon des fusiliers du régiment des grenadiers de la garde, mêlées au 1er bataillon (Bleibtreu) et au 2e bataillon (Lang) du 2e régiment de grenadiers, ainsi que le demi-bataillon (Steinwachs) du 3e régiment d'infanterie.

Malgré le feu roulant et continu des défenseurs, malgré les nombreuses victimes qui tombèrent dans cette période relativement courte du combat, la marche en avant n'avait jamais été arrêtée, et ainsi, au centre comme à l'aile droite, on réussit après quatre heures du soir à s'emparer partout des positions ennemies, dans un dernier et audacieux élan.

Il faut rendre aux Français cette justice, qu'ils se battirent bien et tinrent ferme avec une longue persévérance, de façon qu'à la fin, et sur bien des points, on en vint à une lutte corps à corps. L'ennemi s'enfuit vers Nuits et Premeaux, poursuivi par notre tir rapide. Les routes et les clos de vignes étaient couverts de ses morts et de ses blessés.

Au même instant, le bataillon Unger venant du village de Vosne dont il s'était emparé, avança vers Nuits, et le bataillon Arnold commença à descendre sur cette ville des hauteurs de Concœur. Ces deux bataillons, par leur vigoureuse et opportune participation, contribuèrent à hâter la retraite de l'ennemi qui occupait la tranchée du chemin de fer.

Pour l'honneur des troupes qui de leur propre mouvement ont accompli ces hauts faits, il faut mentionner qu'à quatre heures, lorsque le combat commença à se ralentir, le lieutenant général Glümer considérant l'heure avancée — la nuit arrivait — et vu les pertes qui s'augmentaient, ainsi que le manque de toutes réserves, se disposa à entrer en pourparlers avec le commandant en chef afin de prendre des mesures pour cesser le combat. Alors arrivèrent des nouvelles de l'aile gauche, de la droite et du centre. La victoire était remportée d'une façon surprenante.

Les troupes avançaient joyeusement contre Nuits, mais l'ennemi n'avait point encore été chassé ni des formidables positions qu'il y occupait, ni des terrasses de rochers situées derrière la ville. Malgré le feu réuni de nos cinq batteries, son artillerie canonnait encore la position que nous venions de conquérir, avec une précision inconnue jusqu'alors, et faisait bien des victimes, entre autres l'adjudant de brigade, premier lieutenant Roder, qui fut mortellement frappé dans la tranchée du chemin de fer.

Nous n'avions toujours pas de nouvelles du détachement de l'aile droite sous les ordres du général Degenfeld, et déjà le chemin de fer amenait de Beaune de nouveaux renforts à l'ennemi. Un bataillon du 57e régiment de marche venait d'arriver et de la grande route il s'élança aussitôt contre le bataillon de fusiliers du 2e régiment de grenadiers, qui était sur le point de pénétrer dans le faubourg attenant à la gare. Le major Wolff le repoussa si heureusement que les renforts qui suivaient ce bataillon firent volte-face et ne hasardèrent pas une seconde attaque.

On s'était alors de nouveau rassemblé sur toute la ligne. Les batteries Porbeck et Holtz, avec une bravoure extraordinaire, arrivèrent au galop jusqu'au passage à niveau La Berchère-Nuits, et la première détacha même ses avant-trains de l'autre côté de ce passage pour canonner la ville à une distance de cinq cents pas à peine. Le feu qui partit de Nuits fut si violent, qu'en peu de moments cette batterie éprouva de grandes pertes, et fut reculée par ordre du colonel Wechmar. Par contre, il fit avancer vers la lisière les trois ou quatre compagnies de son régiment qui étaient les plus rapprochées (de fusiliers et du 2e bataillon.) En même temps, la moitié du bataillon des fusiliers (capitaine Gockel) et le demi-bataillon Lang du 2e régiment de grenadiers, le demi-bataillon Steinwachs du 3e régiment d'infanterie, plus loin, au nord, le bataillon Unger du 3e régiment s'avancèrent sur la grande route de Vosne. Le bataillon Arnold descendit aussi des hauteurs de Concœur sur la ville.

Le courage et les forces physiques de l'ennemi étaient déjà tellement ébranlés que la résistance commença à faiblir. Il ramassa cependant encore une fois toutes ses forces pour reprendre vigoureusement l'offensive contre les demi-bataillons Gockel et Lang. Accueilli par leur feu violent et pris en flanc par le bataillon Unger, il dut reculer en faisant de grandes pertes. Partout on pénétra tambour battant dans la ville, où eut lieu un court mais violent combat de rues (dans lequel le capitaine Gockel, du régiment des grenadiers de la garde, trouva la mort des héros, et où l'on fit plus de quatre cents prisonniers). Vers cinq heures et demie, le colonel Wechmar put informer le commandant en chef que la ville était complétement entre nos mains et que l'ennemi était partout en pleine déroute.

La nuit était tout à fait arrivée.

Le colonel Wechmar fit alors fouiller et occuper la ville par les troupes, ce qui donna encore lieu à de petits engagements dans lesquels on fit de nombreux prisonniers et où l'on prit beaucoup d'armes. La ville était remplie par plusieurs centaines de Français blessés. On trouva encore à la mairie quatre cents chassepots et spencers, de grandes quantités de munitions, ainsi que quatre affûts de montagne.

Après qu'on eut placé de solides avant-postes, et que la retraite de l'ennemi eût été constatée par des patrouilles envoyées dans la direction de Chaux et de Premeaux, le reste des quatre bataillons et demi réunis ici, et un demi-escadron du régiment des dragons de la garde bivouaquèrent sur la place du Marché. Les deux bataillons de l'aile gauche, le 1er bataillon (à présent capitaine Rheinau), du régiment des grenadiers de la garde, et le bataillon des fusiliers du 2e régiment de grenadiers, n'avaient pas pris part à cette attaque contre la ville. La cavalerie, qui, comme nous l'avons vu plus haut, avait été envoyée en avant vers Premeaux, contre la ligne de retraite de l'ennemi, n'avait pas pu franchir le Muzin, et dans une position qu'elle avait prise près d'Agencourt pour protéger les flancs, elle reçut des coups de feu d'un parti ennemi supérieur en nombre posté dans la forêt de Cîteaux. En raison de ces faits, la formation d'une réserve qui n'existait plus, paraissant nécessaire, les deux bataillons susnommés furent ramenés à Agencourt, et dispersèrent les bandes ennemies qui se trouvaient dans les environs de Villebichot et de Saint-Nicolas.

L'obscurité devenue complète, la grande fatigue des troupes et cette circonstance que le détachement de l'aile droite ayant reculé devant les obstacles qu'il avait rencontrés, n'était plus disponible pour agir sur la ligne de retraite de l'ennemi, on renonça à le poursuivre davantage.

Les troupes qui ne se trouvaient pas à Nuits bivouaquèrent près d'Agencourt et de La Berchère.

Le lendemain matin, des patrouilles envoyées au loin constataient la retraite complète de l'ennemi sur Beaune, ainsi que sa disparition de la forêt de Cîteaux. Les morts furent enterrés, les blessés ramassés et transportés en arrière, ainsi que 16 officiers et 633 prisonniers non blessés. Le général Werder, qui avait pris le commandement de la division en remplacement du général Glümer, partit avec elle à midi, pour revenir à Dijon. La marche projetée sur Beaune ne fut point exécutée. Le but de cette expédition vers le sud était accompli ; d'autre part aussi, l'ennemi avait été reconnu trop fort et trop vaillant, pour qu'on pût attendre de grands succès d'une opération poussée plus avant, avec les forces très-affaiblies de la 2e brigade.

Dans un combat violent de près de six heures, la division badoise avait brillamment battu un adversaire très-bien armé, bien équipé, et fort supérieur en nombre, qui occupait une position particulièrement favorisée par la nature. Elle lui avait infligé, de son propre aveu, une perte de 1,500 hommes, lui avait pris une grande quantité de matériel de guerre et fait près de 700 prisonniers non blessés. Elle l'avait tellement ébranlé au moral, que le général Cremer, bien qu'ayant trouvé à son arrivée à Beaune, toute la brigade Ricciotti Garibaldi destinée à le soutenir, dut renvoyer à plus tard la reprise de l'offensive (1).

L'ennemi évaluant nos forces à 24,000 hommes avec quarante-huit pièces de canon, tandis qu'elles n'étaient en réalité que de 11,100 hommes avec trente-six canons, cela pourrait dire que chaque homme doubla ses efforts dans la bataille.

Nos pertes étaient sans doute considérables, elles s'élevèrent à 52 officiers et 893 hommes. Les deux régiments de grenadiers, à eux seuls, perdirent 34 officiers et 711 hommes.

(1) Tout le département du Rhône qui avait été particulièrement atteint par les pertes considérables de ses deux légions, était fort agité. A Lyon, éclata une ignoble révolte qui, par l'assassinat d'un chef de bataillon, atteignit les dernières limites de la loi de Linch.

DIJON, IMP. J. MARCHAND, RUE BASSANO, 12.

www.ingramcontent.com/pod-product-compliance
Ingram Content Group UK Ltd.
Pitfield, Milton Keynes, MK11 3LW, UK
UKHW020109200726
13856UKWH00002B/455

9 782011 617019